Nicole Funck
Michael Narten

Borkum-Handbuch

»Borkum, dieses Wellenrauschen,
und das schrille Möwengeschrei,
ist es wert, ganz still zu lauschen,
denn es macht Kopf und Seele frei.«

(*Horst Rehmann*, Auszug aus dem Gedicht „Borkum" von 2020)

Impressum

Nicole Funck, Michael Narten
Reise Know-How Borkum-Handbuch

erschienen im
Reise Know-How Verlag Peter Rump GmbH,
Osnabrücker Str. 79, 33649 Bielefeld

13., neu bearbeitete und aktualisierte Auflage 2023

ISBN 978-3-8317-3763-5

Gestaltung und Bearbeitung
Umschlag: Peter Rump, der Verlag (Layout),
A. Pentzien (Realisierung)
Inhalt: G. Pawlak, Wayan Rump, der Verlag (Layout),
A. Pentzien (Realisierung)
Fotonachweis: siehe S. 334
Kartografie: C. Raisin
Lektorat: der Verlag

Druck und Bindung
Hinckel-Druck GmbH, Wertheim

Bibliografische Information der Deutschen Nationalbibliothek
Die Deutsche Nationalbibliothek verzeichnet diese Publikation in der Deutschen Nationalbibliografie; detaillierte bibliografische Daten sind im Internet über http://dnb.dnb.de abrufbar.

Anzeigenvertrieb
KV Kommunalverlag GmbH & Co. KG,
Alte Landstraße 23, 85521 Ottobrunn,
Tel. 089-928096-0, info@kommunal-verlag.de

Reise Know-How-Bücher finden Sie in allen gut sortierten Buchhandlungen. Falls nicht, kann Ihre Buchhandlung unsere Bücher hier bestellen:
D: Prolit, prolit.de und alle Barsortimente
A: Freytag-Berndt und Artaria KG, freytagberndt.com
CH: AVA Verlagsauslieferung AG, ava.ch
B, LUX, NL: Willems Adventurem willemsadventure.nl
oder direkt über den Verlag: **www.reise-know-how.de**

Bildlegende Umschlag und Vorspann
Titelfoto: Sandiger Weg durch die Dünen zum Nordbad (mna)
Vordere Umschlagklappe: Pferde auf einer Koppel in den grünen Binnenwiesen (mna)
Kleines Foto: Blüte der Kartoffelrose (mna)
S. 1: Zwei Strandsegler auf Sand (mna)
S. 2/3: Historische Dampflok am Bahnhof (mna)

Wir freuen uns über Kritik, Kommentare und Verbesserungsvorschläge, gern per E-Mail an info@reise-know-how.de.

Da die längerfristigen Folgen der Corona-Pandemie gerade für kleine und mittlere Betriebe im Tourismus- und Kulturbereich kaum abzuschätzen sind, bitten wir um Nachsicht, wenn sich in dieser Ausgabe des Buches Informationen finden, die nicht mehr den Gegebenheiten vor Ort entsprechen.

Nicole Funck
Michael Narten

BORKUM

Vorwort

Das Wattenmeer der Nordseeküste zählt zum UNESCO-Weltnaturerbe, es ist eine einzigartige Landschaft. Wer vielfältige Landschaftsformen auf begrenztem Raum im Hochseeklima entdecken möchte, für den ist Borkum genau der richtige Ort. Die westlichste der Ostfriesischen Inseln ist groß genug, um auch bei einem längeren Aufenthalt immer wieder Neues entdecken zu können. Die großartige Natur unter weitem Himmel gehört dazu, die lebhaft pulsierende Stadt bietet einen tollen Kontrast. Die Wege zum Shoppen, Schauen und Schlemmen sind meist nicht weit. Die Borkumer Kleinbahn ist eine Attraktion für Kinder, Erwachsene und natürlich besonders für Eisenbahnfreunde – sogar die restaurierte Dampflokomotive bekommt ihre Einsätze.

Die unbestrittene Hauptattraktion der Insel ist ihre großartige Natur, die sich

Münzfernrohr an der oberen Promenade

b_367 mna

am besten zu Fuß oder mit dem Fahrrad erkunden lässt. Die meisten Fahrradverleiher habe E-Bikes im Angebot, mit denen auch weite Strecken oder Gegenwind problemlos zu meistern sind. Autos sind zwar erlaubt, aber es gibt nur drei kostenpflichtige Parkplätze, die man nutzen muss, wenn die Unterkunft keinen eigenen Parkplatz zur Verfügung stellt. Auf den wenigen Straßen gelten Geschwindigkeitsbeschränkungen, und zu den schönen Orten führen ohnehin keine Straßen. Besser ist es, das Auto gar nicht mit auf die Insel zu bringen und das Thema „autofrei" einmal praktisch umzusetzen. Denn wer im Urlaub ist, kann sich Zeit lassen und die Insel ganz gemütlich per Fahrrad, zu Fuß oder mit dem Bus erkunden. Im Ort selbst ist es ratsam, zu Fuß zu gehen, das Fahrradfahren in den Fußgängerzonen und streckenweise ist es auch auf der Strandpromenade verboten. Mit dem begehrten ECARF-Qualitätssiegel ausgestattet, kann sich Borkum seit 2013 sogar als „allergikerfreundliche Kommune" präsentieren.

Borkum ist groß genug, um auch bei einem längeren Aufenthalt Abwechslungsreiches zu unternehmen. Im Sommer ist der Strand voller Sonnenanbeter, Wassersportler und im Sand buddelnder Kinder. Die vielen Strandkörbe und inseltypischen Strandzelte, die es nur auf Borkum gibt, laden zum Verweilen ein. Während der Hochsaison werden viele Veranstaltungen angeboten, auch spezielle Kurse für Kinder unterschiedlicher Altersgruppen. Auf Borkum sind die Wege kurz – ausgenommen das Ostland mit der Ostspitze Hoge Hörn. Eine Besonderheit sind die Milchbuden an Borkums Strand. Dort lässt sich mit Blick aufs Meer und das rege Strandtreiben so manch schöner Moment bei Café, Milchreis, einer herzhaften Suppe oder einem kühlen Getränk verbringen.

Langeweile kann also selbst bei schlechtem Wetter nicht aufkommen. Borkum ist nicht nur für Urlauber ein attraktives Ziel, auch Zugvögel schätzen eine Rast im Wattenmeer. Millionen von ihnen machen jährlich Stippvisite auf den Ostfriesischen Inseln. Im Winter ist es ruhiger, die Insulaner sind wieder mehr unter sich. Es ist die beste Jahreszeit für Menschen, die dem Alltagstrubel entrinnen und die Natur genießen wollen.

Die vielen Eindrücke der Inselnatur erfreuen das Herz, der langsamere insulare Lebensrhythmus färbt ab, und die Seele kommt wieder zur Ruhe. Borkum ist ein hervorragender Platz für Erholung, Entspannung, Bewegung und abwechslungsreiche Entdeckungen. Mit der richtigen Kleidung sorgen sogar ein Strandspaziergang im Sturm oder eine Fahrradtour gegen den Wind für gute Laune. Für die Zukunft hat sich Borkum schon eindeutig positioniert: Bis 2030 will die Insel klimaneutral sein.

Wir wünschen unseren Lesern eine schöne Zeit auf Borkum.

Nicole Funck und *Michael Narten*

Inhalt

Hinweise zur Benutzung

Besondere Empfehlungen der Autoren

UNSER TIPP: Diese besondere Empfehlung sprechen die Autoren für Hotels, alle Arten von gastronomischen Betrieben oder Geschäften aus, die in besonderem Maße in punkto Qualität, Preis-Leistungs-Verhältnis, Service, Lage etc. herausragen.

Schmetterlingssymbol

Dieses Symbol zeigt an, wo man besonders gut Natur erleben kann oder Angebote im Bereich des nachhaltigen Tourismus findet.

Kinder-Tipp

Das Symbol kennzeichnet Sehenswürdigkeiten und Aktivitäten, an denen auch kleine Borkum-Urlauber ihre Freude haben.

Verweise auf die Stadtpläne

1 Die **farbigen Nummern** im Kapitel „Insel-Info A–Z" verweisen auf den jeweiligen Karteneintrag.

Updates nach Redaktionsschluss

Auf der Produktseite dieses Reiseführers in unserem Internetshop finden Sie zusätzliche Informationen und wichtige Änderungen.

GPS GPS-Tracks

Für die im Buch vorgestellten **Touren auf Borkum** (S. 20–23) stehen auf www.reise-know-how.de GPS-Tracks im Format gpx zum kostenlosen Download bereit. Sie finden die Daten auf der Produktseite dieses Titels.

Karten

b_096 mna

> Windgeschützte Entspannung

Steckbrief Borkum

- **Name:** Borkum
- **Landkreis:** Leer
- **Bundesland:** Niedersachsen
- **Ort:** Stadt Borkum
- **Lage:** westlichste der Ostfriesischen Inseln
- **Koordinaten:** 53° 35′ 17″ N, 6° 40′ 11″ O
- **Entfernung bis zum deutschen Festland:** 20 km
- **Entfernung bis zur niederländischen Küste:** 12 km
- **Länge:** 10 km
- **Breite:** 7 km
- **Fläche:** 30,97 km²
- **Umfang:** 34 km
- **Durchschnittliche Höhe:** 6 m ü. NHN
- **Höchster Punkt:** Norddüne 18,7 m
- **Einwohner:** ca. 5008 (Ende 2021)
- **Bevölkerungsdichte:** 162 Einwohner pro km² (Deutschland 233 Ew. pro km²)
- **Postleitzahl:** 26757
- **Vorwahl:** (+49) 04922
- **Internet:** www.borkum.de

Strandhafer im Sand der Dünen

b_342 mna

Willkommen an Bord und auf der Insel

Abfahrt

Fähranleger in Emden, Auto problemlos geparkt. Der Schiffsmotor brummt leise, ab und zu fliegt eine kleine Wolke vorbei. Wir sitzen an Deck und genießen die Fahrt über leicht welliges Meer. Gischt liegt in der Luft, der Alltag bleibt am Festland zurück.

Zwei Stunden später

Am Horizont der Nordsee schälen sich die ersten Konturen der Insel Borkum heraus. In der Ferne sieht man die Silhouette der Inselleuchttürme. Rechts leuchten in der Sonne zwei riesige Windräder. Das rote Seezeichen, die Fischerbalje, markiert den Beginn der Fahrrinne zum Hafen. Schließlich führt der Weg am Yachthafen Port Henry und am großen Schutzhafen vorbei. Kurz dahinter befindet sich der Fähranleger.

Ankunft auf der Insel

Dicht drängen sich die Passagiere am Ausgang der Fähre, die Urlaubserwartung liegt in der Luft. Nach wenigen Minuten fährt die Borkumer Kleinbahn mit ihren bunten Wagen ein, um die neuen Inselgäste abzuholen. Auf geht es in die Waggons mit erstaunlich bequemen Holzbänken, das Gepäck stellt man einfach auf dem Boden ab.

Fahrt mit der urigen Kleinbahn

Nach einem Pfiff setzt sich der Zug rumpelnd in Bewegung. Rechts vorbei geht es an Deutschlands größter Jugendherberge. Weiter führt der Weg durch dichten Bewuchs aus Kartoffelrosen und Röhricht auf einem Damm durch das Wattenmeer. Ab und zu lässt sich ein Blick auf das im Osten liegende Watt erhaschen. Nach dem Passieren des Deichtors fährt der Zug durch die Greune Stee – eine dichte, grüne Waldlandschaft. Die ersten Häuser kommen in Sicht.

Ankunft im Ort

Das belebte Zentrum von Borkum ist erreicht. Nach kurzem Gedränge am Bahnhof geht es wenige Hundert Meter zu Fuß zur Unterkunft.

Erste Eindrücke

Nach kurzem Auspacken gilt der erste Weg dem Meer – man kann es schon riechen. Unübersehbar ragt der Neue Leuchtturm empor. An der Strandpromenade leuchten die mächtigen weißen Hotelbauten aus der Gründerzeit in der Sonne. Wir schlendern Richtung Westen und schauen dabei auf das Meer und die vorgelagerte Sandbank, auf der sich die Seehunde reihen. Die Cafés und Restaurants in der Wandelhalle und auf der Promenade haben Stühle, Tische und Lounge-Liegen herausgestellt. Wir lassen uns in einen der bequemen Sessel sinken: Der Urlaub hat begonnen.

Alter Leuchtturm mit Friedhof | 32
Vor dem Bau des Neuen Leuchtturms diente der „Olde Baas" aus dem Jahr 1576 den Seefahrern als Landmarke zur Orientierung in den gefährlichen Gewässern vor Borkum. Neben dem Turm befinden sich schöne alte Grabsteine, teilweise noch aus der Walfängerzeit.

Aussichtsdüne „Norddüne" | 56
Sie ist mit 18,7 Metern die höchste Aussichtsdüne Borkums und bietet einen wunderbaren Rundblick auf das Meer, die Dünenlandschaft und auch auf das Zentrum des Inselorts.

Neuer Leuchtturm | 35
Für die Schiffahrt vor der Emsmündung ist er eines der wichtigsten Seezeichen an der Nordsee. In klaren Nächten ist sein Licht 45 Kilometer weit zu sehen.

Strandpromenade und Musikpavillon | 55
Entlang der alten Hotelzeilen aus der Gründerzeit reihen sich die Unterkünfte, Restaurants, Ruhebänke und Fahrradständer aneinander. Der Musikpavillon steht unübersehbar im Blickfeld, in der Wandelhalle laden verschiedene Geschäfte, Cafés und Lounge-Bars zum Entspannen ein.

Nordsee-Aquarium | 49
Bereits seit den 1970er-Jahren kann man in die faszinierende Unterwasserwelt mit Tieren und Pflanzen rund um Borkum eintauchen, ohne dafür selbst ins Wasser zu müssen.

Feuchtbiotop „Greune Stee" | 170
Die „Grüne Stelle" ist ein sehr verwunschener Ort. Das vor vielen Jahren künstlich aufgeforstete, größte Waldgebiet der Insel ist etwa 60 Hektar groß. Dort wachsen vor allem Moorbirken, Schwarzerlen und Weiden. Rehe, Fasane und andere Tiere finden hier Unterschlupf.

Borkumer Kleinbahn | 156, 160
Nicht nur für Eisenbahnfans ist die Fahrt mit der seit 1888 bestehenden Schmalspurbahn ein absolutes Muss. Fast jeder Urlaub beginnt und endet mit einer Fahrt durch Dünen, Salzwiesen und Wald bis in die Stadt und umgekehrt.

Heimatmuseum Dykhus | 45
Wie in einem Schaukasten eröffnet sich in diesem Museum eine bunte Welt voller Utensilien rund um die Inselgeschichte. Das Museum zeigt einen wirklich sehenswerten Querschnitt des Alltags auf Borkum im Wandel der Jahrhunderte.

Hoge Hörn | 176
Der östlichste Zipfel Borkums ist eine riesige Sand-, Watt- und Salzwiesenfläche. Er darf zum Schutz der Tier- und Pflanzenwelt nur auf den markierten Wegen betreten werden.

Nationalparkschiff Borkumriff | 58
Der schwimmende Leuchtturm Borkumriff ist heute ein technisches Denkmal und dient als Nationalpark-Haus. Zu erfahren gibt es auch viel über die Arbeit auf einem Feuerschiff sowie über seine technische Ausrüstung.

Borkum auf einen Blick

Warum Urlaub auf Borkum?

Die wesentlichen Gründe für eine Reise nach Borkum sind die **gesunde Nordseeluft,** das von der Hochsee geprägte, **allergikerfreundliche Klima,** die **großartige Natur** mit Strand, Meer, Dünen, Wäldern, Feldern, Weiden, Salzwiesen und Wattflächen. Borkum ist groß genug, um sowohl **Ruhesuchende** als auch Menschen, die **Unterhaltung und buntes Treiben** lieben, zu begeistern. Sonnenliebhaber schätzen die Strandkörbe und -zelte am **Strand.** Dieser ist auch für **Kinder** fast jeden Alters eine einzige unermesslich große Abenteuer-Sandkiste. **Jugendliche** haben in den Ferien viele Möglichkeiten, sich am Strand sportlich zu verausgaben. Die Insel-Touristik bietet ein breit gefächertes Angebot. **Aktivurlauber** können sehr gut Fahrradfahren, Wandern, im Hochseilgarten klettern, Tennis spielen, sich mit Wassersport vergnügen und vieles mehr. Auch die Möglichkeiten für **Thalasso-Kuren, Wellness und Fitness** sind breit gefächert. Das **Meerwasserbad Gezeitenland** bietet auch an Regentagen Abwechslung für die ganze Familie, nicht nur dann lohnen aber auch ein Besuch des **Inselmuseums Dykhus** oder des **Nordsee-Aquariums.**

Die **Anreise** nach Borkum ist auf verschiedenen Wegen möglich, die umweltfreundlichste ist die per **Bahn** nach Emden bis zum Fähranleger, wo man auf kurzem Weg zur Fähre kommt – wahlweise bringt einen die **Fähre** oder der deutlich schnellere **Katamaran** auf die Insel. Auf Borkum gibt es eine Verbindung mit der **Borkumer Kleinbahn**, deren Fahrplan auf den Fährplan abgestimmt ist. Mit ihr können die Gäste direkt vom Fähranleger in die Ortsmitte fahren, die Zugfahrt ist im Fährticket enthalten. Auch die **Anreise mit dem eigenen Fahrzeug** ist mög-

b_250_mna

lich. Die Insel ist zwar nicht autofrei, allerdings gibt es nur wenige befahrbare Straßen in der Urlaubssaison, sodass das Fahrzeug eher als großer rollender Koffer für die ganze Familie betrachtet werden sollte. Wer in einer Unterkunft ohne Stellplatz untergebracht ist, muss sein Auto kostenpflichtig auf einem der **drei Parkplätze** nahe dem Ortszentrum unterbringen. Darüber hinaus gibt es so gut wie keine Parkmöglichkeiten, auf den Straßen herrscht mit wenigen Ausnahmen Parkverbot. Besser ist es, man lässt das Auto gleich auf dem Festland in einer der Parkgaragen am Fähranleger stehen. Jeder kann sich ausrechnen, ob es sich lohnt, sein Auto mit auf die Insel zu nehmen, aber in den meisten Fällen tut es das nicht. Wer nicht mit dem Schiff reisen möchte, hat auch die Möglichkeit **zu fliegen.** Borkum verfügt über einen Flugplatz, der Ostfriesische Flugdienst OFD bringt Urlauber nach festem Flugplan vom Festland auf die Insel, auch Kombitickets für Schiff und Flug sind erhältlich.

Das zu den Ostfriesischen Inseln gehörende Eiland Borkum liegt als westlichste von ihnen fast 20 Kilometer weit vom deutschen Festland entfernt vor der Küste des Nachbarlands, den **Niederlanden.** Die politische Grenze verläuft zwar durch die Westerems, aber die kulturelle eindeutig durch die Osterems – das ist bei den Traditionen und der Muttersprache der Insulaner, dem **Börkumer Platt,** zu merken. Die **Bräuche** erinnern teilweise sehr an die zu den Niederlanden gehörenden **Westfriesischen Inseln.** Auch im Sprachgut hat sich durch den regen Handel und die Schifffahrt **viel niederländisches und englisches Vokabular** niedergeschlagen.

Borkum hat **viele Stammgäste,** rund 320.000 Urlauber verbringen hier durchschnittlich etwa sieben Tage im Jahr. Im Sommer besuchen mehr als zehn mal so viele Menschen die Insel als sie Einwohner zählt. Dann kann es auf den Straßen, in den gastronomischen Betrieben und an den Hauptbadestränden auch schon mal eng werden, wenn sich Fahrradfahrer, Fußgänger, Busse und Autos die wenigen befahrbaren Straßen teilen müssen. Fast alle Einwohner Borkums leben direkt oder indirekt vom **Fremdenverkehr.** Auf Borkum wird meist **Hochdeutsch** gesprochen und gelegentlich von den Einheimischen auch Börkumer Platt.

Die salzhaltige Luft ist **pollenarm** und deshalb gesundheitsfördernd. Die Bewegung an der frischen Luft tut gleich doppelt gut: dem Körper und der Seele. Wer sich für einen Urlaub auf Borkum entscheidet, macht Urlaub auf einer Insel, die durch ihr Klima und den meist aus West oder Nordwest kommenden Wind geprägt ist. Im Sommer ist das Meer in der Regel relativ ruhig und vergleichsweise warm. Die 31 Quadratkilometer große Insel hat einen rund **22 Kilometer langen Sandstrand**, nicht alle Bereiche sind zugänglich, denn etwa acht Kilometer am südlichen und östlichen Inselende stehen unter **strengem Naturschutz.** Kinder können an den öffentlichen Sandstränden wunderbar spielen, während die Eltern sie von einer der vielen Milchbuden oder vom Strandkorb aus im Auge behalten können. Die zehn Kilometer lange und sieben Kilometer breite Insel wartet mit verschiedenen Naturlandschaften auf, die sich auf einem ausgedehnten Netz aus **Wander-, Rad- und Reitwegen** erkunden lassen. Auch bei einem mehrtägigen Aufenthalt kann man jeden

◁ Der Hafen von Borkum –
in der Sonne glänzen die Schienen der Kleinbahn

Tag eine andere Route einschlagen. Es gibt hohe Dünengürtel mit mehreren **Aussichtsdünen,** zwei **Wäldchen** im Südwesten und im Nordwesten, **Salzwiesen** und Deichvorland, Teiche, Tümpel und den durch den Deichbau entstandenen **Tüskendörsee.**

Die **Tier- und Pflanzenwelt** ist vielfältig, während der **Vogelzüge** im Frühling und im Herbst dienen Borkums Wiesen und Weiden als **wichtiger Rastplatz** auf der langen Reise in die Brut- und Überwinterungsgebiete. Besonderes Leben gibt es im die Insel umgebenden **Wattenmeer.** Es lässt sich am besten bei einer geführten Tour unter der sachkundigen Leitung eines Wattführers erkunden, denn hier spielt sich das rege Leben meist unsichtbar unter der Wasseroberfläche und im Watt ab. Es wird oft erst sichtbar, wenn der Wattführer seine Grabegabel zum Einsatz bringt und das ein oder andere Lebewesen damit zutage fördert.

Wer im Urlaub gern **aktiv** sein möchte, kann auf Borkum lange Spaziergänge entlang der Wasserkante machen oder radelt so lange, bis der Weg zu Ende ist und man nur noch zu Fuß bis zur nordöstlich gelegenen **Hoge Hörn** kommt. Den Weg am Strand entlang zu gehen und im Inselinneren wieder zurückzugehen oder umgekehrt ist eine lange, aber sehr beliebte Wanderung. Der beste Ausgangspunkt dafür ist das **Ostland,** wo man wahlweise mit dem Fahrrad oder dem Bus hinkommt. Wer den öffentlichen Nahverkehr nutzt, sollte aber die Abfahrtszeiten im Blick behalten, um nicht den letzten Bus zu verpassen. Für eine Wanderung am Strand sollte auf den **Tidenkalender** geachtet werden. Der Sand lässt sich sich nämlich leichter bei ablaufendem Wasser begehen, weil er dann deutlich härter ist. Auch ist es sinnvoll, sich bei **langen Wanderungen** den Weg gut einzuteilen, denn abgesehen von einer Bushaltestelle im Ostland gibt es keine öffentlichen Verkehrsmittel, mit denen man wieder zurückfahren könnte. Besonders im Sommer ist es wichtig, **ausreichend Flüssigkeit** dabei zu haben.

Pferdeliebhaber können umfangreiche Ausritte auf kilometerlangen Reitwegen machen. Ein unvergessliches Erlebnis für Jung und Alt ist eine **Kutschfahrt über den Strand** bis zur Seehundbank, die aus Naturschutzgründen aber nicht betreten werden darf.

Wer gern **bummelt, einkauft** und sich **kulinarisch verwöhnen** lässt, findet im Ortskern das größte Angebot auf den Hauptflaniermeilen Bismarckstraße, Franz-Habich-Straße und Strandstraße. Aufgrund der Größe lässt sich die Insel am einfachsten mit Fahrrad erkunden, es gibt **zahlreiche Fahrradverleiher,** von denen die meisten inzwischen E-Bikes im Angebot haben, sodass auch möglicher Gegenwind keine Hürde mehr darstellt. So lässt sich mit elektrischer Unterstützung fröhlich dagegen anradeln.

Die Insel selbst gehört zwar nicht zum Gebiet des **Nationalparks Niedersächsisches Wattenmeer,** aber sie liegt mittendrin und weite Teile Borkums sind aus Naturschutzgründen nicht zugänglich. Viele Geschöpfe leben hier auf engem Raum zusammen. **Hunde** müssen deshalb ganzjährig auf der gesamten Insel **angeleint** werden. Es sollte selbstverständlich sein, dass Hundebesitzer die Hinterlassenschaften ihrer Vierbeiner in den dafür vorgesehenen Beuteln in einer der Hundetoiletten entsorgen.

Welche Reisezeit ist die Beste?

Attraktionen gibt es auf Borkum **zu jeder Jahreszeit.** Im März und April während des Vogelzugs kommen besonders **Vogelkundler, Hobby-Ornithologen und Fotografen** auf ihre Kosten. Das Frühjahr und die Saison werden zu Ostern eingeläutet. Wenn die drei großen **Osterfeuer** entzündet werden, kommen Einwohner und Gäste zusammen und feiern, dann haben auch die meisten Restaurants und Geschäfte nach der Winterpause wieder geöffnet. Das Frühjahr ist eine schöne Jahreszeit. Die Natur erwacht zu neuem Leben, – ein bis zwei Wochen später als auf dem norddeutschen Festland. **Im Frühjahr** ist es zum Baden im Meer meist noch zu kalt, und das Wetter kann sehr wechselhaft sein. Häufig ist dies auch mit großen Temperatursprüngen verbunden.

Der **Sommerurlauber** weiß quirliges Strandleben, Sonnenbäder und ein erfrischendes Bad im Meer zu schätzen. Dann sind auch die meisten sportlichen Aktivitäten unter freiem Himmel

Sehr beliebt sind Ausritte am Strand, die auch als geführte Touren für geübte Reiter angeboten werden

b_345 mna

möglich, und es finden zahlreiche Veranstaltungen statt. Während der Sommerferien in Nordrhein-Westfalen und Niedersachsen ist die Insel gut besucht – mit allen Vor- und Nachteilen, die das so mit sich bringt. Alle Restaurants und Geschäfte haben dann lange geöffnet, viele auch sonntags. Es ist dann sinnvoll, sich rechtzeitig vorher **einen Tisch zu reservieren.** Während der Ferienzeiten sind auch die **Preise** für die Unterkünfte am höchsten, und viele Ferienwohnungen werden nur wochenweise vermietet.

Im Herbst wird es wieder ruhiger, dann rückt die Natur stärker in den Mittelpunkt. Es ist die Zeit der **Vogelzüge,** und die **Salzwiesen** verändern ihre Farbe von Grün zu Rotbraun. Die Saison dauert etwa bis Mitte Oktober. Im späten Herbst ist vieles geschlossen, dann erholen sich die Einheimischen von der anstrengenden Saison und fahren häufig selbst in den Urlaub. Die Tourist-Information hält in der Regel eine **Liste mit Winteröffnungszeiten** der Restaurants und Einzelhandelsbetriebe bereit. Diese Informationen sind meist auch auf der Webseite der Geschäfte zu finden.

Im Winter liegt die Insel im Winterschlaf, der nur zwischen Weihnachten und dem Dreikönigstag für zwei Wochen unterbrochen wird. Dann ist auf Borkum für kurze Zeit wieder Hochsaison und die Insel gut besucht. Während dieser Zeit freuen sich vor allem die Cafébetreiber, wenn sich die Gäste nach einem Spaziergang in der Kälte wieder aufwärmen und sich mit einem leckeren Stück Kuchen bei Tee, Kaffee oder Grog belohnen. Falls es einen kalten Winter gibt, was selten der Fall ist, denn die Wärme des Meeres lässt die Temperaturen nur an wenigen Tagen unter den Gefrierpunkt fallen, entwickelt Borkum einen ganz besonderen Charme: Schnee- oder raureifbedeckte Dächer, Straßen, Dünen, Felder, Bäume und **gefrierendes Meerwasser** am Strand sind beeindruckende Naturphänomene.

Welche Reisedauer ist ideal?

Wie lange man auf der Insel verweilen möchte, hängt natürlich von der jeweiligen **Interessenlage** und der **Dauer der Anreise** ab. Für Menschen, die nicht in Norddeutschland wohnen, wird sich ein Wochenendtrip aufgrund der Länge der Anreise nicht lohnen. Wer eine kurze Anfahrt bis Emden hat, kann auch ein Wochenende eine gute Zeit auf Borkum erleben. Hinzu

> Vogelschwarm um den Neuen Leuchtturm

kommt, dass die **Endreinigungskosten für Ferienwohnungen** oft erheblich zu Buche schlagen. Viele Vermieter haben sich inzwischen darauf verlegt, vor allem im Sommer **nur noch wochenweise zu vermieten** oder erheben bei kürzeren Reisen in den ersten drei Tagen deutlich höhere Preise. Bei einem Aufenthalt von unter einer Woche ist der finanzielle und zeitliche Aufwand deshalb sehr hoch. Wer nur für ein Wochenende nach Borkum kommen möchte, übernachtet am besten im **Hotel,** oft gibt es attraktive Wochenendangebote mit Wellness. Viele Hotels gehen mehr und mehr zu Tagespreisen über. Um einen konkreten Preis zu erfragen, ist es erforderlich, ein festes Datum für An- und Abreise anzugeben.

In einer Woche lässt sich die weitläufige Insel vor allem mit dem Fahrrad schon recht gut erkunden. Wer Borkum aber besser kennenlernen oder einfach nur die Seele baumeln und zur Ruhe kommen möchte, sollte **zehn Tage bis zwei Wochen** einplanen. Für einen Jahresurlaub auf Borkum sind vor allem die Sommermonate empfehlenswert. Dann ist das Klima mild und das Wasser vergleichsweise warm. Borkum bietet aber zu jeder Jahreszeit **genügend Abwechslung und Entspannung** für einen erholsamen Aufenthalt, und auch im Winter hat die Insel, die plant, bis 2030 klimaneutral zu sein, durchaus ihre Vorzüge.

- **www.borkum.de**
- **facebook.com/Borkum.de**
- **instagram.com/borkumde**
- **youtube.com/borkum**
- **pinterest.com/BorkumDE**

b_018_mna

Touren auf Borkum

Zu Fuß

Durch seine abwechslungsreichen Landschaftsformen ist Borkum **prädestiniert für ausgiebige Spaziergänge,** wahlweise am Strand oder im Inselinneren. Die Insel ist lang, aber sie lässt sich nicht komplett umrunden, weil große Bereiche wegen des Schutzes der Natur gesperrt sind, sie dürfen **ganzjährig nicht betreten werden.** Für Ungeübte sind lange Spaziergänge am Strand besonders am Anfang des Urlaubs ziemlich anstrengend. Die Länge der Wanderungen kann aber jeder nach Lust und Laune variieren, das Wegenetz ist groß, und es gibt etliche Übergänge ins Inselinnere. Ein besonderes Erlebnis ist die **geführte Wattwanderung** mit einem qualifizierten Wattführer, bei der man viele neue Erfahrungen in einer den meisten unbekannten Welt machen kann. Die Insel sollte selbstverständlich **nur auf den ausgewiesenen Wegen** erkundet werden. Vor allem die **Dünen** sind tabu, denn sie sind für den Inselschutz immens wichtig. Jeder Schritt in die Dünen zerstört die empfindliche Pflanzendecke, und Wind und Wasser bekommen neue Angriffsflächen, ganz besonders während der winterlichen Sturmfluten. Es dürfen keine Pflanzen gepflückt oder Eier und kleine Tiere mitgenommen werden. Auch sollten Vogelschwärme und Seehunde in Ruhe gelassen werden. Wanderer werden gebeten, sich an die **Schutzzonen** zu halten und **keinen Abfall** zurückzulassen. Wer etwas Gutes tun will, hat einen Beutel dabei und **sammelt unterwegs Plastikmüll** auf. Es gibt auf der Insel einige Strandmüllboxen. Streng verboten ist das **Füttern von Möwen.** Sie haben keine natürlichen Feinde, sind aber vielen anderen Vögeln

b_394 mna

gefährlich und können Krankheiten übertragen. Wer sich an diese Regeln hält, tut bei einer Wanderung viel Gutes, sowohl für die Natur als auch für sich selbst.

Tour 1
(8,7 Kilometer, Dauer ca. 2 Std.)

Diese Wanderung führt durch verschiedene Landschaftsformen Borkums vom Neuen Leuchtturm am Strand entlang, durch die Greune Stee, zwischen Ortsrand und den Binnenweiden zum Biergarten Upholmhof und von dort wieder zurück in den Ortskern. **Der Weg beginnt am Neuen Leuchtturm,** von dort geht es die Strandstraße in westlicher Richtung zum Strand bis auf die Strandpromenade. Links in südlicher Richtung führt er am Musikpavillon, Gezeitenland und dem Nordsee-Aquarium entlang bis zur Heimlichen Liebe. Von dort geht es am Südbad weiter bis etwa zur Mitte des Schutzdeichs, wo es nach rund 1,5 Kilometern links ab in das Feuchtbiotop Greune Stee geht. Verschlungene Pfade führen an der ehemaligen **Kugelbake** vorbei durch dichtes Grün. Nach etwa zwei Kilometern überquert man die Schienen der Borkumer Kleinbahn und biegt nach links in die Reedestraße. An der Ostfriesenstraße geht es nach rechts weiter in Richtung Norden. Kurz nachdem die Bebauung aufgehört hat, biegt man nach links in Richtung **Upholm-Hof,** der nach rund 800 Metern erreicht ist. Das beliebte Lokal ist bestens für eine Pause geeignet. Beim Upholm-Hof biegt man links ab auf die Upholmstraße, die nach rund 800 Metern auf die Richthofenstraße führt. Biegt man rechts ab, kommt man am Alten Leuchtturm vorbei, dort geht es rechts weiter durch die Kirchstraße wieder Richtung Neuer Leuchtturm.

Tour 2
(3,1 Kilometer, Dauer 45 Min.)

Die Wanderung führt durch das Borkumer Binnenland. **Sie beginnt am Insel-**

⌃ Urlauber auf einer Buhne nahe der Sandbank Hohes Riff

museum Dykhus und folgt der Reedestraße Richtung Südosten, bis es nach etwa 500 Metern links ab zur **Franzosenschanze** geht. Einst bedeutend für die Historie der Insel, ist die Franzosenschanze heute nur noch ein Ententeich und ein Gebäude in Privatbesitz, zu besichtigen gibt es nichts. Weiter geht es des Wegs bis zum alten Deich (Olde Dyk). Auf ihm biegt man rechts ab und kommt auf einem verwunschenen Pfad durchs grüne Unterholz an einigen Seen und Tümpeln vorbei, von Zeit zu Zeit bietet sich ein toller Blick auf Borkums Türme. In der Siedlung an der Reedestraße endet der Weg auf dem Deich. Nach etwas über einem Kilometer in Richtung Nordwesten ist das Museum Dykhus schließlich wieder erreicht.

Tour 3
(24,1 Kilometer, Dauer 1 Tag)

Die längste Tour führt einmal **fast rund um die Insel,** und man braucht dafür den ganzen Tag, oder man verteilt die Strecke auf verschiedene kleinere Etappen. Beginnen kann man eigentlich überall, aber **offiziell startet die Tour am Jugendbad** nördlich des Zentrums und führt zunächst die Promenade bis zu ihrem Ende am Café Seeblick entlang. Danach geht es weiter am Spülsaum der Nordsee bis zur Hoge Hörn am Ostende der Insel. Bitte bleiben Sie am Ostende auf dem markierten Pfad, eine Pfahlreihe markiert das Ende beim Naturschutzgebiet. Es gibt dort viele Vogelnester. Auf dem langen Weg am Spülsaum kann man die unbewohnte Nachbarinsel **Lütje Hörn** (3,5 km), die **Vogelinsel Memmert** (5,5 km) und **Juist** (8 km) sehen. Nordwestlich von Memmert liegt die Sandbank Kachelotplate, auch sie ist am Horizont zu sehen. Schöne Aussichtspunkte bieten der Naturpunkt Steernklippdüne, der weiter südwestlich gelegene Naturpunkt Tüskendör-See sowie der Seedeich. Am südlichen Ende des Deichs folgt man dem Weg über die Schienen der Kleinbahn durch die Woldedünen und das Biotop Greune Stee mit der Aussichtsdüne, bis man wieder die Strandpromenade erreicht hat.

Mit dem Fahrrad

Für Touren mit dem Fahrrad ist Borkum **außerhalb des Ortskerns** gut geeignet. Im Zentrum ist es aufgrund der kurzen Entfernungen und dem dichten Verkehr auf den wenigen befahrbaren Straßen während der Hauptsaison besser, man lässt den Drahtesel an einer der dafür vorgesehenen Stellen stehen und erledigt alles weitere zu Fuß. Der Hauptbereich der Strandpromenade an der Wandelhalle und die Fußgängerzone sind für Fahrradfahrer ohnehin tabu. Wer aber „Strecke machen“ und zum Beispiel Richtung Ostland oder zum Hafen fahren will, kann sein Fahrrad für die weiter entfernten Ziele gut gebrauchen.

Tour 4
(ca. 21 Kilometer, Dauer etwa 2 Std.)

Vom Kleinen Kaap aus führt der Weg in nordöstlicher Richtung auf der Strandpromenade am Jugendbad vorbei bis zu deren Ende beim Café Seeblick. Dort geht es rechts ab Richtung Waterdelle. Am Privatweg vorbei biegt man am nächsten öffentlichen Weg links ab ins

Wäldchen. Dort führt ein etwa zwei Kilometer langer Weg am **Naturpunkt Muschelfeld** entlang **bis zum Flugplatz.** Weiter geht der Weg rechts von der Straße zum Ostland, wo sich gut eine Rast einplanen lässt. Vom Ostland aus folgt man der Straße in östlicher Richtung weiter an den Weiden und Dünen entlang bis zum **Naturpunkt „Steernklippdüne“,** von dem sich ein schöner Ausblick über Salzwiesen, Strand und Watt bietet. Der Weg zurück folgt dem **Seedeich,** dort entlang erreicht man nach etwa 4,5 Kilometern in südwestlicher Richtung die Reedestraße. Sie und die Schienen der Borkumer Kleinbahn werden nur gekreuzt und der Weg folgt entlang der **Woldedünen.** Die zweite Möglichkeit nach links führt zum **Strand.** Von dort radelt man auf dem Schutzdeich etwa zwei Kilometer bis zur Randzelstraße, biegt dort rechts ab in die Emsstraße und an der nächsten Kreuzung wieder links in die Süderstraße bis zur Strandpromenade, der man rechterhand bis in den Ortskern zurück folgt.

Tour 5
(11,2 Kilometer, etwa 1 Std.)

Vom Bahnhof geht es in südöstlicher Richtung auf die Straße Am Langen Wasser, die später zur Deichstraße und schließlich zur Reedestraße wird. Nach ca. 3,5 Kilometern geht es hinter dem Solarpark links ab über den neuen Deich. Hinter dem dem **Flugplatz** führt der Weg nach Nordwesten Richtung Waterdelle auf einen Waldlehrpfad. Man folgt dem Weg am Dünenrand entlang bis zur Norddüne, die den Aufstieg mit einem schönen Rundumblick belohnt. Danach geht es weiter bis zum **Großen Kaap** und von dort über die Boeddinghausstraße und die Hindenburgstraße in den Ort zurück.

Neujahrsschwimmen
Anbaden für Mutige, die sich am 1. Januar um 14 Uhr beim Musikpavillon ins eisige Nordseewasser stürzen. Hier kommt es vor allem auf den Spaß an, Schwimmer in lustigen Kostümen werden besonders angefeuert.

LEGENDE

- Winter
- Frühjahr/Herbst
- Sommer

Borkumer Weinfest
Im Mai und September laden auf der oberen Promenade Winzer – vorwiegend aus deutschen Landen – dazu ein, ihre edlen Tropfen mit Meerblick zu kosten.

Ostern ist Saisonbeginn
Der Saisonbeginn fällt mit den Osterfeiertagen zusammen, an denen auf Insel drei große Osterfeuer entfacht werden.

Borkumer Jazztage
Als einer der Höhepunkte des Veranstaltungskalenders bieten die Borkumer Jazztage über vier Tage einen spannenden Einblick in die Varianten der Jazzmusik.

JAN | FEB | MÄR | APR | MAI | JUN

Winter – Zeit der Ruhe und Erholung
Wer dem Trubel des Alltags entrinnen möchte, ist in der kalten Jahreszeit bestens bedient. Nur in den Tagen zwischen Weihnachten und Heilige Drei Könige gibt es eine kurze Hochsaison. Bei schönem Wetter ist die Luft glasklar, die Tiere sind weniger scheu und lassen sich gut beobachten, Das ist die Zeit für lange Spaziergänge, nach denen man sich mit einem Heißgetränk und Kuchen belohnen darf.

Zeit der Vogelzüge
Es herrscht gefiederter Hochbetrieb auf der Insel, wenn die Zugvögel auf ihrem Weg in die Brutgebiete Rast auf Borkum machen. Dann sind Vogelkundler und Fotografen unterwegs.

Tanz um den Maibaum
Der Maibaum wird auf Borkum kurioserweise erst zu Pfingsten aufgestellt. Dazu gibt es Tanz um den Maibaum und gute musikalische Unterhaltung.

Colorful Sand Festival Borkum
Bunte Farben und ausgelassene Partystimmungherrschen, wenn sich Mitte Juli Strand und Gäste in ein leuchtendes Farbenmeer verwandeln.

Beach Days Borkum
Abhängig von Sommerferien Ende Juli oder Anfang August treffen Sommer, Sonne und Strand auf Sport, Party, Chillout und Live-Musik.

Weihnachts- und Adventsmarkt
Der Lions Club Borkum und die Gemeinde der Christuskirche veranstalten zwei Weihnachtsbasare; der Lüttje Markt findet zwischen Weihnachten und Neujahr statt.

Silvesterlauf
Jährlich lädt der TuS Borkum um 14 Uhr zum Silvesterlauf ein. Auf fünf oder zehn Kilometern geht e auf wechselnden Jogging- oder Nordic-Walking-Routen über die Insel. Startpunkt ist beim Musikpavillon.

JUL | AUG | SEP | OKT | NOV | DEZ

Strandfete mit Tradition
Zwischen Jugend- und Nordbad befindet sich die Partyzone, die seit über 30 Jahren vom Verein Borkumer Jungs e. V. 1830 für Veranstaltungen genutzt wird. Es gibt ein großes Lagerfeuer und musikalische Unterhaltung durch DJ-Auftritte und Live-Bands.

Beachvolleyballturnier
Ende Juli/Anfang August an drei aufeinanderfolgenden Wochenenden wird auf Borkum gepritscht und gebaggert.

Zeit der Vogelzüge

Lichtwoche
Eine Woche lang werden im Oktober sieben verschiedene Gebäude bunt angestrahlt, z. B. der Wasserturm oder der Leuchtturm.

Ruhe und Entspannung – Borkum im Winter
Das Faszinierende an einem Borkumbesuch im Winter ist die deutlich spürbare Entschleunigung. Lange Strandspaziergänge führen zur Besinnung auf sich selbst und das, was einem wirklich wichtig ist. Wer mag, genießt alternativ das Wellness-Angebot im Gezeitenland.

Fünf besondere Geschäfte

b_201 mna

Knobelkiste | 88

Spielzeug, für das Köpfchen benötigt wird: Hier warten Denksportaufgaben mit hohem Suchtfaktor für Groß und Klein. Man darf ausprobieren und wird nicht zum Kauf überredet – eine tolle Auswahl auf kleinem Raum.

b_395 mna

Grün & Wertvoll | 88

Seifen aus eigener Herstellung und nachhaltige hochwertige Pflegeprodukte auf der Gesundheitsinsel Borkum. Schon der aromatische Duft im Laden bezaubert. In der Seifenwerkstatt können Interessierte in Kursen lernen, eigene Seifen herzustellen.

b_203 mna

Doros Kunststube | 88

Liebevoll bemaltes Treibholz ist Doros Spezialität, oft sind ihre Motive in ähnlicher Form auf Borkum zu entdecken. Darüber hinaus gibt es schöne Handwerkskunst, alles Unikate verschiedener Insulaner. Alle Objekte sind sind sehr individuell – einfach traumhaft.

b_396 mna

43 Kleider & sieben Sachen | 87

Kleider, Röcke, Jacken und Wohn-Accessoires aus ökologischer Hersteller werden am Fuße des Neuen Leuchtturms angeboten. Das sorgfältig zusammengestellte Sortiment begeistert besonders Kunden, die auf Nachhaltigkeit wert legen.

b_397 mna

C. H. Meyer | 87

Wer Wolle, Bett- und Unterwäsche liebt, kommt an diesem Geschäft definitiv nicht vorbei. In dem kleinen Traditionsgeschäft ist trotz kleiner Verkaufsfläche eine riesige Auswahl zu finden.

Fünf kulinarische Leckerbissen

Liev & Seel | 93

Im Erdgeschoss eines hundert Jahre alten Hauses wird mit Leib und Seele gekocht. Die Speisen werden in moderner Wohnzimmeratmosphäre serviert, die Wände zieren historische Borkumer Bilder und die Weinkarte kann sich wirklich sehen lassen.

b_368 mna

Das Pasta-Haus | 94

Die Nudeln, z. B. aus Dinkel, Erbsen, Hartweizen oder Linsen, werden täglich frisch gemacht, die Soßen selbstverständlich auch. Wer kein passendes Gericht findet, kann es sich aus dem Nudel-, Soßen- und Zutatenbaukasten nach Geschmack selbst zusammenstellen und kochen lassen.

b_369 mna

Alt Borkum | 92

Wie der Name schon vermuten lässt, ist das Alt Borkum die älteste Gaststätte auf der Insel, sie wurde bereits 1825 eröffnet. Heute ist es ein Spezialitäten-Restaurant mit saisonaler Küche, das großen Wert auf Qualität und Ökologie legt.

b_208 mna

Byl's Fisshus | 94

Fischgeschäft und das zugehörige Restaurant befinden sich unter einem Dach. Die Fischqualität ist exzellent, das schmeckt man den frisch zubereiteten Speisen an. Etwas abseits gelegen ist es, aber auf jeden Fall einen Besuch wert.

b_370 nf

Klein & Fein | 93

Das Küchenteam setzt auf Frische und Regionalität. So wird hier zum Beispiel Fleisch von Rindern verarbeitet, die auf den Salzwiesen des Ostlands geweidet haben. Zu empfehlen sind neben den Burgern die marinierten thailändischen Hähnchenspieße.

b_210 mna

Fünf außergewöhnliche Cafés

b_211 mna

Strandcafé Seeblick | 96

Im Borkumer Traditionsbetrieb am Ende der Promenade gibt es die Möglichkeit, beim Tee oder Bier aufs Meer zu schauen. Im schönen Außenbereich oder den netten Räumlichkeiten lässt sich selbstgebackener Blechkuchen vom Feinsten genießen.

b_371 LT

Lüttje Toornkieker | 95

Mit Blick auf den Alten Leuchtturm locken leckere Speisen in der Mittagszeit und tolle Kuchen zum selbstgerösteten Kaffee –im Winter gibt es jedoch nur Kuchen. Probieren sollte man unbedingt auch die leckere Currywurst mit selbstgemachter Soße.

b_372 mna

Sleeboom | 96

Die Konditorin *Nina Sleeboom* hat sich einen Traum erfüllt. In ihrem Café werden nicht nur exzellente Kuchen, sondern auch ausgewählte Feinkost- und Geschenkartikel angeboten. Alles trägt die persönliche Handschrift der Inhaberin.

b_214 mna

Omas Borkumer Teestübchen | 95

Der ostfriesischen Tradition des Teetrinkens geschuldet, gibt es eine riesige Tee-Auswahl, vom Schwarzen über Weißen bis hin zu grünen Sencha-Tees. Empfehlenswert dazu sind die unschlagbar leckeren Windbeutel in einer beachtlichen Dimension.

b_215 mna

Café Restaurant Ostland | 95

Schon wegen der Lage im Osten sollte man den Aufenthalt im Rahmen eines Ausflugs einplanen. Seit über 100 Jahren werden die Gäste hier kulinarisch verwöhnt. Neben „Kuhlen Milchideen" wie Dickmilch, Rote Grütze, Speiseeis oder Milchreis gibt es ultraleckere Pfannkuchen – auch herzhafte.

Fünf Angebote für Aktive

Kletterpark | 119

Klettern mit Blick auf die Nordsee, wo gibt es das schon? Kinder und Erwachsene können zwei verschiedene Parcours erkunden, die sich im Schwierigkeitsgrad steigern. Der Kletterspaß endet mit Kribbeln im Bauch während einer rasanten Abfahrt am Hängeseil.

b_347 mna

Surf- und Segelschulen | 141, 142

Zwei Schulen in unmittelbarer Nähe am Nordstrand garantieren eine ganze Palette an möglichen Wassersportaktivitäten. Neben Kitesurfen und Segeln ist auch Strandsegeln möglich, Spaß und Abwechslung sind garantiert. Auch Stand-up-Paddling wird angeboten.

b_217 mna

Reiten | 139

Borkum ist für Freunde des Reitsports ein vorzügliches Gelände. Es gibt ein ausgedehntes Netz von Reitwegen über die Insel und einige Reiterhöfe. Dort kann man Pferde mieten, geführte Touren unternehmen oder in einer Gastbox sein eigenes Pferd unterstellen.

b_218 NBG

Wattwandern | 132

Es gibt, im Watt keine Experimente zu wagen, aber mit einem Wattführer hat man ein einmaliges Naturerlebnis auf dem Meeresgrund. Ebbe und Flut werden hier sehr deutlich, und die Tierwelt im Schlick ist vielfältig. Ein einmaliger Lebensraum lädt zum Entdeckungsmarsch ein.

b_219 NBG

Gezeitenland | 129

Im Meerwasserschwimmbad und dem Wellnessbereich findet jeder das passende Angebot. Neben Riesenrutsche und Wellenreiten im Flow-Rider gibt es im Saunabereich einen Fußreflexzonenpfad mit Blick aufs Meer. Besser geht es nicht.

b_220 mna

b_040 mna

1 Sehenswertes

» Auf Borkum ist vieles sehenswert, vor allem aber die abwechslungsreiche Natur. Dennoch gibt es manchen Ort, der einen Besuch besonders lohnt. Die nachfolgenden Empfehlungen sind so ausgewählt, dass sich für jeden ein interessantes Ziel finden lässt.

< Die katholische Kirche Maria Meeresstern

Alter Leuchtturm

41 Meter hoch

Zu den markanten Wahrzeichen Borkums gehört der 41 Meter hohe Alte Leuchtturm, von den Borkumern auch liebevoll „*De Olde Baas*" genannt. Er steht am Rand des Ortszentrums und ist schon von Weitem zu sehen.

Orientierungshilfen im Mittelalter

Die Nordsee vor der Emsmündung war schon im Mittelalter schwer mit Schiffen zu befahren. Zur Orientierung in der mit Untiefen versehenen Westerems suchten sich die Seefahrer **Landmarken;** sie peilten zwei Baken auf der niederländischen Insel Rottum an. Doch während **schwerer Sturmfluten** in den Jahren 1509 und 1570 versank der Inselteil mit diesen Wegweisern in der Nordsee. Die Folge waren häufige **Schiffsunglücke.**

Aufgrund des 80 Jahre währenden Konflikts zwischen den benachbarten Niederlanden und Spanien ab 1566 nahm das neutrale **Emden** einen enormen wirtschaftlichen Aufschwung und wurde zur **ersten Reedereistadt Europas.** Emdens Seehafen gewann zunehmend an Bedeutung. Es ist kaum vorstellbar, dass Emden bereits vier Jahre später über mehr Schiffe verfügte als England. Ohne Navigationshilfen ließ sich der Emder Hafen nicht sicher ansteuern. Der Emder Rat, dem aus diesem Grund viel an der Sicherung der Emsschifffahrt gelegen war, wählte wegen der fehlenden Peilmarken 1576 Borkum als neuen Standort für die fehlenden Seezeichen aus. Auf seine Initiative hin wurde deshalb noch im selben Jahr begonnen, einen **Leuchtturm** als neue Landmarke zu errichten. Zur Unterstützung des Bauvorhabens verschifften die Emder 20.000 Ziegelsteine auf die Insel, die beim Bau des Rathauses der Stadt übrig geblieben waren.

Als idealen Standort befand man die **alte Kirchwarf.** Dort stand eine kleine Inselkirche aus dem 14. Jahrhundert, die den Bewohnern Borkums bei schweren Sturmfluten Zuflucht geboten hatte. Als diese bei einer dieser Hochwasser vernichtet wurde, baute man eine neue Kirche, doch ihr Turm war als Landmarke viel zu niedrig. Kurzerhand rissen ihn die Insulaner ab und errichteten aus seinen alten Steinen zusammen mit der Ziegelspende aus Emden auf dem alten, quadratischen Fundament

[>] Die Seiten des Alten Leuchtturms markieren die vier Himmelsrichtungen

b_252 mna

den Neubau. Er reckte sich nach seiner Fertigstellung mit 41 Metern weit sichtbar in die Höhe und bestimmt auch heute noch die Inselsilhouette.

Der heutige **Alte Leuchtturm** – er heißt so seit dem Bau des Neuen Leuchtturms – ist das älteste Gebäude der Insel. Seine vier Seiten markieren die vier Himmelsrichtungen. Auch die Glocken der alten Inselkirche fanden hier einen neuen Platz und der Bau diente der Gemeinde nun zusätzlich als Kirchturm. Ursprünglich hatte er ein Spitzdach, davon ist heute allerdings nichts mehr zu sehen.

Installation des Leuchtfeuers

Sein nächtliches **Leuchtfeuer** erhielt der Alte Leuchtturm am 12. März 1817. In Zusammenarbeit mit dem Hamburger Konstrukteur *Johann Georg Repsold* bekam er eine **gläserne Kuppel,** in der eine Laterne mit 27 nach ihrem Erfinder *Argand* benannten Öllampen untergebracht waren, die während der dunklen Nachtstunden bei klarer Sicht gut zu sehen war. Die Lichtanlage wurde 1857 verbessert und mit sogenannten **Fresnel-Linsen** ausgestattet, die wesentlich mehr Strahlkraft besaßen. Lichtquelle war eine dreidochtige Öllampe mit einem Verbrauch von **350 Gramm Rüböl stündlich;** die Leuchtfeuerwärter mussten sie regelmäßig befüllen. Leider brannte der Leuchtturm am 14. Februar 1879 völlig aus, weil der Torfofen, der den Aufenthaltsraum der Wärter heizte, die Holzdecke in Brand gesetzt hatte. Der Turm war nicht mehr zu nutzen. Nur eine Woche später beschloss man den Bau des Neuen Leuchtturms.

Der Alte Leuchtturm bleibt erhalten

Nach seiner Fertigstellung setzte man den Alten Leuchtturm auch wieder instand. Er erhielt ein flaches Pyramidendach, wurde mit einer Turmuhr ausgestattet und auf verschiedenste Weise genutzt, zum Beispiel als **Wetterwarte,** als **Beobachtungsposten,** als **Seenotfunkstelle** und **für Brieftauben.** 1976 wurde das historische Gebäude unter Denkmalschutz gestellt. Heutiger Eigentümer ist der Heimatverein Borkum e. V., dem die Stadt Borkum den Turm 1981 geschenkt hatte. Ab 1984 war das Inselwahrzeichen dann für die Öffentlichkeit geöffnet, um aus den Eintrittsgeldern die Kosten für den Erhalt und die Renovierung des Turms zu generieren. Weitere Einnahmen kamen über eine Teestube und ein Trauzimmer für Eheschließungen in die Vereinskasse.

Aus Brandschutzgründen ist der Turm **derzeit nicht zu besichtigen.** Der Heimatverein gibt sich große Mühe, eine Lösung zu finden, da der Turm nicht aufgegeben werden, sondern für

Inselgäste und -bewohner erhalten bleiben soll. Von Zeit zu Zeit ist der Eingangsbereich des Altes Leuchtturms geöffnet, in dem sich eine kleine Ausstellung zur Turmgeschichte befindet, der Aufstieg ist jedoch nicht gestattet.

Inselfriedhof

Am Fuß des Leuchtturms sind die **Reste des alten Inselfriedhofs** mit sehenswerten **historischen Grabsteinen aus der Walfängerzeit** zu finden. 1873 wurde hier die letzte Bestattung durchgeführt. Ein Rundgang auf dem kleinen Areal lohnt sich, es ist immer zugänglich. Zusätzliche Informationen sind zahlreichen Tafeln zu entnehmen. Neben dem Gelände steht einer der seltenen, noch erhaltenen **Zäune aus alten Walknochen.**

- **Alter Leuchtturm:** Wilhelm Bakker Straße, aktuell nicht zu besichtigen.

Neuer Leuchtturm

63 Meter hoch

Nach dem Großbrand und der völligen Zerstörung des Alten Leuchtturms 1879 baute man in Windeseile aus **1.526.000 rotbraunen Klinkersteinen** einen neuen. Dieser wurde schon am 15. November desselben Jahres zum ersten Mal in Betrieb genommen. Seine Feuerhöhe beträgt 63 Meter. Heute strahlt er bei klarem Wetter 24,3 Seemeilen weit, das ist eine **Reichweite von rund 45 Kilometern.** Mit seiner Höhe ist der Neue Leuchtturm die imposanteste Erscheinung im Ortskern. Man kann ihn auf 315 Stufen über eine Wendeltreppe und eine Eisenleiter, die am Ende des Aufstiegs die letzten drei Meter nach oben überbrückt, erklimmen. In 60,2 Metern Höhe wartet ein herrlicher Rundumblick über Borkum. Auch wenn die Aussichtsplattform von einem hohen Gitter umgeben ist, lohnt sich die Mühe des Aufstiegs. Einige wenige enge Ausschnitte gestatten das Fotografieren mit größeren Objektiven. Von hier oben sind die komplette Insel, das Wattenmeer und die offene Nordsee zu sehen. Ein beliebtes Motiv also für alle Hobbyfotografen, daher braucht man bei zu hohem Besucherandrang etwas Geduld, um diesen Ausblick mit der Kamera festhalten zu können. An manchen Tagen ist es oben extrem windig, dann lässt sich die Tür kaum öffnen, und Mützen sollten dann besser abgenommen werden.

Eigentümer des Neuen Leuchtturms ist das **Wasserstraßen- und Schifffahrtsamt Emden.** Er wurde 2003 komplett saniert

b_253 mna

und heißt amtlich Großer Leuchtturm. An Borkums Westseite stehend ist er der westlichste Leuchtturm Deutschlands.

Neuer Leuchtturm: Unübersehbar in Borkums Zentrum zwischen Bahnhof und Strand steht der Turm von Straßen umrundet auf einer Düne. Öffnungszeiten Mo, Di, Do, Fr 11–16, Sa,So 14–16.30 (letzter Aufstieg 30 Min. vor Schließzeit). Infos unter Tel. 7799 oder www.borkum.de.

Kleiner Leuchtturm

28 Meter hoch

Der 28 Meter hohe Kleine Leuchtturm wird auch **Elektrischer Leuchtturm** genannt und war zum Zeitpunkt seiner Einweihung als erster elektrisch betriebener Leuchtturm Deutschlands eine technische Sensation. Ab 1891 machte er die Ansteuerung der Ems durch das Hubertgat und die Westerems sicherer. 1890 initiierte die damals international viertgrößte Reederei „Norddeutscher Lloyd" in Bremen, dass die **drahtlose Telegrafie** als Schiffsmeldedienst für die Handelsschifffahrt genutzt werden sollte. 1899 wurden das Feuerschiff „Borkumriff" und der „Kleine Leuchtturm" mit **Sendemasten** ausgerüstet. Am 19. Mai 1900 eröffnete die „Reichspost und Telegrafenverwaltung" den **ersten Funkdienst der Welt.** 1966 wurde eine Radarantenne nachgerüstet und der Turm somit automatisiert. Seit 2003 ist sein Leuchtfeuer abgeschaltet, er spielt aber in der deutsch-niederländischen Radarüberwachung der Emsmündung auch heute noch eine wichtige Rolle. Er gehört zu den markanteren Gebäuden Borkums und liegt am Ende der Strandpromenade beim Südbad. Eine Besichtigung ist nicht möglich.

Kleiner Leuchtturm: Im Süden des Ortes an der „Heimlichen Liebe", Süderstraße. Er ist nicht zu besichtigen, aber eine der Landmarken der Insel.

Der Neue Leuchtturm (S. 35) ist rund 63 m

Borkums Baken

Navigations-hilfen

Der Anblick des **Großen** und des **Kleinen Kaaps** in Borkums Dünen gibt Nichtinformierten Rätsel auf. Die Erklärung findet sich wie so häufig in der Vergangenheit. Die Baken (auch *Kaaps* genannt) dienten früher als **Navigationshilfen für die Schifffahrt.** Zusammen mit der Landmarke Alter Leuchtturm wiesen die ehemals hölzernen Bauwerke den Steuermännern den Weg durch die gefährlichen Untiefen der Westerems vor Borkum. 1872 baute man die heutigen Seezeichen aus Backstein mit hölzernen Toppzeichen sowie im Osten der Insel zusätzlich eines mit einem eisernen Toppzeichen. Das **Große Kaap** (Osterems-Bake) wurde auf eine neun Meter hohe Düne gebaut und ist mit 23,40 Metern das größte dieser Bauwerke. 500 Meter entfernt steht das **Kleine Kaap** (Westerems-Bake), mit 11,70 Metern ist es genau halb so hoch wie das Große Kaap. Beide stehen nord-

b_254 mna

östlich der Wandelhalle in den Dünen. Ihrer einstigen Funktion beraubt, sind sie für Insel heute dekorative Wahrzeichen. Das dritte Seezeichen im Osten Borkums befindet sich rund 7 Kilometer vom Zentrum entfernt. Auf einer 7,50 Meter hohen Düne reckt sich der turmartige Klinkerbau, an dessen Spitze sich ein eisernes Dreieck befindet, in die Höhe. Die **Ostbake** (Oostbake) dient der Kleinschifffahrt noch heute als Orientierungspunkt.

Kugelbake

In der Vergangenheit gab es noch eine weitere Bake, mehr als sieben Jahrzehnte lang stand eine **Kugelbake** zwischen dem Schutzdeich und der Greunen Stee. Einst war sie ein wichtiger Orientierungspunkt für die Navigation, im Jahr 2000 wurde die mächtige Bake aber abgebaut. Das zeigt den Bedeutungsverlust künstlicher Landmarken für die Schifffahrt. 2001 stellte das Wasser- und Schifffahrtsamt Emden ein kleines Modell der Kugelbake an gleicher Stelle auf. Borkums Baken erinnern an die Schwierigkeiten, die das Navigieren in der Außenems zu Zeiten machte, als es kaum technische Hilfsmittel gab. Und noch heute handelt es sich bei der Nordsee rund um Borkum um **schwierige Gewässer** mit vielen Untiefen und starken Strömungen.

Katholische Kirche „Maria Meeresstern"

Gotteshaus für katholische Kurgäste

Im evangelisch geprägten Norddeutschland sind katholische Kirchen eher selten. Aber auf den Ostfriesischen Inseln machen viele Menschen aus Gebieten Urlaub, in denen der katholische Glaube stark vertreten ist. Viele von ihnen möchten auch **am Sonntag in die Kirche gehen.** Das war der Grund für den Bau der katholischen Kirche „Maria Meeresstern". Er ging von einer Initiative des Kaplans *Carl Boeddinghaus* aus Münster aus – finanziert wurde das Gotteshaus von Kurgästen für Kurgäste. Die älteste Kirche der Insel war in den Jahren 1880 bis 1982 aus rotem Backstein im neugotischen Stil errichtet worden. Bereits 1905 musste sie zum ersten Mal erweitert werden, denn die Anzahl der Badegäste stieg zu Beginn des 20. Jahrhunderts stark an.

☒ Modell der Kugelbake Borkum

Der Zweite Weltkrieg brachte eine Welle vieler Flüchtlinge nach Borkum, viele waren katholischen Glaubens. So kam es 1954 zur Erweiterung um den Kirchsaal, über den Altarraum bestand nun eine Verbindung ins Kirchenschiff. 33 Jahre später wurde die Kirche erneut erweitert, dabei entstanden eine große ansteigende Empore und der schlanke Glockenturm. 1990 wurden das Gemeindehaus Meeresstern und der neu gestaltete Kirchplatz eingeweiht. Heute zählt die Kirchengemeinde von Maria Meeresstern rund **800 Mitglieder,** etwa 450 Menschen finden im Gotteshaus Platz. Die Gemeinde gehört zum Dekanat Ostfriesland und zum Bistum Osnabrück. Viele Gemeindemitglieder und Urlauber freuen sich auf den sonntäglichen Gottesdienst, der hauptsächlich von **Gastpriestern** gefeiert wird.

■ **Katholische Kirche „Maria Meeresstern":** Kirchstraße 30, Tel. 04922 3905, geöffnet tgl. 8.30–20 Uhr, Gottesdienste und Veranstaltungen auf www.kat.borkumer-kirchengemeinden.de.

Reformierte Kirche

Kirchengemeinde mit langer Tradition

Die Kirchengemeinde der Reformierten Kirche hat eine lange Geschichte, bereits **1536** begann der erste Pastor seinen Dienst auf Borkum. So betrachtet ist das heutige Kirchengebäude vergleichsweise jung, es hatte aber mindestens drei Vorgängerbauten. Diese standen in unmittelbarer Nähe zum Alten Leuchtturm, der zeitweise als Glockenturm diente. Dort war jedoch kein Platz für einen großen Neubau, so bereitete die Gemeinde einen Baugrund am **Rektor-Meyer-Pfad** vor. Zehn Meter tief ragen zahlreiche Pfeiler in den nicht sehr tragfähigen Boden, auf sie wurde das Fundament gesetzt. Die Einweihung des ziegelroten Gotteshauses fand am **18. Juli 1897** statt, es wurde nach Entwürfen des Berliner Architekten Otto March errichtet. Nach seiner Aussage ist das Erscheinungsbild an die **niederländische Baukunst aus Backstein** angelehnt, im Ergebnis finden sich Elemente des Jugendstils, der Gotik und der Renaissance. Der 40 Meter hohe Turm ist in das Gebäude eingebunden, der schlanke

[>] Reformierte Kirche auf Borkum

b_255 mna

Der Borkumer Walpfad

Die **Bürgerstiftung Borkum** hat sich zum Ziel gesetzt, unter anderem Projekte aus den Bereichen Soziales, Kultur und Umwelt zu fördern. So entstanden die Idee für das **Borkumer Notfall-Orientierungs-System** und auch die für den **Walpfad.** Ansatz ist das Konzept der Lehrpfade, wie man sie beispielsweise aus dem Nationalpark Wattenmeer kennt. Der Walpfad ist ein Beitrag zur Initiative **„Zukunftsprojekt Borkum 2030"** der Stadt Borkum. Ziel ist es, das Wissen von Insulanern und Gästen über die Natur und das Bewusstsein für die Inselgeschichte zu stärken.

An verschiedenen Stellen in der Stadt aufgestellte **Tafeln informieren** über die Geschichte Borkums als **Walfänger-Insel** und über **Wale.** Sie sind an Stellen platziert, die eine Verbindung zum Thema Wal schaffen, beispielsweise auf

dem **Walfänger-Friedhof,** am **Alten Leuchtturm,** beim **Inselmuseum,** am **Nordsee-Aquarium** und an weiteren Standorten. Zehn Tafeln sind insgesamt geplant, sie werden nach und nach installiert.

Borkums Geschichte war stark vom **Walfang** geprägt, vor allem im 17. und 18. Jahrhundert heuerten Borkumer Seemänner auf den Walfangflotten Deutschlands, der Niederlande und Englands an und besegelten auf der Jagd nach den Meeresriesen das **arktische Eismeer.** Die Risiken waren groß, doch trotz aller Entbehrungen und Unfallgefahren nutzten die Borkumer Männer diese Chance. Schließlich bot sie der meist armen Inselbevölkerung die Möglichkeit, Geld zu verdienen und ihre Familien zu ernähren.

b_221 mna

Wale wurden jahrhundertelang bejagt. Heute hat ihre Bedrohung andere Ursachen. In ihrem Lebensraum Meer herrschen **zu viel Schiffsverkehr** und **Lärmbelastung** durch Unterwassergeräusche, zudem gibt es zahlreiche **Umweltverschmutzungen.** Zusätzlich ist das Wasser noch durch **Mikropartikel aus Plastik** belastet.

Einige Informationstafeln stehen in der Nähe der **Walknochenzäune.** In der Walfängerzeit wurden sie als **Windschutz** um die Häuser errichtet, um den Sand abzuhalten. Bäume wuchsen damals noch nicht auf Borkum, und von den Knochen gab es genug, weil man sie für nichts anderes verwenden konnte. Die Walknochenzäune sind heute noch vor einigen wenigen Häusern sehen. Wind und Wetter, aber auch menschliche Berührung haben die Knochensubstanz stark geschädigt. Um den Zerfallsprozess dieser historischen Bauwerke zu verzögern, wurde der Zaun an der Wilhelm-Bakker-Straße vor Kurzem durch eine **Abdeckung** geschützt. Initiiert hat dieses Projekt der Heimatverein Borkum und zusammen mit der Fachhochschule Hildesheim realisiert.

■ **Zusätzliche Informationen:** www.borkum-stiftung.de und www.heimatverein-borkum.de.

[<] Walknochenzaun mit Witterungsschutz in der Wilhelm-Bakker-Straße

Spitzturm auf dem Satteldach wird von einer Wetterfahne in Form eines Schiffs gekrönt. Ursprünglich war das Bauwerk noch mit einem Schieferdach ausgestattet, 1982 ersetzte man dieses durch eines aus Kupfer. Die Borkumer Wetterverhältnisse setzten ihm jedoch im Laufe der Zeit immer wieder deutlich zu – Sturmschäden waren nicht gerade selten – und so musste das schiefergedeckte Dach oft ausgebessert werden.

Heute ist die Reformierte Kirche aus dem Ortsbild von Borkum nicht wegzudenken. Viele Bäume bilden einen reizvollen Kontrast zum roten Backstein. **Knapp 900 Menschen** finden in dem Bauwerk Platz, das **im Inneren eher schlicht** erscheint. Dieser Umstand entspricht jedoch den reformierten Grundsätzen, so befinden sich im Kirchenschiff weder Bilder noch ein Kruzifix. Die hölzerne Decke wurde einem **Schiffsboden** nachempfunden, statt des Altars steht ein **Abendmahlstisch** vor der Kanzel. Die Orgel hinter der Kanzel stammt aus dem Jahr 1973. Das Gotteshaus ist außerhalb der Gottesdienstzeiten tagsüber für Besucher geöffnet. In den kommenden Jahren ist eine umfassende Renovierung der Reformierten Kirche geplant.

b_256 mna

- **Evangelisch-reformierte Kirche:** Rektor-Meyer-Pfad 6, Tel. 04922 91270, geöffnet Mo–Do 10.30–18 Uhr (im Winter bis zum Einbruch der Dunkelheit), Gottesdienste und Veranstaltungen auf www.reformiert-borkum.de.
- **Evangelisch-lutherische Christuskirche:** Eine zweite evangelische Kirche befindet sich an der Strandstraße 37, Eingang Goethestraße, Tel. 04922 990231, geöffnet So–Fr 9–18 Uhr (im Winter bis zum Einbruch der Dunkelheit), Gottesdienste und Veranstaltungen auf www.christuskirche-borkum.de.

Heimatmuseum (Dykhus)

Zehn Räume

Das Haus, in dem heute das Inselmuseum untergebracht ist, wurde vor rund 300 Jahren von Walfang-Kommandeur *Weyert Bot* gebaut. Das Museum wird in liebevoller Arbeit ehrenamtlich von den Mitgliedern des 1921 gegründeten **Borkumer Heimatvereins e.V.** finanziert und betrieben. Es liegt etwas versteckt in der Nähe des Alten Leuchtturms. In einem weiteren ehemaligen Wohnhaus pflegen seine Mitglieder zusätzlich ein umfangreiches **Archiv.**

Das Inselmuseum bietet eine bunte Sammlung, in der jeder etwas Interessantes entdecken kann. In zehn Räumen zeigt sich ein Schatz der **kulturgeschichtlichen Vielfalt der Insel.** In Vitrinen, mit Gegenständen und auf Infotafeln wird über das Inselleben, die Seefahrt, Borkums touristische Geschichte und die Walfängerzeit informiert. Naturgeschichtliche Sammlungen runden die Ausstellung ab. Zwei umfangreiche **Sandsammlungen** zeigen, dass Sand nicht gleich Sand ist, sondern sich in Farbe, Material und Körnung sehr wohl unterscheidet. Welcher Sand der schönste ist, mag jeder Besucher für sich entscheiden. Fragt man die Einheimischen, ist es natürlich der feine Sand von Borkum.

Walhalle

Der Besucher betritt das Inselmuseum durch die sogenannte **Walhalle,** deren Mittelpunkt das 15 Meter lange Skelett eines 1998 vor der nordfriesischen Halbinsel Eiderstedt gestrandeten **Pottwals** ist. Ferner sind dort zahlreiche Ausstellungsstücke über Wale und den historischen Walfang, Mitbringsel der Seefahrer sowie eine mit holländischen Fliesen prächtig ausgestattete Zisterne zu finden. Die **Wiege der Raumfahrt** befindet sich über-

☐ Eingang des Heimatmuseums Borkum

raschenderweise ebenfalls auf Borkum: ein Nachbau einer der beiden Raketen, die *Wernher von Braun* im Dezember 1934 auf der Insel in eine Höhe von knapp 2000 Metern geschossen hatte.

Rundgang

Folgt man dem empfohlenen Rundgang, so gelangt man über eine Schräge zu einem Bullauge, durch das man einen Blick in eine **Kapitänskajüte,** die aus dem Borkum-Schiff „Rheinland" stammt, werfen kann. Weiter geht es in die **„Karnstee",** eine Nebenkammer der Küche mit alten Gerätschaften zur Ausübung der Landwirtschaft, Butter- und Käseherstellung sowie zur Haltbarmachung von Lebensmitteln. Im nächsten Raum befindet sich die **„Köken",** eine alte Inselküche des Hauses mit schönen Fliesen aus der Zeit zwischen 1680 und 1840. Besonders kurios ist der **„Kackstuhl",** ein hochgestelltes Töpfchen für Kleinkinder. Im nächsten Raum präsentiert sich die prächtige **„Vörkamer",** das Wohnzimmer des Hauses mit einem schönen gusseisernen Ofen. In jedem Sommer, wenn das Zimmer an Badegäste vermietet war, wurde er abgebaut.

Das **„Kapitänszimmer"** diente dem Hausherrn zur Ablage von wichtigen Dokumenten und Arbeitsgeräten, die Wände schmücken Bilder von Segelbooten und Kapitänen. Im nächsten Raum sind viele Ausstellungsstücke zur Ortsgeschichte sowie

b_373 mna

b_258 mna

zahlreiche Klapptafeln über die 150 Jahre Seebädergeschichte. Die **„Upkamer“** ist der wegen des Kellers höhergelegene Schlafraum des Hauses. Die winzige Schlafstelle, **„Butze“** genannt, ist mit kunstvoll verzierten Holztüren verschlossen. Über eine kleine Treppe, neben der Badekleidung aus der Zeit um 1900 aufgehängt ist, kommt man wieder in die Walhalle zurück.

Rudolf-Akkermann-Halle

Auf der schräg gegenüberliegenden Seite befindet sich der Durchgang in die **„Rudolf-Akkermann-Halle“**. Hauptattraktion ist das Ruderrettungsboot **„Otto Hass“**, das 1894 bis 1922 zur Bergung Schiffbrüchiger diente und mit dem Borkumer

⌃ Ein kleiner Teil der umfangreichen Sandsammlung im Heimatmuseum

‹ Das große Pottwalskelett im Dykhus

Männer 66 Menschen aus Seenot retteten. Das Boot ist so groß, dass es heute nicht mehr aus dem Raum gebracht werden kann.

Vögel, Sand und prominente Gäste

Der letzte Raum zeigt eine Sammlung von rund **220 Vögeln** aus der ältesten naturkundlichen Sammlung Borkums von 1910, die auf beeindruckende Weise die Bedeutung des Wattenmeers für Zug- und einheimische Vögel dokumentiert. Hier sind auch die beiden **Sandsammlungen** zu sehen, die nach wie vor ergänzt werden. Ferner sind archäologische Funde ausgestellt und einige Dokumente und Fotos von **berühmten Inselgästen** wie dem Maler und Dichter *Wilhelm Busch* sowie den beiden Schriftstellern *Gottfried Benn* und *Wilhelm Rabe.*

UNSER TIPP: Für ein besseres Verständnis dieser ungewöhnlichen Sammlungen und der Inselgeschichte wird die ganzjährig jeden Montag um 15 Uhr angebotene **Museumsführung** empfohlen. Sie dauert etwa eineinhalb Stunden und erklärt so manches, was auf den ersten Blick unverständliches Kopfschütteln

Das Blaumäulchen ist einer der Meeresbewohner, der in der Nordsee um Borkum lebt

oder Schmunzeln auslöst. Die Karten müssen vorab während der Öffnungszeiten Di–So 10–17 Uhr im Museum gekauft werden (Erw. ab 16 J. 10 €, Kinder 4 €).

■ **Heimatmuseum Dykhus:** Roelof-Gerritz-Meyer-Straße 8/Ecke Richthofen- und Wilhelm-Bakker-Straße, Tel. 04922 4860 (Heimatverein), März–Okt. Di–So 10–17, Okt.–Dez. Sa, So 10–17, ab Dez. Di–So 10–17 Uhr Öffnungszeiten variieren, daher vor der Reise auf www.heimatverein-borkum.de nachschauen, Eintritt Erw. 5 €/Kinder 6–15 J. 2 €.

Nordsee-Aquarium

Faszinierende Unterwasserwelt

Die Ausstellungsfläche des Aquariums, das schon seit 1977 existiert und seit 2015 in einem Neubau eingerichtet ist, besteht aus einem Ausstellungsraum und einem Nebenraum für Grup-

b_374 mna

pen. Es gibt dort viel über die **faszinierende Unterwasserwelt vor Borkum** zu entdecken – entsprechend viel Zeit sollte man mitbringen. Interessenten können sich zu einer der wöchentlich stattfindenden Führung anmelden und dabei viel Wissenswertes über den Lebensraum im **Wattenmeer** erfahren. Dieses gehört heute zum UNESCO-Weltnaturerbe und wird streng geschützt.

Die Nordsee ist eines der **produktivsten Meere,** in jedem Liter Wasser leben Millionen kleiner Lebewesen. Von Bakterien, Algen, Anemonen, Fischen über Meersäuger und andere Unterwasserbewohner ist hier alles anzutreffen. Die verschiedenen Becken im Aquarium sind nach den **Lebensräumen** rund um Borkum gegliedert. Sie zeigen einen guten Überblick über die charakteristischen Lebewesen, die zum Beispiel im Wattenmeer, der offenen See, auf Muschelbänken, im Yachthafen, auf Treibholz oder in Prielen leben. Zusätzlich informieren Tafeln über die **Entstehung der Nordsee,** die **Nahrungskette** oder das **Wattenmeer als Kinderstube.** Auch das Thema **Überfischung** wird angesprochen.

Zwei Hummerarten

Der blaufarbene **Europäische Hummer** *(Homarus gammarus)* gehört zu den Großkrebsen. Hummer sind im Aquarium mit anderen Tieren schwer zu vergesellschaften, denn sie zerstören alles, was sie nicht mögen. Sie wachsen ihr ganzes Leben und können 100 Jahre alt werden. Normalerweise leben sie in einer **Tiefe bis zu 150 Metern** und haben sich perfekt an das Leben auf felsigem Untergrund angepasst. Zu finden ist der Hummer vor allem auf dem **Felssockel von Helgoland** und auf den **Fundamenten der Offshore-Windparks.** Der ebenfalls zu den Zehnfußkrebsen gehörende **Amerikanische Hummer** *(Homarus americanus)* dagegen lebt auf weichen Böden bis in eine **Tiefe von 250 Metern.** Er vergräbt sich im Sand oder versteckt sich in Höhlen.

Arterhaltung von Meeresbewohnern

Seit einiger Zeit ist das Aquarium um eine neue Attraktion reicher: Es gibt in der Anlage einen **Stör,** ein weiterer wird noch dazukommen. Sie müssen **von Süßwasser auf Salzwasser umgewöhnt werden,** was heikel und zeitaufwendig ist. Die Störe dürfen im Aquarium wachsen, bis sie groß genug sind, um ins Meer entlassen zu werden. Ebenfalls neu ist ein **Kuckuckslippfisch.** Er

Seesterne im Nordsee-Aquarium

kann sein Geschlecht wechseln, ist er weiblich, ist das Tier orangefarben, während männliche Tiere blau sind. Ebenfalls zu sehen sind seit einiger Zeit unter anderem gefleckte Lippfische, Seewölfe, ein Blaumäulchen und ein großgefleckter Katzenhai, der bis zu zwei Meter groß werden kann. Auch verschiedene Seesterne, Seeigel und Ohrenquallen bevölkern die Aquarien. Ein besonders seltsamer Bewohner ist die sogenannte **Tote Mannshand,** das sind Nordseekorallen, die an die Hand eines Toten erinnern.

Das Nordsee-Aquarium hat sich die **Arterhaltung schützenswerter Meeresbewohner** zur Aufgabe gemacht. Die Tiere in den Aquarien wurden zum Teil selbst gefangen, werden gezüchtet oder mit anderen Aquarien getauscht. **Gute Zuchterfolge** gibt es bei kleingefleckten Katzenhaien und lebendgebärenden Fischen wie Aalmuttern. Haben die Tiere eine entsprechende Größe erreicht und eine reelle Chance, in der Natur zu überleben, werden sie in ihren natürlichen Lebensraum entlassen. Als Nahrung werden im Meer vor dem Aquarium lebende Krabben gefangen und verfüttert. Dadurch, dass saisonbedingt die verschiedensten Lebewesen aus der Natur entnommen werden, verändern sich die Becken gemäß ihrer Themen ständig. So sind bestimmte Quallenarten, Bäumchenpolypen, Heringe oder Schwämme nur zu bestimmten Jahreszeiten im Meer um Borkum herum zu finden. Auf Klapptafeln werden die Beschilderungen laufend ergänzt.

b_260 mna

Wer sich alles gründlich anschaut, weiß hinterher auch die Antwort auf die Frage, warum die **Plattfische** quer auf dem Boden liegen, welche Tiere **zweigeschlechtlich** sind und welche Bedeutung der **Wattwurm** und seine Sandhäufchen haben. Jeder von ihnen filtert jährlich 25 kg Wattboden, wodurch sauerstoffreiches Wasser in den Boden gelangt und dort die Lebensbedingungen verbessert werden.

■ **Nordsee-Aquarium:** Von-Frese-Straße 46/Ecke Strandpromenade, Tel. 04922 933744, geöffnet Mi–Mo 10–17 Uhr, www.nordsee-aquarium.de.

Vielleicht ist nicht nur Regen ein guter Anlass, um trockenen Fußes die Unterwasserwelt rund um Borkum zu entdecken – bei einem Besuch des Nordsee-Aquariums. Es gibt regelmäßig **Entdeckertage für Kinder ab 6 Jahren,** bei denen unter anderem mit Keschern am Strand und einer begleiteten Fütterung spielerisch Wissen über das Leben im Wasser rund um Borkum vermittelt wird. Eine vorherige Anmeldung für die Entdeckertage ist erforderlich, die Termine stehen auf der Webseite. Achtung, Hunde sind nicht erlaubt.

Wasserturm

Wasserreservoir für alle Borkumer Haushalte

Der Borkumer Wasserturm wurde 1900 **zur Wasserversorgung** nach den Plänen der Berliner Konstrukteure *Börner und Herzberg*, die sich auf den Bau von Wasserwerken spezialisiert hatten, gebaut. Optisch entspricht der mächtige Ziegelbau einem mittelalterlichen Wehrturm. Oben im 29 Meter hohen Turm befand sich ein Wasserspeicher mit 200 Kubikmetern Inhalt, in den mit konstantem Wasserdruck Trinkwasser gepumpt wurde. Da der Turm auf einer **Düne** steht, überragt er sämtliche Häuser der Inse,l und so entstand ein **gleichmäßiger Wasserdruck,** mit dem das Leitungsnetz versorgt werden konnte.

Stilllegung

Ab 1976 wurde das Bauwerk nicht mehr als Wasserturm verwendet, weil der Druck im Turm wegen der stark angestiegenen Gästezahl nicht mehr ausreichte. Er wurde deshalb außer Dienst gestellt. Der hölzerne Turmaufbau verfiel und wurde 1981 abgetragen. 1982 wurde das Bauwerk unter **Denkmalschutz** gestellt. 2010 übergaben die Wirtschaftsbetriebe der Stadt Borkum das

Der Borkumer Wasserturm illuminiert

b_261 mna

markante Gebäude und das davor liegende Grundstück dem gemeinnützigen Verein **Watertoorn Börkum e.V.** Der Erbpachtvertrag läuft bis Ende 2059.

Zukunftsperspektiven

Der Verein aus engagierten Bürgerinnen und Bürgern will das ortsprägende Baudenkmal für die Zukunft erhalten. In den letzten Jahren wurde viel in die Bausubstanz investiert, und von außen ist der Turm wieder sehr schön anzusehen. Es ist geplant, im Inneren und einem zusätzlichen Empfangsgebäude ein **Informationszentrum** zum Thema Süßwasser einzurichten. Auf mehreren Etagen sollen nach und nach **Exponate und Schautafeln** über die Wasserversorgung auf der Insel informieren. Auf diesem Weg soll **Grundwissen über das Trinkwasser** als weltweite Ressource und Lebensraum vermittelt werden. Auch der Naturschutz kommt nicht zu kurz: Im Turmkopf sind Nistkästen für Mauersegler eingebaut, und die Kooperation des Vereins mit Naturschutzgruppen ist ausdrücklich erwünscht. Ebenfalls ist geplant, dass Künstler dort ihre Arbeiten rund um das Thema Wasser ausstellen können.

Das **Wassermuseum** hat im April 2023 **eröffnet,** der **Wasserturm** ist jedoch **noch nicht öffentlich zugänglich.** Als Vereinsmitglieder sind auch Gäste willkommen, die sich für die Ziele

b_262 mna

des Watertoorn Börkum e. V. engagieren möchten. Weitere Informationen sind auf www.watertoorn-borkum.de zu finden.

■ **Wasserturm:** Geert-Bakker-Straße 49a, Tel. 04922 7836, geöffnet Do–Di 10–17 Uhr, www.wasserturm-borkum. de, Eintritt 7 €, Kinder (6–15 Jahre) 3,50 €, öffentliche Führungen Mi 10 und 14.30 Uhr, Erw. 12 €, Kinder 6 €. Der Wasserturm wurde bis Anfang 2023 renoviert. Er ist ein markanter Teil der Stadtsilhouette. Abends erstrahlt er in schönstem Licht.

Strandpromenade und Musikpavillon

Beliebter Treffpunkt

Die sogenannte Wandelbahn, auch **Strandpromenade** genannt, ist der vier Kilometer lange begehbare Teil der Strandschutzmauer am Westkopf der Insel Borkum zwischen „Café Seeblick" an der Buhne 1 und der „Heimlichen Liebe" an der Buhne 24. Hier verbinden sich Hochwasserschutz und touristische Interes-

☐ Die Strandpromenade mit sonnenhungrigen Badegästen vor Musikpavillon und Wandelhalle

sen optimal. Der unmittelbar an Borkums Zentrum gelegene Kernabschnitt ist Treffpunkt und erste Anlaufstelle für fast alle Besucher.

Wandelhalle und Musikpavillon

Die 1912 eröffnete Wandelhalle und der Musikpavillon entstanden nach einer Bauzeit von rund zwei Jahren als Maßnahme zur **Sicherung der Westküste.** Damals befand sich in den großzügigen Räumlichkeiten das Kurhaus. Das **Dach der Wandelhalle** ist ein beliebter Platz zum Verweilen, Außentreppen stellen die Verbindung zu Borkums Flaniermeile her. Heute sind in der Wandelhalle Restaurants, Geschäfte und eine Galerie untergebracht. Abends wird die Wandelbahn stimmungsvoll beleuchtet und lädt zum Promenieren ein. Viele Urlauber genießen von hier aus die Sonnenuntergänge über der Nordsee.

Aussichtsdünen

Entstehung

Auf Borkum gibt es vier Aussichtsdünen, ein Aufstieg wird mit einer fantastischen Aussicht belohnt. Aber wie sind diese großen „Sandhaufen“ überhaupt entstanden? Die ostfriesischen Inseln

b_103 mna

b_010 mna

sind eigentlich große **Sandansammlungen** auf flachem Meeresgrund. Die Dünenbildung auf diesen Sandbänken war also die grundlegende Voraussetzung zur Entstehung der ostfriesischen Inseln, denn sie schützten sie vor dem Meer, Pflanzen konnten wachsen und das Land nach und nach festigen.

Ausblicke

Wenn man auf der Spitze der Aussichtsdünen steht, kann man einen schönen Blick über die Dünenlandschaft und Borkum genießen. Am besten geht das von der mit 18,7 Meter höchsten, nicht weit vom Stadtzentrum entfernten **Norddüne** zwischen Wasserturm und Jugendbad. Hier lockt der Blick über die „Insel mit den meisten Türmen".

Die **Steernklippdüne** weit im Osten ist mit knapp sieben Metern die niedrigste und am weitesten von der Ortschaft entfernt liegende Düne. Man kann sie mit dem Fahrrad oder zu Fuß erreichen. Sie ist nach der Flussseeschwalbe benannt, die im Borkumer Platt *Steerenk* heißt. Man hat die Düne künstlich auf einem mit Sand zugeschütteten ehemaligen Bunker angelegt. Des-

Aussichtspunkt Norddüne

Weg zum Aussichtspunkt „Olde Düne"

halb ist sie im Gegensatz zu allen anderen stark bewachsen mit Kartoffelrosen und Büschen. Über die Blattspitzen sieht man auf die **Hoge Hörn,** die östliche Spitze Borkums, und bei gutem Wetter lassen sich auch die Nachbarinseln **Memmert, Juist** und sogar **Norderney** gut erkennen.

Nahe bei der Siedlung Ostland und damit näher an der Stadt befindet sich der **Naturpunkt Olde Düne** (Alte Düne), deren Aussicht hauptsächlich Borkums Natur mit den großen Dünengebieten bietet. Die vierte Aussichtsdüne mit rund 13 Meter Höhe liegt südlich des Zentrums. Von hier aus kann man über die nahegelegenen Häuser Borkums und die zauberhafte Landschaft des Feuchtgebiets **Greune Stee** (Grüne Stelle) blicken.

Nationalparkschiff Borkumriff

Aktueller Einsatz

Das Feuerschiff Borkumriff ist heute ein schwimmendes Denkmal und dient gleichzeitig als **Informationszentrum des Nationalparks Niedersächsisches Wattenmeer.** Das Feuerschiff informiert über das Leben an Bord, die verschiedenen Epochen der Seefahrtsgeschichte, die Sicherung der Schifffahrt, die Funktechnik und über das Weltnaturerbe Wattenmeer. Von hier aus werden auch Touren und Ausflüge speziell für Familien organisiert, zum Beispiel zur Vogelbeobachtung und Wanderungen in die Salzwiesen und in die Dünen.

Ursprünglicher Einsatz

Das Feuerschiff diente der Schifffahrt einst als **schwimmender Leuchtturm** und half dabei, die gefährlichen Gewässer vor Borkum sicher zu durchfahren. Die Sandbänke **Hohes Riff** und das **Borkum Riff** waren sehr tückisch und galten wegen der vielen Unglücke als wahre Schiffsfriedhöfe. Wichtig war deshalb die **Positionsgenauigkeit des Schiffs.** Es lag seit 1875 auf einer festen Position etwa 30 Kilometer nordwestlich vor Borkum und war in allen Seekarten zur Orientierung für die Schiffer verzeichnet, zuletzt auf 53° 47' 0" N 6° 22' 0" O. Die Position musste wegen der sich ständig verändernden Fahrrinne im Laufe der

[>] Das Feuerschiff Borkumriff vor dem Kai im Hafen

Jahre mehrfach verändert werden. Auf der Stelle gehalten wurde die Borkumriff IV von einem vorn befestigten **Pilzanker,** der sich wegen seiner besonderen Form und zwei Tonnen Eigengewicht sieben bis acht Meter tief in den Sandboden bohrte. Zusammen mit der 300 Meter langen und 18 Tonnen wiegenden Ankerkette hielten so rund 20 Tonnen Gewicht das Schiff in Position. Zusätzlich gab es Steuerbord noch einen **Patentanker** (gräbt sich bei schrägem Zug in den Boden ein). Am 15. Juli 1988 wurde die Borkumriff als letztes bemanntes deutsches Feuerschiff außer Dienst gestellt. Insgesamt gab es in der Emsmündung vier aufeinanderfolgende Feuerschiffe (Borkumriff I bis IV).

Das vierte Feuerschiff

Die Borkumriff IV wurde von 1954 bis 1956 in der Hamburger Norderwerft *Köser & Meyer* gebaut. Das Schiff verfügte über eine damals sehr innovative Technik, die den hohen Anforderun-

b_333 mna

Technische Daten Nationalparkschiff Borkumriff

- **Gebaut:** 1954–56 in der Norderwerft Köser & Meyer, Hamburg
- **Länge:** 53,70 m
- **Breite:** 9 m
- **Tiefgang:** 4,40 m
- **Feuerhöhe:** 20,50 m
- **Tragweite:** 21,35 sm (39,5 km)
- **Leistung:** 1500 Watt, 100 Volt
- **Geschwindigkeit:** 9,5 Kn
- **Motorisierung:** vier 100-PS-Deutz-Diesel-Motoren und ein Jet-Düsenruder

gen an Zuverlässigkeit im rauen Klima auf offener See rund um die Uhr trotzen musste. Das Schiff lag sehr weit draußen und war Wind und starken Wellenbewegungen ausgesetzt – harten Bedingungen, denen auch die Mannschaft trotzen musste, die aus zwölf Mann plus Kapitän bestand. Die eingeschworene Gruppe mit ausgeprägtem Gemeinschaftsgefühl nannte sich selbst **„Feuerschiffer"**, 20 Jahre Dienstzeit auf der Borkumriff waren keine Seltenheit. Zwei komplette Mannschaften gab es, die im Zweiwochenturnus ausgetauscht wurde. Ein Job auf dem Schiff war trotz der harten Bedingungen begehrt, schließlich war man **Beamter im öffentlichen Dienst** beim Wasser- und Schifffahrtsamt in Emden und hatte nach zwei Wochen Arbeit auch zwei Wochen frei.

Technisches Kulturdenkmal

Der **Förderverein Borkumriff** erwarb das Schiff nach seiner Außerdienststellung, hält es als Technisches Kulturdenkmal fahrbereit und stellt die aktuelle Besatzung. Regelmäßig sticht eine Crew aus Vereinsmitgliedern in See, zum Beispiel, um die „Rote Lady" zum Hamburger Hafengeburtstag an ihren Geburtsort zu bringen. Die Trägergemeinschaft besteht aus der Stadt Borkum, dem Förderverein Borkumriff, dem WWF und dem NaBu Niedersachsen, gefördert wird das Nationalparkschiff auch vom Land Niedersachsen.

So ein schwimmendes Denkmal bedeutet für alle Beteiligten sehr viel Arbeit. Das Meersalzwasser nagt an der Substanz, die Technik muss ständig überprüft und am Laufen gehalten werden. Das Informationszentrum erweitert häufig seine Ausstellung zu aktuellen Themen rund um den Naturschutz. Die Belohnung war ein neuer Besucherrekord der naturkundlichen Ausstellung: **Mehr als 18.000 Menschen** besuchen das Feuerschiff im Jahr – für eine Insel eine beachtliche Zahl.

■ **Nationalparkschiff „Borkumriff":** Am Neuen Hafen 9, Tel. 04922 2030, geöffnet Di–So 9.45–17.15 Uhr (letzter Eintritt 16.30 Uhr), www.nationalparkschiff-borkum.de.

Seenotrettungskreuzer „Hamburg"

Neuer Seenotrettungskreuzer

Aufgrund Borkums geografischer Lage ganz im Westen Deutschlands und eigentlich schon vor der Küste der Niederlande, besitzt die Insel eine **wichtige Ausgangsposition für den Seenotrettungsdienst in der Emsmündung** und weiten Teilen der stark befahrenen Deutschen Bucht. Seit Ende April 2020 hat ein **neuer Seenotrettungskreuzer** der 28-Meter-Klasse seinen Liegeplatz im Borkumer Hafen. Die „Hamburg" löste die 32 Jahre dort stationierte „Alfried Krupp" ab und ist allemal ein interessantes Fotomotiv, auch wenn sie nicht öffentlich zugänglich ist, da sich das Schiff im aktiven Rettungsdienst befindet. Nur in Ausnahmefällen ist in Absprache mit der Deutschen Gesellschaft zur Rettung Schiffbrüchiger (DGzRS) in Bremen eine Besichtigung möglich. Hamburg ist „als Tor zu Welt" mit dem großen Hafen für die DGzRS schon immer von besonderer Bedeutung gewesen. Aus diesem Grund wurde entschieden, den neuen Seenotrettungskreuzer auf Borkum auf den Namen der Hansestadt an der Elbe zu taufen. Die Schiffstaufe fand jedoch wegen der COVID-19-Pandemie erst drei Monate nach der ersten Dienstfahrt statt. Bei der nicht-öffentlichen Veranstaltung am Hauptsitz der DGzRS in Bremen wurde das Schiff am 27. Juli 2020 von seinem Arbeitsnamen *SK 40* erlöst und auf den Namen

Hamburg getauft, das Tochterboot mit dem Arbeitsnamen *TB 44* erhielt den Namen des Hamburger Stadtteils *St. Pauli*. Über diesen wurde zuvor per **Internet-Voting** abgestimmt. Nach 35 Jahren gibt es damit wieder einen Seenotrettungskreuzer mit dem Namen Hamburg: Es ist die vierte Rettungseinheit dieses Namens in der Geschichte der Seenotretter.

Allzeit einsatzbereit

Ein Seenotrettungskreuzer ist größer als die rund 10 Meter langen Seenotrettungsboote. Er hat zudem ein motorisiertes Arbeits- oder Tochterboot an Bord, anstatt sich selbstständig aufblasbarer Rettungsinseln, mit denen die Seenotrettungsboote für den Notfall ausgestattet sind. Wie alle Rettungseinheiten der DGzRS besteht das Schiff aus **seewasserbeständigem Alumini-**

Blick in den Funkraum des Feuerschiffs

b_263 mna

um. Die Konstruktion basiert auf einem bewährten Netzspantensystem, das ebenso wie das Tochterboot als sogenannter **Selbstaufrichter** konzipiert ist. Der 27,90 Meter lange Seenotrettungskreuzer ist 6,20 Meter breit, hat einen Tiefgang von 1,95 Meter und wird von zwei Dieselmotoren und Propellern angetrieben. Er erreicht mit knapp 4000 PS eine Geschwindigkeit von max. 24 Knoten, das entsprich 44,5 Stundenkilometern. Sechs Schiffe dieser Klasse sind bereits für die DGzRS in Dienst gestellt worden. Die **Hamburg** ist **rund um die Uhr einsatzbereit.** Jeder, der seine Freizeit oder auch seinen Beruf auf See verbringt, kann sicher sein, dass die Seenotretter im Notfall schnell zur Stelle sind. Darauf können sich auch die Gäste verlassen, die Borkum auf dem Seeweg besuchen.

Der Rettungskreuzer Hamburg auf See

b_400 jz

Der Untergang der „Teeswood“

Dramatische Rettungsaktion vor Borkum: Es ist der 28. November 1951, das Ende des Zweiten Weltkriegs ist erst sechs Jahre her. Ein Krieg, in dem sich Engländer und Deutsche in erbitterten Kämpfen als Feinde gegenüberstanden und sich gegenseitig die Städte zerbombten. Zu Beginn der 1950er Jahre gibt es in der Bevölkerung beider Länder noch immer große Ressentiments, Hass und Verbitterung gegeneinander.

Die „Teeswood“, ein **kleiner britischer** zur Veteranenflotte gehörender **Steamer,** war 1915 gebaut worden und transportierte Waren über die Nordsee. Bei stürmischen Wellen macht sich der Frachtkahn auf die 300 Seemeilen lange Reise. Während der Fahrt entwickelt sich ein **Orkan.** Gegen 16 Uhr erreicht das Schiff die Emsmündung und prallt zwei Stunden später auf die nordöstlichen Sände der **Rottumeroog.**

Der englische Frachter mit 15 Seeleuten an Bord gerät in **Seenot.** Versuche, mit eigener Maschinenkraft abzukommen, bleiben erfolglos. Kapitän *Crawford* lässt SOS funken.

Doch wie auf allen Weltmeeren üblich, sind Seeleute immer für die anderen da, wenn die Not es verlangt. Also zögern die drei Rettungsmänner der **Deutschen Gesellschaft zur Rettung Schiffbrüchiger** *Wilhelm Eilers, Christoffer Müller* und *Folkert Meeuw* nicht und fahren mit dem Motorrettungsboot BORKUM trotz heftigstem Nordweststurm hinaus. Mit fast übermenschlichem Mut und großem seemännischen Können versuchen sie, die britischen Seeleute vor dem sicher scheinenden Seemannstod zu retten. Innerhalb gewaltiger Sturzbrecher fährt Vormann *Wilhelm Eilers* **zwanzig Anläufe** an den bereits im Mahlsand versinkenden Frachter. Unter Hinnahme schwerer Beschädigungen des Rettungsbootes und Verletzungen der Rettungsmänner **gelingt es** in dreistündiger Arbeit, **13 Mann** der 15-köpfigen Besatzung der „Teeswood" **abzubergen.** Zwei Seeleute werden über Bord geschlagen und verschwinden in den tobenden Fluten. Um 21.35 Uhr macht das Boot im Hafen von Borkum fest. Die drei Retter erhalten im Folgejahr **hohe Auszeichnungen** für ihren tapferen Einsatz. Noch heute gedenken die Borkumer jährlich am 28. November der Rettung der Teeswood.

UNSER TIPP: Diese Seenotrettung beschreibt das interessante Buch **„Strandung vor Borkum"** detailliert. Es ist im Burkana-Verlag erschienen, wurde von *Wolf Schneider* verfasst und ist mit lebendigen Illustrationen von *Jörg Zogel* ausgestattet (→ Literaturtipps, Seite 320).

b_126jz

Gemälde „Untergang der Teeswood" von Jörg Zogel

DLRG Station Südbad 1.100m
Aquarium 500m
DLRG Station Nordbad 800m

b_375 mna

2 Insel-Info A–Z

» Wie komme ich am besten nach Borkum?
Welche Ausflüge lohnen sich?
Was lässt sich mit Kindern unternehmen?
Wo kann ich Fahrräder ausleihen?
Diese und zahlreiche weitere Fragen
rund um die Reiseplanung
werden hier beantwortet.

< Wegweiser am Kurpark

Anreise

→ Autofahren
→ Verkehrsmittel

Start in Emden oder Eemshaven

Man kann auf mehrere Arten nach Borkum gelangen. Entweder fährt man mit dem Auto, der Bahn oder dem Bus zum Fährhafen nach Emden oder ins niederländische Eemshaven. Anschließend geht es mit der Fähre weiter nach Borkum. Von der Emder Innenstadt beträgt der Fußweg zum Borkumkai etwa sieben Kilometer. Deshalb sollte man von dort aus lieber mit dem Bus oder mit dem Taxi fahren. Die Fährstrecke nach Borkum wird von der **Reederei AG Ems** bedient, die gezeitenunabhängig nach einem festen Fahrplan von Emden und Eemshaven die Strecke nach Borkum mit **Autofähren** und schnellen **Katamaranen** bedient. Die Katamarane verkehren vorwiegend im Sommer, befördern ausschließlich Personen und sind **nicht** mit **Elektrorollstühlen befahrbar.** Alternativ kann man den **Ostfriesischen Flugdienst OFD** in Anspruch nehmen. Vom Borkumer Flugplatz aus verkehrt ein Linienbus zum Ortszentrum. Wer ein eigenes Boot besitzt, kann natürlich auch damit nach Borkum reisen.

Info

- **Service-Center der AG EMS in Emden:** Zum Borkumanleger 6, 26723 Emden, Tel. 01805 180182 (gebührenpflichtig), Online-Buchung unter www.ag-ems.de.
- **Reservierungsservice im niederländischen Eemshaven:** Borkumkade 1, 9979 XX Eemshaven, Tel. 0031 596519191.
- **Ostfriesischer Flugdienst (OFD):** Gorch-Fock-Straße 103, 26721 Emden, Tel. 04921 89920, www.fliegofd.de.
- **DB Reise-Service:** Tel. 01805 996633 (gebührenpflichtig).
- **Flixbus:** www.flixbus.de.

Anreise mit der Bahn

Täglich Verbindungen

Die umweltfreundlichste Art der Anreise ist die mit der **Deutschen Bahn.** Einige der Züge fahren direkt bis Emden-Außenhafen. Der Bahnsteig liegt gegenüber vom Fährterminal. Es gibt eine **direkte Bahnverbindung aus dem Ruhrgebiet** über Leer bis Emden, alternativ besteht eine Querverbindung über Bremen, Oldenburg und Leer nach Emden. Sollte die Bahnverbin-

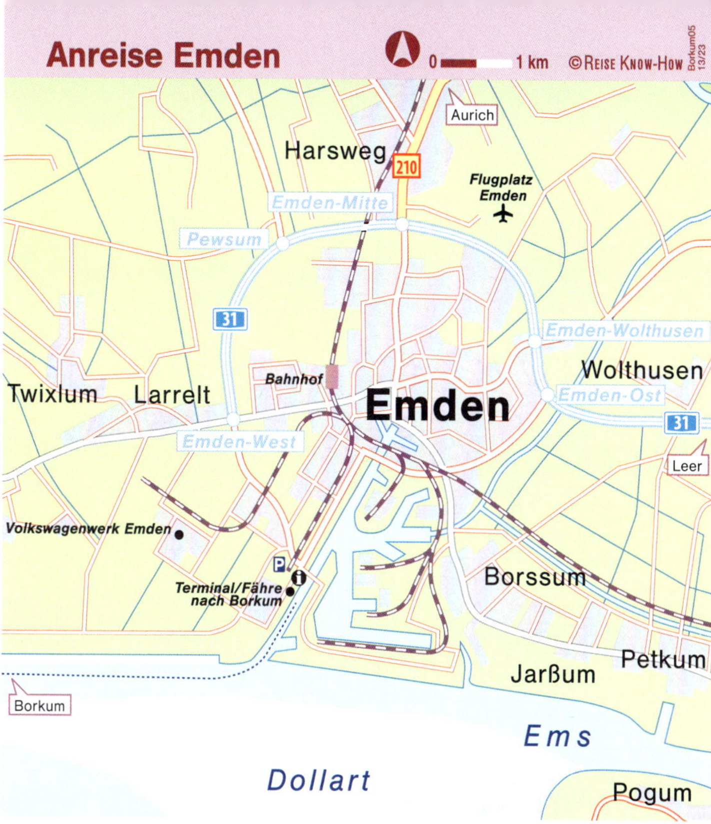

dung nur bis zum Emder Hauptbahnhof gehen, kann man mit einem **Rufbus** zum Emder Außenhafen kommen. Beim Einsteigen in den Bus muss man dem Fahrer Bescheid geben, dass man zum Emder-Außenhafen fahren möchte. In umgekehrter Richtung muss man 30 Minuten vor der planmäßigen Abfahrt unter der Telefonnummer 04921 83300 Bescheid geben. Leichter ist es, einfach ein **Taxi** zu nehmen.

Seit April 2018 ist Eemshaven an den **niederländischen Personenbahnverkehr** angeschlossen. Ein Tochterunternehmen der Deutschen Bahn, die Arriva NL, organisiert den Personennahverkehr in den nördlichen Niederlanden, die Verbindung geht über Groningen.

Unser Tipp: Wer seine Koffer während der Reise nicht selbst tragen möchte, kann sie bequem am eigenen Wohnort **gegen**

NORDSEE
OSTFRIESISCHE IN
Borkum
Kachelotplatte
Memmert
Lütje Hörn
Juist
Norderney
Baltrum
Langeoog
Neßmersiel
Bensersiel
Dornum
Esens
Norddeich
Norden
Westerholt
Greetsiel
Georgsheil
Aurich
Eemshaven
Wimsum
Appingedam
Delfzijl
Ems
Emden
Dollart
Bagband
Hesel
NIEDERLANDE
Groningen
Hoogezand-Sappemeer
Scheemda
Zuidbroek
Leer
Meppen, Lingen
72
210
436
31
E22
A7
A28
N46
N33
280

Amrum
St. Peter Ording
Helgoland
Büsum
Scharhörn
Elbe
Neuwerk
Wedel/ Hamburg
S E L N
Cuxhaven
Spiekeroog
Wangerooge
73
Harlesiel
27
E234
Neu-
harlingersiel
Carolinensiel
Horumersiel
Hooksiel
461
Bad
Bederkesa
Wittmund
Jever
Weser
Schortens
Bremer-
haven
Sande
Wilhelmshaven
Nordenham
436
Jadebusen
212
71
Zetel
437
Wiesmoor
437
Varel
Rodenkirchen
Beverstedt
437
Bockhorn
29
Niedersachsen
75
Westerstede
211
Hambergen
Apen
27
74
28
E234
E22
Oldenburg
212
Weser
Bremen

Emsmündung

Gebühr aufgeben. Vor Ort wird das Gepäck direkt zur Unterkunft geliefert. Mehr Informationen dazu gibt es auf der Webseite www.bahn.de/gepaeckservice.

Anreise per Auto

→ Autofahren

Anreise über Emden

Mit dem Auto ist der Fähranleger in **Emden** über die **Autobahn A 31** zu erreichen. Am Ende der Autobahn ist der Weg zum Borkumkai gut ausgeschildert und leicht zu finden.

☐ Borkums Fähranleger mit direktem Anschluss an die Kleinbahn

Anreise über Eemshaven

Der günstigste Weg zum Fähranleger in Eemshaven ist die **niederländische N 33.** In Eemshaven weist die Beschilderung mit „Ro-Ro Ferry Eemshaven Borkum" den Weg. In der Nähe des Fähranlegers befindet sich ein großer Parkplatz, der nur dann geöffnet ist, wenn die Fähren kommen oder abfahren. Auch hier können keine Parkplätze reserviert werden. Pro Tag sind 5 € auf dem Parkplatz und 6 € in der Halle zu entrichten. Wer trotz der guten Parkmöglichkeiten am Festland auf sein Auto nicht verzichten möchte, sollte **rechtzeitig vor dem Urlaub** einen Platz für sein Fahrzeug auf der Autofähre **buchen.** Gerade in der Hochsaison sind die Kapazitäten schnell erschöpft. Informationen zu den Fährkosten sind auf der Website www.ag-ems.de zu finden, dort kann man auch gleich sein Fährticket für Personen und Fahrzeug buchen. Die Schnellverbindung per **Katamaran** befördert **ausschließlich Personen** zu Fuß.

Anreise mit Fähre oder Passagier-Katamaran

Fähren verkehren gezeiten-unabhängig

Abhängig von den Wetterbedingungen beträgt die **Fahrzeit für die Emder Autofähre etwa 2,5 Stunden** und eine **knappe Stunde für die Verbindung ab Eemshaven.** Durch die kürzere Fahrzeit sind die Ticketpreise günstiger, dafür ist in den Niederlanden das Parken teurer. Die Preise für das Fährticket sind abhängig von der Dauer des Aufenthalts. In jedem Fall muss eine **Pkw-**

b_377 mna

Mit der AG EMS unterwegs nach und auf Borkum

Die meisten Urlauber und Tagesgäste kennen einen Teil der AG EMS, denn das Unternehmen organisiert den Borkum-Verkehr. Das betrifft nicht nur die **Schifffahrt von Emden** oder **vom niederländischen Eemshaven,** auch der **Luftverkehr** zur Insel und der **Nahverkehr auf Borkum** wird von der AG EMS oder eines der zur Gruppe gehörenden Unternehmens durchgeführt. Da ist zum Beispiel die **Borkumer Kleinbahn,** die auch den Busverkehr auf der Insel organisiert. Zur Gruppe gehört auch die **Reederei Cassen Eils,** die Helgoland und Neuwerk mit dem Festland verbindet.

Gegründet wurde die Aktiengesellschaft 1843 als **Ems-Dampfschiffahrts-Gesellschaft Concordia.** 12.000 Taler wurden in Form von Aktien investiert und die neue Gesellschaft startete mit dem Kapital einen Fährverkehr zwischen **Emden** und dem niederländischen **Delfzijl** sowie zwischen **Emden** und **Leer.** Borkum war damals noch keine Ferieninsel, es gab weder einen Hafen noch die Kleinbahn, weil die Insel erst später zum Seebad wurde. Gelegentlich steuerten die Dampfer auch das **Nordseebad Norderney** an. In Leer wurde 1845 ein Konkurrenzunternehmen gegründet. Nach anfänglichen Reibereien arbeiten die beiden Reedereien aber zusammen – zur Insel Borkum fanden zu dieser Zeit nur unregelmäßige „Lustfahrten" statt. Seit 1857 gab es erstmals einen **gemeinsamen Fahrplan,** Borkum wurde nun sowohl von Leer als auch

von Emden regelmäßig angesteuert. 1888 bimmelte auf Borkum zum ersten Mal die Inselbahn, Borkum hatte einen **neuen Hafen,** weit vom Inseldorf entfernt gebaut – erst diese bequeme und leistungsstarke neue Landungsbrücke ermöglichte den Erfolg des Seebads Borkum. Die Gäste konnten nun bequem per Dampflok vom Hafen zu den Unterkünften im Ort transportiert werden.

Am 2. September 1889 wurde die AG EMS gegründet, dabei fusionierten die zu dieser Zeit prosperierendsten Reedereien aus Emden und Leer. Auch wenn die Borkumer Kleinbahn vorerst ein eigenes Unternehmen war, das sogar Konkurrenzschiffe losschickte, bündelten sich letztendlich die Kräfte verschiedener Unternehmen in der AG EMS. So ist es auch heute noch. Seit 1972 ist die AG EMS auch mit einer **Niederlassung im niederländischen Eemshaven** vertreten, anfänglich wurde von dort nur **Ausflugsverkehr** angeboten. Seit Sommer 1985 verkehrte regelmäßig eine Autofähre zwischen Eemshaven und Borkum, die **Borkumlijn** war geboren. Ab 1989 verringert nun die erste Schnellverbindung mit den **Katamaranen „Nordlicht"** und **„Nordlicht II"** die Fahrzeit von Emden nach Borkum auf etwa eine Stunde.

b_232 mna

Eine **Jungfernfahrt besonderer Art** fand am 17. Juni 2015 statt: Als erste Fähre unter deutscher Flagge fährt seitdem die „Ostfriesland" mit **umweltfreundlichem Flüssiggasantrieb.** Im gleichen Jahr startete das Seebäderschiff **„Helgoland"** des Tochterunternehmens Cassen Eils ebenfalls mit Gasantrieb. Sie ist der erste deutsche Neubau, dessen Motoren mit **LNG** (Flüssigerdgas; umweltfreundlicher als Schweröl oder Diesel) betrieben werden.

Schritt für Schritt möchte man die komplette Busflotte auf der Insel auf Ökostrombetrieb umstellen. Die Inselfähre „Münsterland" fährt inzwischen ebenfalls mit LNG. Dass Umweltschutz von der AG Ems ernst genommen wird, beweist seit 2017 der inzwischen zweite **Elektrobus** für die Borkumer Kleinbahn.

Das Unternehmen bietet mit der Verwendung neuester Technologien eine effiziente Inselversorgung und bewahrt gleichzeitig durch die Pflege des historischen Fuhrparks ein Stück Tradition. Somit steht einem **umweltfreundlichen Urlaubsbeginn** schon während der Fährfahrt nichts mehr im Weg, am besten sollte das Auto gleich auf dem Festland bleiben. Denn auf Borkum lässt sich gut Fahrrad fahren und die entsprechenden Fahrzeuge können auch im Fahrradverleih der Borkumer Kleinbahn gemietet werden.

< Katamaran Nordlicht auf der Außenems

Reservierung für die Fährfahrt **frühzeitig** erfolgen. Die **Katamarane** befördern die Gäste wesentlich schneller, aber es gibt im Gegensatz zu den Autofähren nur einen kleinen Außenbereich. Bei ungünstigen Windverhältnissen können die Katamaranfahrten auch ausfallen. Die Katamarane fahren fast das ganze Jahr regelmäßig nach Fahrplan von Emden nach Borkum. Lediglich im Januar und Februar ist eine Werftzeit eingeplant – das ist die Zeit, in der das Fahren wegen möglichen Eisgangs auch schwierig sein könnte. Achtung: Elektromobile und -rollstühle, Fahrräder, Bollerwagen, Surf- und Kiteboards, Strandsegler und -buggies können ausschließlich auf den Autofähren transportiert werden.

Es gibt auch die Möglichkeit, über die AG Ems ein Kombiticket für Fähre oder Katamaran und einen Flug mit dem OFD zu buchen. Wenn das Schiff auf Borkum eintrifft, fährt man mit den Schmalspurzügen der Borkumer Kleinbahn in den Ort. Bei den Abendfahrten gibt es Anschluss an den Linienbus. Die Taxen stehen in der Regel bei jedem Eintreffen einer Fähre im Hafen bereit. Mehr Informationen dazu findet man auf www.ag-ems.de.

Für eine **Tagesfahrt ab Emden** kostet das Ticket 25,50 €, ein **Wochenendticket** 37 € und bei **mehrtägigen Fahrten** 45 € – Kinder bis elf Jahre bezahlen jeweils die Hälfte. Für den **Katamaran** fällt ein Zuschlag von 12,50 € pro Hin- und Rückreise an. Für ein **Tagesticket ab Eemshaven** sind 23,50 € zu zahlen, für ein **Wochenendticket** fallen 33,50 € an. Wer länger bleiben möchte, hat **40,50 €** zu entrichten. Auch bei dieser Verbindung zahlen Kinder von vier bis elf Jahren die Hälfte. Das **Kombiticket** für Schiff und Flug kostet für Erwachsene und Kinder 126 € ab Emden.

Anreise mit dem Flugzeug

Bis zu 5 x täglich von Emden

Per Flugzeug beginnt die Reise am **Emder Flugplatz,** der sich im Norden der Stadt direkt an der A 31 befindet. Von dort aus werden bis zu fünf Flugverbindungen täglich angeboten. Die **Flugdauer** beträgt 15 Minuten. Weitere Informationen und die aktuellen Flugpläne bekommt man telefonisch unter 04921 89920 oder über die Webseite www.fliegofd.de. Der einfache Flug kostet 117,50 € sowohl für Kinder ab 2 Jahren als auch für Erwachsene. Kinder unter zwei Jahren haben keinen eigenen Sitzplatz und kosten 45 €. Mit dem **eigenen Flugzeug** darf man ebenfalls den Flugplatz auf Borkum anfliegen. Weitere Informationen gibt es unter www.stadtwerke-borkum.de und dem Stichwort „Verkehrslandeplatz".

Anreise mit dem eigenen Boot

Die Westerems und die Fischerbalje sind Fahrrinnen, dort ist die Wassertiefe ausreichend, um Borkum mit dem eigenen Boot zu erreichen. Die Einfahrt in die Fischerbalje markiert eine dreibeinige Leuchtbake. Wichtig ist dabei jedoch, die **Begrenzung des Fahrwassers** ganz genau zu beachten. Die Einfahrt zur Fischerbalje hat ein sehr begrenztes, aber gut betonntes Fahrwasser, an dessen Begrenzungen man sich zur eigenen Sicherheit unbedingt halten sollte. Bei der **Ansteuerung im Dunkeln** muss man aber auf einige unbeleuchtete Tonnen achten.

Boote in Borkums großem Hafenbecken

b_164 mna

Schutzhafen und Yachthafen „Port Henry"

Es gibt für **Sportboote** einen Bereich im Schutzhafen sowie den privaten Borkumer Yachthafen „Port Henry". Letzterer ermöglicht eine weitgehend **tiden- und wetterunabhängige Einfahrt.** Die Wassertiefe der Einfahrt beträgt bei Niedrigwasser etwa 1,10 Meter. Allerdings verändert sich das ständig. Daher ist es sinnvoll, vor dem Einlaufen aktuelle Informationen einzuholen. Im Schutzhafen beträgt die Wassertiefe 2,30 Meter, in beiden Häfen gibt es über 400 Liegeplätze. Im Schutzhafen befinden sich der **Nordsee-Windport** und der **Wassersportverein Burkana,** letzterer bietet Gastliegern einige Liegeplätze.

Kontaktdetails

- **Yachthafen WSVB Burkana (Schutzhafen):** Tel. 0151 54274088, www.burkana-hafen.de. Der Verein unterhält keine öffentliche Sportbootanlage, Gastlieger können jedoch eingeschränkt die **Nordseite Pier 1** nutzen. Das Hafencafé „Burkana" ist gleichzeitig das Clubheim des 1970 gegründeten Vereins und ist für Gäste geöffnet.
- **Privater Yachthafen R. Baalmann („Port Henry"):** Tel. 04922 7773, www.borkum-yachthafen.de. Schwimmstege mit Wasser- und Stromanschluss, Sanitäranlagen, Waschmaschine, Trockner, Restaurant.
- **Tidenkalender:** Bundesamt für Seeschifffahrt und Hydrografie: www.bsh.de

Gepäckservice

Koffer vorab verschicken

Wer sein Gepäck nicht selbst nach Borkum transportieren möchte, hat bereits zu Hause die Möglichkeit, seine Koffer mit einer DHL-Gepäckmarke der **Deutschen Post** aufzugeben, sie dem **Gepäckservice der Deutschen Bahn** zu überlassen oder mit dem **Hermes-Gepäckversand** zu verschicken. Grundsätzlich sollte dabei bedacht werden, dass es beim Transport gelegentlich zu Beschädigungen des Gepäcks kommen kann. Der Transport mit DHL, Deutscher Bahn oder Hermes dauert mindestens zwei Tage und muss rechtzeitig vorher angemeldet werden.

Auch die **AG Ems** bietet einen Gepäckservice entweder bis zum Borkumer Bahnhof oder bis zur Unterkunft an. Das kostet 8 € bzw. 12,50 € pro Gepäckstück bis 20 Kilogramm. Die Koffer lassen sich sowohl in Emden oder in Eemshaven aufgeben. Gepäckscheine gibt es an den Ticketschaltern.

Gepäckdienstleister

- **AG Ems Gepäckservice:** Bestellung der Gepäckscheine im Voraus unter der gebührenpflichtigen Rufnummer 01805 180182 (0,14 € pro Anruf aus dem deutschen Festnetz, max. 0,42 € aus dem Mobilfunknetz), www.ag-ems.de/planen-service/gepaeck.

- **Gepäckservice der Deutschen Bahn:** Tel. 01806 996633 (0,20 € pro Anruf aus dem deutschen Festnetz, max. 0,60 € pro Anruf aus dem Mobilfunknetz), www.bahn.de/gepaeckservice.
- **Gepäckservice Hermes-Versand:** Tel. 040 593551111 (0,20 € pro Anruf aus dem deutschen Festnetz, max. 0,60 € pro Anruf aus dem Mobilfunknetz), www.myhermes.de.

Autofahren

→ Anreise/Anreise per Auto
→ Verkehrsmittel

Parken am Borkumkai

Die **Emder Borkumgaragen** (Nesserlander Straße) in unmittelbarer Nähe des Borkumkais bieten ausreichend Stellplätze und überdachte Flächen. Eine Reservierung ist nicht möglich. Tagesgäste bezahlen mit 2,50 € in den Borkumgaragen weniger als Dauerparker, die am ersten Tag auf dem Hof 2,50 € bzw. 4,50 € ab dem zweiten Tag zahlen. In der Halle kostet es an allen Tagen 5,50 €. Wer als Tagesgast die Parkplätze direkt am Terminal nutzen möchte, bezahlt 5 €. Die Parkplätze neben dem Terminal sind bei Sturmfluten nicht geschützt und können überflutet werden, die Parkplätze in den Borkumgaragen befinden sich hinter dem Deich und sind **flutsicher.**

Ist das Auto wirklich nötig?

Dass es durchaus sinnvoll ist, sein Fahrzeug am Festland zu lassen, zeigt die Tatsache, dass im Sommer der **Ortskern von Borkum für Autos gesperrt** und auch der auf der Insel vorhandene Parkraum begrenzt ist. Wenn das Fahrzeug nicht auf dem Grundstück des Vermieters abgestellt werden kann, müssen die **Inselparkplätze** genutzt werden. Es gibt drei öffentliche Parkplätze, auf denen man sein Auto gegen Gebühr abstellen kann. Sie dienen als Langzeitparkplätze für Urlauber. **P1** befindet sich an der Straße Am Langen Wasser in der Nähe des Busbahnhofs, **P2** ist hinter der Minigolf-Anlage zwischen den Straßen Kaapdelle und Engel'se Pad, und **P3** liegt an der Ankerstraße. Alle drei verfügen über Schnellladesäulen für Elektro-Autos. Es gibt noch weitere Parkplätze, die jedoch nicht als Dauerparkplätze gedacht, sondern nur zum Kurzparken sind.

Barrierefreies Reisen

Bahn, Bus und Fähren

Während der Anreise mit der Deutschen Bahn wird für mobilitätseingeschränkte Gäste ein **Umsteigeservice** angeboten, der telefonisch, elektronisch oder persönlich in den Reisezentren und DB-Agenturen oder bei der Emder Bahnhofsmission angefragt werden kann. Falls eine **Anreise mit dem Bus** geplant ist, hilft die Tourist-Information auf Borkum weiter. Die Fähre MS Ostfriesland ist **barrierefrei,** die MS Nordlicht **barrierefreundlich. Nicht barrierefrei** sind die MS Wappen von Borkum sowie der Katamaran, auf diesen Schiffen ist für Elektrorollstühle kein Zugang möglich. Der gelbe Gepäckwagen der Borkumer Kleinbahn ist mit einer Spezialrampe ausgestattet. Die **Linienbusse der Borkumer Kleinbahn** sind teilweise mit einer **hydraulischen Absenkung** versehen. Auf der Website www.borkum.de sind ausführliche Informationen zu finden.

Bei der **Tourist-Information** ist eine Broschüre erhältlich, in der barrierefreie Geschäfte, Arztpraxen, medizinische Einrichtungen, Banken, Fahrradverleiher mit behindertengerechten Rädern und Buggies, gastronomische Betriebe, Post, öffentliche Toiletten, Strandzugänge ohne Treppen und Weiteres aufgelistet sind. Ein **Straßenplan der Innenstadt** gibt eine Übersicht, welche Wege man allein, mit Begleitung oder besser nicht nutzen sollte. **Rollstühle und Sandrollstühle** können bei 22 *Fahrrad Tente* (Karte S. 84) ausgeliehen werden, ebenso bietet die *Nordsee-Apotheke* gegenüber vom Rathaus Rollstühle an. Für die Fortbewegung im weichen Sand gibt es den **Solar-Strandrollstuhl „CadWeazle“,** der nach einer kurzen Einweisung genutzt werden kann. Nach Anmeldung beim Strandkorbvermieter *Thorsten Bayer* darf er pro Person maximal drei Stunden gegen Pfand ausgeliehen werden. Eine freiwillige Gebühr für Wartung und Instandhaltung ist willkommen.

Menschen mit Handicap können auf Borkum am Nordbad im Sommer sogar **Strandsegeln.** In einem speziellen Strandsegel-Doppelsitzer begleitet der Segellehrer den Schüler während der Fahrt. Am Südstrand kann man bei Herrn *Linneberg* einen barrierefreien Strandkorb mieten (Tel. 0176 64186491).

Im **Gastgeberverzeichnis der Wirtschaftsbetriebe der Stadt Borkum** sind **barrierefreie Unterkünfte** durch ein entsprechendes Symbol gekennzeichnet. Selbstverständlich sind auch die Einrichtungen der Wirtschaftsbetriebe Borkum wie Gezeitenland, Kultur- und Spielinsel, die Tourist-Information und das Nordsee-Aquarium barrierefrei zugänglich. Auf der Webseite www.borkum.de gibt es eine eigene Unterseite für **Barrierefreiheit auf der Insel.** Auch in der dortigen Unterkunftssuche lässt sich nach barrierefreien Unterkünften suchen. Ausflüge mit der AG Ems zu den Seehundbänken sind möglich, müssen aber vorab angemeldet werden, da nicht alle Ausflugsschiffe geeignet sind.

Info

- **Bahnhofsmission Emden:** Am Bahnhofsplatz, 26725 Emden, Tel. 04921 22834, www.bahnhofsmission.de.
- **Deutsche Bahn Reiseservice:** Tel. 01806 996633 (gebührenpflichtig), www.bahn.de.
- **Fahrrad Tente:** Wilhelm-Bakker-Straße 9, Tel. 04922 932757.
- **Nordsee-Apotheke:** Neue Straße 2, Tel. 04922 818.
- **Strandsegelschule World of Wind:** Tel. 0173 5327087, www.worldofwind.de.
- **Thorsten Bayer:** Tel. 0175 1482095.
- **Tourist-Information Borkum:** Tel. 04922 9330, www.borkum.de.
- **Ausflüge zu den Seehundbänken:** mit Vorabanmeldung bei der AG Ems unter Tel. 04922 3090.

Camping

Komfort und Ruhe

Der **Campingplatz Borkum** in der Inselstraße ist ein ganz besonderer, denn er hat schon **viele Auszeichnungen** erhalten. Er liegt etwas außerhalb vom Stadtzentrum, bietet aber jede Menge Komfort. Es gibt ein Restaurant, einen Supermarkt sowie ein Fitness-Center mit Sauna und Solarium. Kinder können sich über einen Abenteuerspielplatz, ein Animationsprogramm in den Sommerferien und sogar ein Kinderwaschland freuen, denn **auf Kinderfreundlichkeit wird großen Wert gelegt.** Entweder man bringt seinen eigenen Wohnwagen oder sein Wohnmobil mit oder mietet sich einen. Zeltplätze gibt es natürlich auch. **Die Infrastruktur ist bestens.** Kochen kann man in der Kochküche, es gibt eine Spielwiese mit allem, was das Kinderherz begehrt, ein Unterhaltungszelt mit Fernsehen und Video, Billard und Tischtennis. Der Platz ist ganzjährig geöffnet und beherbergt das Restaurant Piratennest.

Wer dem Trubel der Stadt entgehen möchte, wird auf dem **Campingplatz Aggen** garantiert seine Ruhe finden. Er befindet sich **im Ostland** und liegt inmitten der herrlichen Wiesen- und Dünenlandschaft. In angenehmer familiärer Atmosphäre gibt es **40 Stellplätze.** Der Campingplatz ist vom 15. März bis zum 31. Oktober geöffnet. Da die Plätze beliebt sind, sollte man rechtzeitig buchen. In der Nähe des Campingplatzes befinden sich ein Café und ein Restaurant.

28 **Insel-Camping-Borkum GmbH & Co. KG (Karte S. 148),** Hindenburgstraße 114, Tel. 04922 1088, www.insel-camping-borkum.de.
8 **Campingplatz Aggen (Karte Umschlag vorn):** Ostland 1, Tel. 04922 2215, www.borkum-aggen.de.

Wichtiges

Alle Preise und weitere Informationen sind am besten über die jeweiligen **Webseiten** zu finden. Der Campingplatz im Ort ist teurer als der im Ostland. Man muss selbst entscheiden, ob man für seinen Campingurlaub **quirliges Stadtleben** oder **Ruhe** sucht. Eine Nacht für zwei Erwachsene und zwei Kinder in der Hauptsaison im Wohnwagen oder Zelt kostet beim Insel-Camping knapp 50 €, bei Familie Aggen im Ostland etwa 37 €, der Strom wird jeweils separat berechnet. In der Nebensaison ist das Ganze etwa 10 € günstiger.

Einkaufen

→ Geld

Für die Shoppingtour

Auch wenn eine Insel nur begrenzten Raum bietet und alle Waren vom Festland auf die Insel transportiert werden müssen: **Versorgungsengpässe sind nicht zu befürchten.** Bäckerei, Fleischerei und Fischgeschäft gibt es auf Borkum mehrfach, Supermärkte, Bioläden und ein Discounter kommen hinzu. Die **Preise** der einzelnen Artikel und Produkte sind wegen des Fährtransportes **immer etwas höher als auf dem Festland.** Neben Geschäften mit Nahrungs- und Genussmitteln gibt es weitere Läden mit unterschiedlichem Angebot, vor allem für **Bekleidung.** Falls für das gerade stattfindende Wetter nicht die passenden

☒ Schnäppchenangebote unter gestreifter Markise

Kleidungsstücke im Koffer sind, kann man auf der Insel so ziemlich jede Lücke schließen. In den zahlreichen **Souvenirläden** gibt es eine große Auswahl von schön bis kitschig. Aber auch Bücher, Handarbeitsartikel, Kinderspielzeug und Bastelwaren, Tee, Süßigkeiten und Strandartikel beinahe jeder Art sind zu bekommen. Zunehmend werden regionale Produkte angeboten wie Schäfereiprodukte (Schnucken- und Schafwolle), Fleisch- und Wurstwaren sowie zahlreiche Sanddornspezialitäten. Auch der Trend zu nachhaltigen und hochwertigen Produkten ist auf Borkum zu beobachten. Die meisten Einkaufsmöglichkeiten finden sich in der lebendigen **Innenstadt.**

b_353 mna

Einkaufen und Aktivitäten

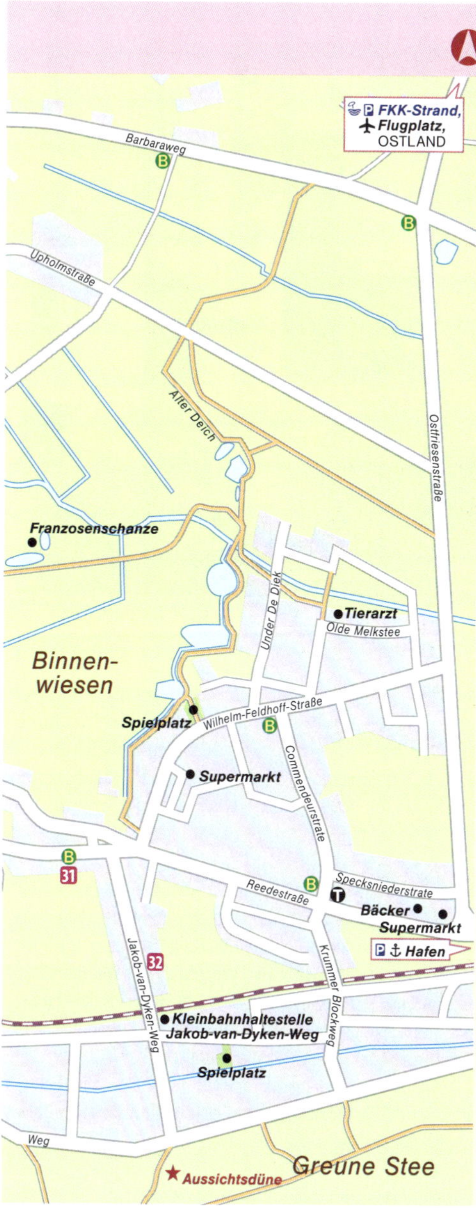

Einkaufen

- **3** 43 Kleider & sieben Sachen
- **4** Borkumer Bücherstube
- **5** Süße Boutique, Tee- und Sanddornparadies
- **6** Stoffeckchen
- **8** Tanjas Teeladen, Knobelkiste
- **9** Floristik & Deko Angelika Wegmann
- **10** Dat Börkumer Sanddornhus
- **11** Schuhhaus Melles
- **13** Grün & Wertvoll
- **14** Eilandstyle
- **15** C. H. Meyer
- **16** Doros Kunststube
- **17** City Center Borkum
- **18** Jeansladen
- **19** Borkumer Bio Insel
- **20** Lous
- **21** Elektro Bünzow
- **23** Fleischerei Pün
- **25** Domus – das Kaufhaus
- **30** Markant (Bioladen)

Aktivitäten

- **1** Zweiradladen Borkum
- **2** Fahrradverleih van Raden
- **7** Fahrradverleih am Inselbahnhof
- **12** Schumacher Fahrradverleih
- **22** Fahrrad Tente
- **24** E-Bike-Verleih Los Amigos
- **26** Ricardo's Fahrradverleih
- **27** Fahrradverleih Rückenwind
- **28** Fahrradverleih „Roberto Blanko“
- **29** Fahrradverleih M. & H. Kneffel
- **31** Fahrradverleih Dynamo
- **32** Fahrradverleih Oelke

b_301 mna

Mien Börkum

Das anzeigenfinanzierte Magazin beschreibt das gastronomische und kulturelle Angebot und gibt einen **guten Überblick über die Geschäftswelt auf Borkum.** Es liegt an vielen Stellen kostenlos aus und erscheint jährlich im BurkanaVerlag, Hindenburgstr. 77, 26757 Borkum, Tel. 04922 990096, www.mien-boerkum.de.

Lebensmittel

19 **Borkumer Bio Insel:** Strandstraße 6, Tel. 04922 9232502. Obst und Gemüse in bester Bioqualität, dazu gibt es Schrot und Korn neben einem guten Sortiment an Rapunzel- und Demeter-Produkten. Gutes Bio-Brot und Milchprodukte runden das Angebot ab. Das Fachpersonal berät/erklärt gern – was fehlt, wird bestellt.

17 **City Center Borkum:** Strandstraße 5, Tel. 04922 3454. Der zentrale Edeka-Supermarkt mit guter Lebensmittelauswahl für Selbstversorger, einem integrierten Fischverkauf, einem Bäcker und einer kleinen Postfiliale.

30 **Markant:** Deichstraße 58, www.markant-borkum.de. Der Bio-Vollsortimenter bietet über 1500 Artikel der Verbände Demeter, Bioland und Naturland an, hier gibt es alles, was das Bio- und Veganerherz begehrt.

23 **Pün's Fleischerei:** Neue Straße 19, Tel. 04922 9325500. Sehr leckere Fleisch- und Wurstwaren, unter anderem selbstgemachte Frikadellen.

8 **Tanjas Teeladen:** Franz-Habich-Straße 21, Tel. 04922 1091, www.tee-borkum.de. Neben einer großen Auswahl an Tee gibt es hier auch das komplette Zubehör für die Zubereitung des echten Ostfriesentees. Den in eigener Produktion hergestellten Borkumer Sanddornlikör „Fasanenbrause" gibt es ebenfalls im Geschäft – alle Produkte können auch online bestellt werden. Hier bekommt man auch die Tickets für die mittwochs stattfindende **Teezeremonie** des Heimatvereins und für die Wattwanderungen mit *Albertus Akkermann.*

10 **Dat Börkumer Sanddornhus:** Franz-Habich-Straße 14, Tel. 04922 9326900, www.sanddornhus.com. Edler Kaffee und ein großes Sanddornsortiment sind hier zu finden, Spezialität ist die hausgemachte Fasanenbrause.

Kleidung

3 **43 Kleider & sieben Sachen:** Strandstraße 30, Tel. 0162 1372307, www.43kleider.de. Ausgefallene Kleidung in gekonnter Schnittführung, die ausnahmslos ökologisch und sozialverantwortlich hergestellt wurde, gibt es hier in guter Auswahl. Zusätzlich sind Geschenkartikel, Papeterieprodukte und nette Kleinigkeiten im Angebot.

15 **C. H. Meyer:** Bahnhofspfad 2, Tel. 04922 924233, www.chmeyer-borkum.de. Im Traditionsgeschäft gibt es eine beeindruckende Auswahl an Unterwäsche, Dessous, Wäsche und Kurzwaren. Im Angebot ist auch eine besonders produzierte Schafwolle, die nicht kratzt.

14 **Eilandstyle:** Westerstraße 17, Tel. 04922 932508, www.mien-boerkum.de/eilandstyle. Schicke und faire Mode auf höchstem Niveau. Mit dem Kauf nachhaltiger Labels kann aktiv eine Veränderung bewirkt werden. Bei der Beratung kann man Kaffee oder Espresso genießen, die hervorragende Qualität rechtfertigt den Preis.

18 **Jeansladen:** Strandstraße 14, Tel. 04922 924176, www.mien-boerkum.de/jeansladen. Hier gibt es nicht nur Jeans zu kaufen, sondern auch allerhand für Liebhaber von Streifenmustern und für Schietwedder die passenden Gummistiefel, Schals und Mützen.

11 **Schuhhaus Melles:** Strandstraße 18, 04922 9234171, www.schuhhaus-melles.de. Im Traditionshaus findet sich alles für den Fuß, von der modischen Sandale bis zu bunten Gummistiefeln reicht das Angebot. Dazu gibt es schicke Lederwaren wie Taschen, Gürtel, Portemonnaies und Rucksäcke. Schnellwachsende Kinderfüße werden speziell vermessen, so können die Eltern sicher sein, dass die neuen Schuhe bestens passen.

20 **Lous:** Strandstraße 2, Tel. 04922 9234125. Kleine Boutique mit minimalistischer, hochwertiger und nachhaltig produzierter Damenkleidung.

< Strandstraße mit blühenden Kirschbäumen

Mitbringsel

16 Doros Kunststube: Alte Schulstraße 5, Tel. 01511 1517649. Mit Glück kann man der Künstlerin bei der Arbeit zuschauen. Doro bemalt Treibholz mit farbenfrohen Motiven, neben kleinen Landschaftsbildern stehen auch Maritimes und Strandleben zur Auswahl. Zusätzlich bietet sie weiteren begabten Borkumerinnen und Borkumern eine Bühne.

9 Floristik & Deko Angelika Wegmann: Georg-Schütte-Platz 2, Tel. 04922 2516, www.floristik-borkum.de. Schöne Auswahl an frischen Blumen und Topfpflanzen, Deko-Artikel und Versand von Blumensträußen inklusive Lieferservice. Auf Wunsch werden auch woanders gekaufte Artikel kostenpflichtig nach Aufwand verpackt.

13 Grün & Wertvoll: Franz-Habich-Straße, Tel. 04922 9232800, www.gruen-und-wertvoll.de. Die natürlichen Pflegeprodukte sind hochwertig. Im Sortiment befinden sich Badezusätze und Naturkosmetik, die Seifen werden selbst hergestellt. Es gibt sie in verschiedenen Formen und Farben in hervorragender Qualität. Ein zweites Geschäft befindet sich im niedersächsischen Celle.

5 Süße Boutique: Strandstraße 17, Tel. 04922 4957, www.suesse-boutique.de. Direkt beim Bahnhof gelegen, ist dieses Geschäft ein Paradies für Liebhaber von Schokoladen und feinen Spirituosen, auch das passende Mitbringsel für Zuhause ist hier zu finden. Der Teeladen in der Strandstraße 23 gehört denselben Besitzern.

Persönlicher Bedarf

25 Domus – das Kaufhaus: Wilhelm-Bakker-Straße 12, Tel. 04922 3949. Haushaltswaren, Schreibwaren und Dekoartikel in vielfältiger Art – unverzichtbar auf Borkum. Hier ist auch eine Postagentur zu finden.

4 Borkumer Bücherstube: Goethestraße 1, Tel. 04922 4370. Eine exzellente Auswahl an aktuellen Büchern, vom Inselkrimi bis zum fundierten Sachbuch ist viel zu entdecken. Zum Stöbern kann man Zeit mitbringen, ein großes Angebot an Zeitschriften und Magazinen rundet das Sortiment ab.

8 Knobelkiste: Franz-Habich-Straße 21, 04922 9234803, www.knobelkiste.de. Das kleine Geschäft bietet eine große Auswahl an Knobeleien, anspruchsvollen Denksportaufgaben und ausgefallenen Spielen für alle Altersgruppen. Einfache Brettspiele, Spieluhren und den Zauberwürfel gibt es auch. Vieles darf unter kundiger Leitung ausprobiert werden, das Personal steht mit Tipps bereit.

6 Stoffeckchen: Alter Postweg 5, Tel. 04922 9326583. Wer die Quilttechnik und Patchwork schätzt, wird die große Auswahl an Stoffmustern mögen. Das kleine Fachgeschäft ist zwischen Neuem Leuchtturm und Bahnhof zu finden.

21 Elektro Bünzow: Wilhelm-Bakker-Straße 30, Tel. 04922 92830: Das Elektrofachgeschäft führt eine beachtliche Auswahl an Hausgeräten.

■ **Waschsalon:** Steinstraße 12, Tel. 04922 2386; bei **Elektro-Feldmann,** www.elektrofeldmann.de, dürfen Inselgäste während der Öffnungszeiten ihre Wäsche waschen und trocknen (Mo–Fr 9–13 und 15–18 Uhr, 6 kg Wäsche waschen/trocknen je 5 €, 10 kg waschen/trocknen je 10 €).

Essen und Trinken

→ Gesundheit und Hygiene

Für jeden was dabei

Das Angebot an Restaurants, Cafés, Eisdielen, Bistros oder Bars und Kneipen ist wirklich groß. Eine **klassische Kategorisierung fällt schwer.** Restaurants sind nachmittags Café, in Teestuben kann man auch eine warme Hauptmahlzeit bekommen und auch Bars haben oft Speisen im Angebot. So sind viele Gastronomiebetriebe alles in einem, die entsprechende Kategorie bildet meist nur einen Schwerpunkt ab. Generell ist ein **Trend zu einem bewussteren Umgang mit Lebensmitteln** durchaus festzustellen. **Vegetarisches und veganes Essen** ist heute keine Seltenheit mehr auf der Insel und auch regionale und Bio-Produkte werden zunehmend zum Qualitätsmerkmal. Und wenn es etwas einfacher sein darf: Milchreis gibt es beinahe überall in den unterschiedlichsten Variationen. Auch mit einem schmalen Geldbeutel kann man sich auf der Insel Borkum gut ernähren. Für Urlauber, die sich nicht selbst versorgen, gibt es vergleichsweise günstige Möglichkeiten einzukehren, **imbissähnliche Gastronomiebetriebe** sind reichlich vorhanden.

☑ Einladende Gastronomie in der Bismarckstraße

b_378 mna

Gastronomie

Essen und Trinken

1 Zum Kaap
2 Restaurant Palée
3 Restaurant Burchana
4 Restaurant Aquavit, Restaurant Poseidon
5 Das Meeresblick
6 Café-Bistro-Bar Pferdestall
7 Fisherman's Koeken
8 Il Faro (Filiale)
9 Marea
10 Seekiste
11 Fischrestaurant Delfter Stuben
12 Restaurant Klabautermann
13 Pizzeria Il Faro
14 Inselcafé Pfannkuchenhaus
15 Hotelrestaurant Kleine Möwe
16 Restaurant In Undis
17 Opa sein klein Häuschen
18 Liev & Seel
19 Restaurant Valentin's
20 Omas Borkumer Teestübchen
21 Buddelhaus
22 Knurrhahn
23 Kleine Borkumer Eiskonditorei
24 Relitto
25 Lan - Street Kitchen
26 Restaurant Klein & Fein
27 Zum Insulaner
28 Das Pasta-Haus
29 Sleeboom
30 Café/Bar/Restaurant Strand 5
31 Restaurant Heimliche Liebe
32 Restaurant Südhauk
33 Stonner's Aikes
34 Teehaus
35 Café Lüttje Toornkieker
36 Restaurant Alt Borkum
37 Piratennest
38 Scheunenrestaurant Upholmhof
39 Zum Störtebeker
40 Byl's Fisshus

Die hier gelisteten Adressen stellen eine **Auswahl** dar, vor Ort sollte man sich ein eigenes Bild machen. Manch gastronomischer Betrieb hat eine lange Tradition, aber es gibt auch immer wieder neue Möglichkeiten, um einzukehren. Viele Betriebe gehen auch auf individuelle Wünsche ein.

Restaurants

Unser Tipp: 36 **Alt Borkum:** Roelof-Gerritz-Meyer-Straße 10, Tel. 04922 2005, www.restaurant-altborkum.de. Das Lokal in unmittelbarer Nähe zum Alten Leuchtturm gibt es über 100 Jahre. Auf der Karte steht mit „Dry Aged Beef" ein besonders edel gereiftes Fleisch von höchster Qualität.

4 **Aquavit:** Jann-Berghaus-Straße 23, Tel. 04922 7070, www.ostfriesenhof.de. Das Restaurant im Strandhotel Ostfriesenhof bietet exzellente Küche mit feinem Blick auf die Wandelhalle und das Meer.

7 **Bauernstuben (Karte Umschlag vorn):** Ostland 3, Tel. 04922 3504, www.hauptsachen.de. Restaurant und Café mit traditioneller Küche, es gibt einen großen Außenbereich mit einem schönen Kinderspielplatz.

3 **Burchana:** Bubertstraße 9, Tel. 04922 3080, www.nordseehotelborkum.de. Das Restaurant des Nordseehotels an der Promenade überzeugt mit solider Küche in bester Lage.

11 **Delfter Stuben:** Bismarckstraße 6, Tel. 04922 2011, www.hotelatlantik.de. Fischrestaurant im Hotel Atlantic, bodenständiges Ambiente zur maritimen Küche, in dem man aber auch ein Steak oder Schnitzel bekommen kann.

4 **Düne 2 (Karte Umschlag vorn):** Ostfriesenstraße 110, Tel. 04922 9239829, www.duenenhotel-borkum.de. Nachmittags gibt es hausgemachte Kuchen zum Ostfriesentee und abends Steaks, Burger oder Fischgerichte. Flugzeugen kann man beim Starten und Landen zuschauen.

7 **Fisherman's Koeken:** Bismarckstraße 12, Tel. 04922 9328578, www.fishermans-borkum.de. Wie der Name schon vermuten lässt – für Fischliebhaber. Frisch zubereitete Scholle, Matjes, Seezunge oder Garnelen, es gibt aber auch Fleisch und Fleischloses.

13 **Il Faro:** Strandstraße 25, Tel. 04922 932932, www.pizzeriailfaro.de. Italienische Pizza aus dem Steinofen und viele weitere mediterrane Köstlichkeiten im Schatten des Neuen Leuchtturms. **Eine Filiale** 8 gibt es in der Tennisinsel, Bismarckstraße 31.

16 **In Undis:** Strandstraße 12, Tel. 04922 9324856, www.inundis.de. Frische Tapas oder mediterrane Gerichte mit norddeutschen Elementen und einem kleinen, aber erlesenen Feinkostbereich.

27 **Zum Insulaner:** Fauermannspad 5, Tel. 04922 9321148, www.zuminsulaner-borkum.de. Ob Zwiebelrostbraten, Gemüse-Nudelpfanne oder Schollenfilet – der Gast steht im Mittelpunkt und wird bestens bewirtet.

1 **Zum Kaap:** Kaapdelle 10, Tel. 04922 2140. Auch wenn das kleine Restaurant von außen eher unscheinbar wirkt, kann man hier gut speisen. Ein paar Minuten entfernt vom Ortskern.

18 **Liev & Seel:** Alte Schulstraße 10, Tel. 04922 7907, www.lievundseel.de. Etwas versteckt werden hier hochwertige Zutaten mit viel Liebe frisch gekocht. Es gibt viel Fisch, aber auch Speisen für Vegetarier. Gespeist wird in Wohnzimmeratmosphäre, schöne Stimmung entsteht auch durch die vielen alten Borkumbilder an den Wänden – eine Zeitreise über die Insel.

12 **Klabautermann:** Am Georg-Schütte-Platz 4, Tel. 04922 9200, www.inselhotel.de. Hochwertige Speisen im Inselhotel *Vier Jahreszeiten* direkt am Bahnhof.

Unser Tipp: 26 **Klein & Fein:** Fauermannspad 16, Tel. 04922 7935, www.kleinundfein-borkum.de. In diesem gemütlichen und modern eingerichteten Restaurant wird frisch gekocht, vorwiegend mit regionalen Produkten. Die Küche arbeitet mit Borkumer Betrieben Hand in Hand. Die Gerichte sind international, das Fleisch für die Burger stammt von Rindern, die auf den Borkumer Binnenweiden gegrast haben.

15 **Hotel-Restaurant Kleine Möwe:** Kirchstraße 31, Tel. 04922 9325775, www.hotel-kleine-moewe.de. Die Küche orientiert sich an Zutaten, die gerade Saison haben. Unter dem Motto „original, regional, wertvoll" kommt jeder auf seine Kosten, Tischreservierung wird empfohlen.

5 **Das Meeresblick:** Bismarckstraße 57, Tel. 04922 932811, www.meeresblick-borkum.de. Der Italiener mit Panoramablick zur Nordsee serviert Fischgerichte und italienische Küche.

2 **Palée:** Jann-Berghaus-Straße 63, Tel. 04922 92330, www.strandhotel-hohenzollern.de. Feine Küche trifft auf Meerblick – frische Zutaten und ausgesuchte Spezialitäten. Dazu gibt es eine erstklassige Auswahl von Spitzenweinen.

4 **Poseidon:** Bismarckstraße 40, Tel. 04922 917495, www.strand-hotel.com. Genuss mit Meerblick verspricht das Restaurant des Strandhotels *Vier Jahreszeiten*. Täglich wird neben den Gerichten der Karte ein 3-Gänge-Menü angeboten.

24 **Relitto:** Westerstraße 20, Tel. 04922 8739209. Italienische Trattoria in familiärer Wohnzimmeratmosphäre, tolle Antipasti und Pastagerichte, aber auch ein hervorragendes Frühstück wird hier angeboten.

39 **Zum Störtebeker:** Reedestraße 36, Tel. 04922 8736017, www.stoertebeker-restaurant.de. Gemütlich und vom Inhaber geführt, Schwerpunkt auf der Karte sind eindeutig Steaks, obwohl es auch anderes gibt, vorweg werden vielfältige Tapas als Vorspeise angeboten.

32 **Südhauk:** Süderstraße 69, Tel. 04922 932855. Deutsche Küche mit Schwerpunkt auf Fisch und Meeresfrüchten. Hier ist es immer lecker, auch auf der Außenterrasse.

34 **Teehaus:** Süderstraße 22, Tel. 04922 9232608, www.teehaus-borkum.de. Nordseeküche mit Fisch, Krabben und Schinken in einem gemütlichen alten Friesenhaus.

38 **Upholmhof:** Upholmstraße 45, Tel. 04922 4176, www.upholm-hof.de. Das Scheunenrestaurant ist einen Spaziergang vom Ort entfernt und bietet Fisch und Fleisch oder ein Bier im dazugehörigen Biergarten, in dem auch des öfteren Live-Musik geboten wird. Mit großem Spielplatz für die Kleinen!

19 **Valentin's:** Neue Straße 12, Tel. 04922 9325030, www.valentins-borkum.de. Gehobene traditionelle deutsche Kochkunst gepaart mit mediterranem Lebensgefühl, dazu gibt es eine umfangreiche Weinkarte.

11 **Yachthafen (Karte Umschlag vorn):** Am Neuen Hafen 2, Tel. 04922 7773, www.borkum-yachthafen.de. Internationale und gutbürgerliche Küche, ein Blick über den Yachthafen macht den Besuch unvergesslich.

28 **Das Pasta-Haus:** Neue Straße 30 A, Tel. 04922 8739418, www.das-pasta-haus.de. Das Café-Restaurant macht seine Nudeln in verschiedenen Formen selbst aus Dinkel, Hanf, Linsen und Kichererbsen. Dazu lässt sich zwischen unterschiedlichen selbstgemachten Soßen auswählen, auch Vegetarisches und Veganes ist dabei.

33 **Stonner's Aikes:** Süderstraße 54, 0171 8570185. Nachdem *Ralf Stonner* schweren Herzens seine Strandbude aufgegeben hat, gibt es seine leckere Krabbensuppe nun abends in seinem Restaurant und Bier-Café, auch in der Dose zum daheim genießen. Auch andere leckere Gerichte stehen auf der Karte. Regelmäßig veranstaltet er auch Bier-Tastings.

40 **Byl's Fisshus:** Specksniederstrate 15, Tel. 04922 640. Fischgeschäft und Restaurant mit Imbisscharakter – aber lecker! Ob Stremellachs, Nordseekrabben oder Räucherfisch – immer beste Qualität. Abseits des touristischen Geschehens ist der Besuch gut mit einer Radtour zu kombinieren.

Cafés, Bistros und Eis

5 **Dünenbudje (Karte Umschlag vorn):** Ostfriesenstraße, Tel. 04922 932630, www.duenenbudje-borkum.de. Das kultige Ausflugsziel in den Dünen am FKK-Strand bietet einen großen windgeschützten Außenbereich und Inseltypisches auf der Karte wie Milchreis, Schwarzbrot, Kuchen und deftige Eintöpfe.

14 **Inselcafé Pfannkuchenhaus:** Strandstraße 20 (zwischen Rossmann und City-Center), Tel. 04922 9234310, www.inselcafe-pfannkuchenhaus.de. Leckere Pfannkuchen in 1000 Varianten sowie reichhaltige Kuchenauswahl.

10 **Hafencafé Burkana (Karte Umschlag vorn):** Am Neuen Hafen 14, Tel. 0176 78494697. Neben Kaffee und selbstgebackenem Kuchen gibt es auch Snacks und leckere Suppen, direkt mit Blick auf die schaukelnden Boote im Hafen.

31 **Heimliche Liebe:** Süderstraße 91, Tel. 04922 929520. Am südlichen Ende der Strandpromenade am Südstrand gelegen kann man Windbeutel zum Ostfriesentee genießen. Auch am Abend gibt es köstliche Gerichte zur schönen Aussicht. Der Name des Lokals hat übrigens einen interessanten historischen Bezug: Die ab 1940 auf der Insel stationierten Soldaten trafen sich häufig mit ihren Freundinnen zum Tête-à-Tête an einem bestimmten Bunker, der schnell als „Heimliche Liebe" bezeichnet wurde. An dieser Stelle liegt heute das gleichnamige Restaurant.

> Restaurant Strand 5 an der Promenade

23 Kleine Borkumer Eiskonditorei: Franz-Habich-Straße 23/Westerstraße 12, Tel. 04922 2427. Das selbst hergestellte Eis ist hochwertig und lecker, es gibt neben den Kugeln auch Selbstproduziertes am Stiel, Frozen Yoghurt und sogar Eis für den Hund: Geschmacksrichtung Lachs.

22 Knurrhahn: Franz-Habich-Straße 16, Tel. 04922 2050. Der Fisch ist direkt an der Quelle einfach frischer, egal ob Krabben, Lachs, Bismarckhering oder die selbst hergestellten Fischfrikadellen, der Knurrhahn hat viele Stammgäste.

Unser Tipp: **35 Lüttje Toornkieker:** Wilhelm-Bakker-Straße 1, Tel. 0177 6448259, www.toornkieker.de. Feines Café-Bistro mit sehr schönem Blick auf den Alten Leuchtturm (ECARF-Siegel). Einen Tisch vorzubestellen ist empfehlenswert, die gute Qualität hat sich herumgesprochen. Es gibt eine kleine Auswahl frisch gekochter Speisen, vieles in Bioqualität sowie Kuchen, Tee- und Kaffeespezialitäten aus Eigenröstung.

9 Marea: Goethestraße 27, Tel. 04922 933640, www.marea-borkum.de. Der Gastronomiebetrieb im Gezeitenland bietet spanische Küche mit Meerblick an, ist aber auch Café und Bar.

20 Omas Borkumer Teestübchen: Bahnhofspfad 3, Tel. 04922 990162, www.omas-teestuebchen.de. Tee hat Tradition in Ostfriesland, im Teestübchen gibt es eine riesige Auswahl davon. Direkt angeschlossen ist ein kleiner Laden, in dem man die Teesorten für die Heimat kaufen kann.

Unser Tipp: **6 Café Ostland (Karte Umschlag vorn):** Ostland 4, Tel. 04922 2202, www.cafe-ostland.de. Tolle Lage an der Endhaltestelle der Omnibusse am Beginn zur Natur im Osten von Borkum. Riesiger Außenbereich, vielfältiges Speisenangebot und ganzjährig geöffnet. Toll sind die „kuhlen Milchideen“, Milchgetränke, Dickmilch, Milchreis, Rote Grütze oder Quarkcreme – lecker.

b_334 mna

6 **Pferdestall:** Bismarckstraße 20, Tel. 04922 2169, www.pferdestall-borkum.de. Ausgezeichnet mit dem Greentable-Siegel für nachhaltige Gastronomie und lecker sind die Speisen auch. Empfehlenswert für zwischendurch sind die köstlichen Frikadellen mit Kartoffelsalat. Aber auch Fleischloses ist im Angebot.

3 **Strandcafé Seeblick (Karte Umschlag vorn):** Waterdelle 48, Tel. 04922 3371, www.strandcafe-seeblick.de. Seit drei Generationen in Familienbesitz, die Blechkuchen werden mit laktosefreier Milch hergestellt. Am nördlichen Ende der Promenade gelegen.

30 **Strand 5:** Von-Frese-Straße 41, www.strand5.de. Aus der Küche kommt alles, was das Herz begehrt. Die Waffeln werden nach eigenem Rezept hergestellt, dazu ein schöner Blick aufs Meer.

2 **Café Sturmeck (Karte Umschlag vorn):** Hindenburgstraße 144, Tel. 04922 1222, www.sturmeck.de. Hoch in den Dünen beim Jugendbad mit großer Terrasse, die Kuchen werden nach alten Familienrezepten gebacken.

29 **Sleeboom:** Neue Straße 31. Die gelernte Konditorin *Nina Sleeboom* lebt ihren Traum: In ihrem kleinen Café bietet sie äußerst leckere Kuchen, Torten und Gebäck an, dazu lauter kleine schöne und nachhaltige Dinge wie handgefertigte Nudeln, Öl, Essig und Inselgin.

21 **Bistro Buddelhus:** Franz-Habich-Straße 12, Tel. 0162 2753307. Das Bistro in der belebten Fußgängerzone hat für jeden etwas – Burger, Nudeln, Schnitzel, Salate und Kleinigkeiten für Kinder.

25 **Lan – Street Kitchen:** Franz-Habich-Straße 7, Tel. 04922 9325545. Hier kann man frischgekochte vietnamesische Spezialitäten bekommen, auch zum Mitnehmen.

37 **Piratennest:** auf dem Gelände des Inselcampings an der Hindenburgstraße 114, Tel. 04922 9329455. Das Piratennest lässt nicht nur Camperherzen höher schlagen: Salate, Ofenkartoffeln, Burger, Baguettes und Schnitzel mit einem guten Preis-Leistungs-Verhältnis.

Kneipen

17 **Opa sein klein Häuschen:** Strandstraße 7, Tel. 0171 6411192, www.opa-sein-klein-haeuschen.de. „Du brauchst weder Arzt noch Apotheke, sitzt du bei Gerd und Rita an der Theke."

10 **Seekiste:** Bismarckstraße 3, Tel. 04922 4527. Direkt am Bahnhof gelegen ist hier immer was los. Bier und Wein schmecken hier auch zu übertragenen Fußballspielen – Raucherkneipe mit Außenbereich.

12 **Dock7 – Hafenkantine (Karte Umschlag vorn):** Am Nordufer 3, Tel. 0171 4810202. Am Borkumer Schutzhafen lässt sich Hafenflair bei Seafood, Burgern (auch vegetarisch) und Currywurst genießen. Auch Tapas und Steakgerichte stehen auf der Karte. Von 11–16.30 Uhr Selbstbedienung, auf der Terrasse gibt es 80 Plätze, drinnen 50.

Borkums Trinkwasser

Borkums Trinkwasser wird nicht vom Festland angeliefert, sondern selbst **aus versickertem Regenwasser** gewonnen. Fünf der sieben Ostfriesischen Inseln gewinnen ihr Trinkwasser auf diese Weise. **Zwei Wasserwerke** gibt es, eines in der Waterdelle mit 21 Brunnen, deren Wasser über Rohre direkt zum Wasserwerk geliefert wird. Das andere liegt im Ostland und wird von sieben bis zu 16 Meter tiefen Flachbrunnen und vier Tiefbrunnen auf Duala, dem Dünengebiet ganz im Osten der Insel, beliefert. Allein Letztere pumpen **120.000 Liter Wasser pro Stunde** aus dem Untergrund der Insel, die jährliche Fördermenge beträgt etwa **800.000 Kubikmeter.** Die Insulaner selbst verbrauchen davon nur einen geringen Teil, das meiste Wasser steht in verschiedensten Formen den Badegästen zur Verfügung. Der **sparsame Umgang** mit dem kostbaren Gut ist wünschenswert.

Möglich wird die Trinkwassergewinnung durch das Phänomen einer sogenannten **Süßwasserlinse,** die sich unter der Insel gebildet hat. Sie beruht auf der Tatsache, dass Süßwasser mit einem geringeren spezifischen Gewicht auf Salzwasser schwimmt. So kann sich uhrglasartig eine **Süßwasserschicht** im Sand unter der Oberfläche aufwölben, die von Salzwasser umgeben ist. Zu den Rändern der Süßwasserlinse hin entsteht eine Übergangs- und Brackwasserzone, die das Eindringen von Salzwasser von der Seite und aus der Tiefe verhindert. Der Sand des Inselsockels bildet dabei einen natürlichen Filter. Auf Borkum reicht die Süßwasserlinse bis etwa **60 Meter unter den Meeresspiegel.** Die Bildung der Süßwasserlinse wird von der Niederschlagsmenge, der Pflanzenbedeckung und dem unterirdischen Abfluss von Süßwasser ins Meer bestimmt. In tiefer gelegenen Dünentälern wie dem Muschelfeld und im Bereich des Dünenfußes kann man die Süßwasserlinse sogar sehen, hier tritt das Wasser an die Oberfläche und es entstehen kleine Teiche oder Schilfbewuchs.

Dem Trinkwasserreservoir gefährlich werden können zu große Fördermengen und Sturmfluten. Beides kann einen **Salzwassereinbruch** nach sich ziehen, was zu einer Versalzung des Trinkwassers führen würde. Aus diesem Grund dienen die Küstenschutzmaßnahmen auch dem Schutz der Süßwasserlinse.

b_338 mna

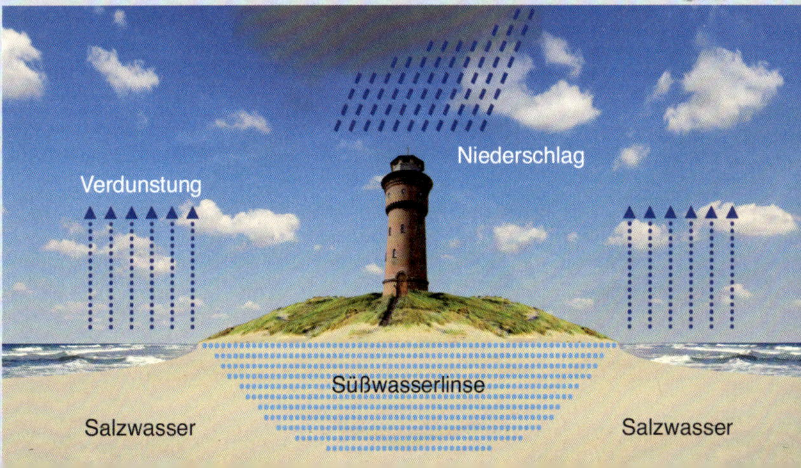

Feiertage, Feste und Events

Volles Programm

Auf Borkum ist viel los, das meiste natürlich **im Sommerhalbjahr** und **um den Jahreswechsel.** Viele Veranstaltungen werden von den Wirtschaftsbetrieben organisiert, andere aber auch von Privatleuten oder kommerziellen Anbietern. Regelmäßig stattfindende Events sind im Folgenden als Auswahl aufgelistet, am besten ist es, aktuelle Veranstaltungen dem **Veranstaltungskalender** zu entnehmen (www.borkum.de). Wer während der mehrtägigen Veranstaltungszeiten auf der Insel übernachten möchte, sollte sich frühzeitig um eine Unterkunft kümmern. Ebenfalls lohnt sich ein Blick ins **Programm der Kulturinsel,** regelmäßig tritt dort auch der Shantychor „Oldtimer" auf.

Januar bis Mai

- **Osterfeuer:** Alljährlich wird am Ostersamstag auf Borkum ein zünftiges Osterfeuer abgebrannt. Über den Standort informiert man sich am besten vor Ort.
- **Anschwimmen:** Immer im April veranstaltet die DLRG das offizielle Anschwimmen. Mutige werfen sich dann unter Aufsicht ins kalte Wasser.
- **Tennisturnier:** Jedes Jahr zu Pfingesten gibt es über vier Tage ein Tennisturnier, viele Stammgäste sind dabei.
- **Weinfest:** Jeweils im Mai und September über mehrere Tage stehen deutsche Weine im Mittelpunkt, ein buntes Rahmenangebot gehört dazu.

Juni bis August

- **Borkumer Jazztage:** Jährlich Anfang Juni, dann swingt ganz Borkum und es wird in verschiedenen Lokalitäten ein abwechslungsreiches musikalisches Programm dargeboten.
- **Pfingsten:** Das Aufstellen des Maibaums am Pfingstsonnabend mit Rahmenprogramm findet jährlich statt.
- **Windsurf-Cup:** Jährlich an Fronleichnam findet der Windsurfcup zusammen mit dem Promenadenfest statt. Von Donnerstag bis Sonntag gibt es auf der Strandpromenade viele Attraktionen und die sportlichen Wettbewerbe lassen sich sehr gut beobachten.
- **Straßenfest des Heimatvereins:** Jeweils im Juli **rund um den Alten Leuchtturm,** den genauen Termin kann man auf der Webseite des Vereins finden unter www.heimatverein-borkum.de.
- **BorkumOpen:** Jeweils im Juli wird die BorkumOpen veranstaltet, ein Tennisturnier für Hobbyspieler und Punktesammler.

[>] Borkumer Weinfest auf der oberen Promenade

■ **Strandfete des „Borkumer Jungs e.V.":** Jährlich Mitte Juli und legendär, dann ist **zwischen Jugend- und Nordbad** Party angesagt mit gigantischen Lagerfeuern und DJ. Es gibt Essen und Trinken und man tanzt bei hoffentlich schönem Wetter bis in die Nacht.

■ **Colourful Sand Festival Borkum:** Buntes Farb-Wurf-Event. Zwei Tage Party, freitags mit DJ ohne Farbe, samstags mit anmoderierten Farbwürfen und Live-DJ-Musik.

■ **Promenadenfest:** Jährlich Ende Juli Open-Air am Wochenende **auf der Strandpromenade** mit Getränke- und Speisenangebot gibt es Unterhaltung, Spaß und Tanzvergnügen. Höhepunkt ist das abschließende Feuerwerk.

■ **Beachvolleyballturnier:** Seit vielen Jahren findet an drei aufeinanderfolgenden Wochenenden im Juli und August ein **Turnier des Nordwestdeutschen Volleyballverbands** statt. Dann bevölkern rund 3000 Spieler das Nordbad und verwandeln es in ein riesiges Spielfeld.

■ **Strandfete:** Seit 30 Jahren findet Ende Juli die Strandfete der **Borkumer Jungens** statt. Die traditionelle Partyzone liegt zwischen Jugend- und und Nordbad.

b_383 NBGab

- **Beach Days Borkum:** An vier Tagen gibt es am Nordstrand Beach-Life, Beach-Volleyball und verschiedene musikalische Events.
- **Waatertoorndag:** Jährlich Ende August sammelt der Waatertoorn Borkum e. V. Spenden für den Erhalt des Wasserturms. Am Waatertoorndag wird ein abwechslungsreiches Programm für Groß und Klein geboten, Kulinarik und Unterhaltung fehlen natürlich auch nicht, egal ob Andacht, ein Konzert des Posaunenchors, Kinderschminken oder Hüpfburg, Langeweile kommt nicht auf. Der Tag endet mit der Wassermusik von Georg Friedrich Händel.
- Im Sommer sind die Borkumer Kirchen gut besucht, weil auch viele Inselgäste gern an den Gottesdiensten teilhaben. Häufig gibt es darüber hinaus ökumenische Gottesdienste und Konzerte, besonders im Winter und an Feiertagen. Aktuelle Termine stehen im Internet unter www.kirche-borkum.de.

September bis Dezember

- **Meilenlauf:** Anfang September können sich die Kleinen im Piratenlauf und die Größeren in verschiedenen Distanzen in einem sportlichen Wettbewerb messen.
- **Borkumer Lichtwoche:** Im Oktober wird jeweils eine Sehenswürdigkeit in bunte Lichter getaucht und bietet einen bezaubernden abendlichen Anblick.
- **Zugvogeltage:** Jedes Jahr im Oktober organisiert der Nationalpark Niedersächsisches Wattenmeer eine mehrtägige Veranstaltungsreihe, begleitet von einem vielseitigen Rahmenprogramm.
- **Weihnachts- und Adventsmarkt:** Der Lions Club Borkum und die Gemeinde der Christuskirche veranstalten zwei Weihnachtsbasare. Zwischen Weihnachten

b_382 NBGmk

und Neujahr findet auf dem Bouleplatz an der Tourist-Information der „Lüttje Markt" statt.

- **Silvesterlauf:** Der TuS Borkum veranstaltet jedes Jahr um 14 Uhr einen Silvesterlauf in den Disziplinen **Jogging** und **Nordic-Walking** auf Distanzen von fünf oder zehn Kilometern.
- **Olljahrssingen:** Am Silvesterabend treffen sich die Borkumer Chöre traditionell eingetaucht in den Schein brennender Fackeln zum Olljahrssingen unter den Bäumen auf dem Schulhof der Grundschule. Neben musikalischer Unterhaltung wird auch getanzt und der Bürgermeister wendet sich ein letztes Mal an die Insulaner. In seiner Rede lässt er das vergangene Jahr Revue passieren und wagt einen Ausblick auf das neue Jahr.

Borkum-Musical

UNSER TIPP: Die Trachtengruppe des Vereins Borkumer Jungens e. V. hat das **Musical „Up de Walvis"** entwickelt, was so viel heißt wie „auf Walfang". Darin geht es um die Walfängerzeit und es werden mit Trachten, Tanz und Shantys seit über 20 Jahren die Geschichten rund um Piraten, mutige Walfänger auf großer Fahrt und emanzipierte, tapfere Frauen berichtet. Die Geschichte geht auf die Legende des „Swarte Rolf" zurück, einem **Piraten,** der einst eine Inselfrau begehrte, die aber längst ihr Herz vergeben hatte und ihm daher eine Abfuhr erteilte. Gekränkt zog der Swarte Rolf zwar vorerst von dannen, um dann aber als Pirat damit zu drohen, die Insel zu überfallen. Doch mit einer List lockten ihn die **Borkumer Frauen** in die Falle. Sie wechselten schnell in die Kleidung ihrer abwesenden Männer, zogen gemeinsam unter Auferbietung aller Kräfte eine ausgemusterte **Kanone** an den Strand, die sie abfeuerten und damit das Schiff schließlich leckschlugen. Die Seeräuber mussten sich ergeben und wurden gefesselt ins Gefängnis nach Emden gebracht.

Das Stück wird in der **Kulturinsel** aufgeführt. Termine → Veranstaltungskalender.

Kulturinsel

Die Kulturinsel ist ein gut besuchtes Veranstaltungszentrum mit Konzerten, Lesungen, Kabarett-Programmen, Ausstellungen und Snackbar. Geboten werden auch spezielle Veranstaltungen für **Kinder.** Im hinteren Gebäudeteil befindet sich der Lesesaal, in dem täglich aktuelle Zeitungen ausliegen. Das gesamte Haus ist **barrierefrei.** Goethestraße 25, Tel. 04922 933711.

< Beachvolleyball bei den Beach Days Borkum

Geld

Nicht in jedem Geschäft auf Borkum ist es möglich, mit **EC-Karte** zu bezahlen, oftmals wird man in kleineren Läden um Bargeld gebeten oder eine elektronische Zahlung erst ab einem bestimmten Mindestbetrag ermöglicht. Vor der Shoppingtour sollte also vorsichtshalber einem der zahlreichen **Geldautomaten** in der Innenstadt ein Besuch abgestattet werden.

Banken

- **Borkumer Volksbank:** Franz-Habich-Straße 11, Tel. 04922 919020, www.vbesens.de.
- **Sparkasse Leer-Wittmund:** Am Georg-Schütte-Platz 11, Tel. 0491 979650, www.sparkasse-leerwittmund.de.

Preisniveau

Das Preisniveau auf den Inseln ist in der Regel höher als am Festland. Lage, Größe und Ausstattung der Ferienwohnung bestimmen den Preis. Es lassen sich sowohl günstige als auch sehr hochwertige Ferienwohnungen finden.

Gästebeitrag

Egal, ob ein Urlaub der Grund für einen Besuch der Insel Borkum ist oder eine Rehabilitationsmaßnahme: Jeder muss **Kurtaxe** zahlen – auf Borkum wird sie „Gästebeitrag" genannt. Man bekommt dafür eine **Gästekarte** als Nachweis. Ausgenommen vom Gästebeitrag sind beruflich bedingte Aufenthalte, für die sich bei der Touristeninformation eine Befreiung der Zahlungspflicht beantragen lässt. Die Gästekarte kann man in der Touristeninformation und in der Kulturinsel beantragen. Der Gästebeitrag wird erhoben, um die Badestrände zu pflegen und zu bewachen, Parkanlagen zu säubern und den Urlaubern verschiedene Unterhaltungs- und Fitnessprogramme zu bieten. So gibt es in den Sommermonaten ein buntes Strandprogramm mit Spaziergängen, Qi Gong, Yoga, verschiedenen Fitnessprogrammen, Jonglage, Slackline (Balancieren auf einem Schlauchband) und Spielen. Bei Regenwetter finden die Veranstaltungen in der Tennishalle statt. Über den Gästebeitrag werden auch das kostenfreie Informationsmaterial der Wirtschaftsbetriebe Borkum, Veranstaltungen wie die Promenadenfete, Feuerwerk, die Kurkonzerte von Mai bis Oktober (jeweils um 11, 16 und 20 Uhr), der Lesesaal in der Kulturinsel, ein Kinderanimationsprogramm und das WLAN finanziert. **Gästebeitragsinformationen** und **Kartenvorverkauf für Veranstaltungen** bekommt man in der

Kulturinsel. Auch der Gästebeitrag selber kann dort bezahlt werden. Auf der Webseite www.borkum.de befinden sich unter der Rubrik Service/Gästebeitrag weitere Informationen sowie ein Gästebeitragsrechner, mit dem sich schon vor Besuch genau ausrechnen lässt, in welcher Höhe die Kosten für den Gästebeitrag bei einem mehrtägigen Aufenthalt liegen werden.

UNSER TIPP: **Tragen Sie die Gästekarte immer bei sich,** um unliebsame Überraschungen zu vermeiden. Die Wirtschaftsbetriebe Borkum verweigern sonst eventuell den Eintritt der von ihnen betriebenen Anlagen wie Gezeitenland, Neuer Leuchtturm und Nordsee-Aquarium.

Anlaufstellen

- **Tourist-Information Borkum:** Georg-Schütte-Platz 5, 26757 Borkum, Tel. 04922 9330, www.borkum.de, aktuelle Öffnungszeiten siehe dort.
- **Kulturinsel:** Goethestr. 25, 26757 Borkum, Tel. 04922/933 154, Veranstaltungen 04922 933713, www.borkum.de; die Öffnungszeiten sowie Veranstaltungshinweise werden zudem über einen Aushang bekannt gegeben. Hier befindet sich auch die Gästebeitragskasse.
- **Gästebeitrag** für Erwachsene und Tagesgäste pro Tag: 3,50 € in der Hauptsaison (1. Mai bis 31. Oktober) sowie 2,30 € in der übrigen Zeit, eine Jahreskarte kostet 98 €; erst Kinder ab 12 Jahren sind gästebeitragspflichtig und es fallen in der Hauptsaison 0,80 € und in der Nebensaison 0,40 € an, die Jahreskarte liegt bei 22,40 €, Kinder-Tagesgäste zahlen 2,30 €.

Gesundheit und Hygiene

Rücksichtsvoll

Viele gastronomische Betriebe nehmen verstärkt Rücksicht auf Allergiker und **verzichten** beispielsweise bei der Speisezubereitung auf **Gluten** oder **Nüsse.** Per Gesetz müssen die Inhaltsstoffe der Gerichte auf den Speisekarten ausgewiesen werden. Wer freundlich fragt, bekommt oft auch etwas individuell Zubereitetes, bei dem Zutaten, die der Gast nicht verträgt, fehlen. Auch zahlreiche **Unterkünfte** achten auf eine allergikerfreundliche Ausstattung, die auf Teppichböden und Daunenbetten verzichtet, sodass auch **Hausstauballergiker** entspannt dort wohnen können. Haustiere sind in diesen Häusern nicht erlaubt. Auf der Webseite www.borkum.de lässt sich nach **allergikerfreundlichen Unterkünften** suchen. Seit 2013 trägt Borkum als erste Insel in Europa das **ECARF-Qualitätssiegel,** das auf besonders allergikerfreundliche Einrichtungen und Unternehmen hinweist.

Am Anfang war der Korb

Was war zuerst da, die Henne oder das Ei? Diese eher philosophische Frage lässt sich in Beziehung auf die Geschichte von Strandkorb und Strandzelt recht einfach beantworten. Als Vorläufer des Strandkorbs gelten die ersten **Weidensessel** aus dem 16. Jahrhundert. Ihre Herstellung war teuer und nur betuchte Menschen konnten sich den Bau eines solches Möbelstückes leisten. Sie dienten damals dem Schutz vor Kälte in großen Räumen, waren also reine Möbel für den häuslichen Gebrauch.

Mit dem Aufkommen des Seebädertourismus an der meist windigen See kam bei den Gästen aber der **Wunsch nach einem geschützten Sitzplatz im Freien** auf, und so wurde der Rostocker Hof-Korbmeister *Wilhelm Bartelmann* 1882 mit der Fertigung eines Strandstuhls beauftragt. Ein wohlhabender und rheumageplagter Badegast aus Warnemünde erteilte ihm diesen Auftrag für einen vor Sonne und Wind geschützten Aufenthalt am Strand. Es handelte sich um eine **einfache Korbkonstruktion.** Die heute bekannte Ausführung mit Klapp-Rückenlehne und ausziehbarem Fußteil gab es damals noch nicht, diese entstand erst um die Jahrhundertwende. So begann der Siegeszug des Strandkorbs an der Ostsee, bevor er dann auch Einzug in die norddeutschen Seebäder hielt. Bis heute gibt es einen Unterschied. Die Strandkörbe an der Ostsee haben ein abgerundetes Kopfteil, während die an der Nordsee ein kantiges aufweisen.

Überall gab es um die Jahrhundertwende schon Strandkörbe, auch auf Borkum. Aber etwas war anders, wie so vieles auf Borkum. Während in den 1890er-Jahren auf alten Postkarten fast ausschließlich Strandkörbe zu sehen sind, änderte sich das ab dem Jahr 1896 schlagartig. Die Borkumer Insulaner machten dem Strandkorb Konkurrenz und entwickelten für den steigenden Bedarf an geschützten Behausungen für den Strand eine Konstruktion aus wenigen Brettern und etwas Zeltplane. Die Gäste nahmen das Angebot dankend an, und bereits um die Jahrhundertwende waren die Strandkörbe fast verschwunden. Nun beherrschten über viele Jahre **bunte Strandzelte** die Borkumer Strände. Jeder Vermieter hatte sein eigenes Streifenmuster und die Zelte zierte eine individuell geformte bunte Spitze. So war jedes Zelt genau zuzuordnen und zu identifizieren.

Doch was war der Grund für den Siegeszug der Strandzelte? Der Hauptgrund war: Sie sind sehr **praktisch.** Gleich zwei bis drei Personen finden darin Platz, man kann sich dort umziehen – einfach ein Handtuch davorhängen und schon ist man vor Blicken geschützt. So konnte man die **Intimsphäre wahren,** ohne den Strand verlassen zu müssen. Doch es gab noch weitere Verwendungsmöglichkeiten: Durch ein aufgelegtes Brett entsteht in Windeseile ein **Tisch,** das Zelt hat **Haken,** um nasse Kleidung und Handtücher aufzuhängen, aber auch Taschen und Kleidung

☒ Strandkörbe im warmen Abendlicht

b_304 mna

vor dem Sand zu schützen. Außerdem lässt sich das Zelt bei drehendem Wind oder Sonne viel leichter ausrichten als ein schwerer Strandkorb, eine Person kann es im Fall eines nahenden Gewitters oder gar einer Sturmflut auch allein wegtragen. Gibt es einen einfachen Regenschauer, ist man komplett geschützt – vorausgesetzt natürlich, die Öffnung zeigt in die windabgewandte Seite. Und das Beste ist, dass Kinder die Strandzelte viel leichter erkennen können: Das **individuelle Streifenmuster** hilft dabei. Bei den Strandkörben ist das ungleich schwerer. Zum Strandzelt gehören auch immer **zwei Liegestühle,** man ist also sehr flexibel und mobil und auch Besuch kann kommen: Zwei Personen sitzen im Zelt, zwei auf den Liegestühlen.

Erst in den 1980er-Jahren wandelte sich die Vorliebe der Gäste wieder. Heute gibt es etwa so viele Strandkörbe wie -zelte. Aber farbenfroh sind beide und tauchen den Strand Jahr für Jahr in ein sommerlich **buntes Farbenmeer.** Die Strandzelte werden nach wie vor auf Borkum gefertigt. Eine Tischlerei baut sogar historische Badekarren, die sich auch im heimatlichen Garten beispielsweise mit einer Sauna ausstatten lassen. So kommt auf Wunsch auch ein wenig Urlaub mit nach Hause.

Reha auf Borkum

Die sieben Kurkliniken auf Borkum haben sich auf verschiedene Schwerpunkte spezialisiert, hauptsächlich auf **Erkrankungen der Haut,** der **Atemwege und Lungenkrankheiten** sowie **Krebsnachsorge, Depression** und **Burn-Out.** Das Kurangebot auf Borkum richtet sich an kleine und große Gäste. Rund 1000 Reha-Gäste finden gleichzeitig auf der Insel Platz. Das macht den Kurbetrieb zu einem wichtigen Wirtschaftsfaktor, vor allem für die Geschäftswelt, denn die Kliniken sind ganzjährig geöffnet, auch außerhalb der Saison im Spätherbst und im Winter.

Die Kliniken nutzen das Reizklima an der Nordsee und die malerische Umgebung zur Unterstützung der medizinischen Therapien. Bei vielen Behandlungen spielt der **Aufenthalt in der freien Natur** eine große Rolle, sowohl bei sportlichen Aktivitäten als auch in der Freizeit. Der Aufenthalt und die Bewegung an der frischen Seeluft sorgen für gute Durchblutung, sind gut zur Unterstützung des Herz-Kreislaufsystems und fördern einen tieferen Schlaf. Normalerweise dauert eine Reha drei bis vier Wochen, sie kann aber auch bei Bedarf verlängert werden. Diese Entscheidung fällt der behandelnde Arzt. Den Gästebeitrag, der auch von Reha-Patienten erhoben wird, bezahlt während eines Behandlungsaufenthaltes meist die Krankenkasse.

Rehaklinik der Knappschaft

b_241_mna

ECARF-zertifizierte Betriebe versuchen, die gesundheitlichen Anforderungen von Allergikern in besonderem Maße zu berücksichtigen. Ein entsprechendes Siegel kennzeichnet diese Betriebe, unter anderem Bäckereien, Fleischereien, Supermärkte, Restaurants und Unterkünfte.

Apotheken

- **Insel-Apotheke:** Georg-Schütte-Platz 4 (am Bahnhof), Tel. 04922 3500, www.insel-apotheke-borkum.de.
- **Neue Apotheke:** Neue Straße 35, Tel. 04922 9243436, www.neue-apotheke-borkum.de.
- **Nordsee-Apotheke:** Neue Straße 2 (beim Rathaus), Tel. 04922 818.

Allgemeinmedizinier

- **Meike Thomen:** Hindenburgstraße 4, Tel. 04922 93920. Fachärztin für Allgemein- und Rettungsmedizin, Kurärztin. Nicht barrierefrei, die Praxis befindet sich im Erdgeschoss.
- **Dres. Monika Harms, Helena Valatka, Meike Thomen:** Bismarckstraße 13, Tel. 04922 93030. Fachärztinnen für Allgemeinmedizin, Physikalische Therapie und Balneologie, Chirotherapie, Naturheilverfahren, Akupunktur sowie Notfallmedizin. Barrierefreier Eingang an der Seitentür, Besuch muss vorher angekündigt werden, damit geöffnet wird.

Zahnmedizin

- **Dr. Sonja Hey:** Gartenstraße 20, Tel. 04922 9329645.
- **Dr. Klaus-Peter Droste** und **Dr. Dr. Jens Hein:** Kirchstraße 42, Tel. 04922 9249837 und 9249842.

MVZ – Inselkrankenhaus Borkum

Im kleinsten Krankenhaus Deutschlands können sich Patienten wie in einer Arztpraxis ambulant behandeln lassen. Eine hausärztliche und eine internistische Arztpraxis ist in das Inselkrankenhaus integriert.

- **Gartenstraße 20,** Tel. 04922 930012. Das Krankenhaus ist barrierefrei.

Kurgast auf Borkum

→ Exkurs „Reha auf Borkum"

Reha-Kliniken

Auf Borkum gibt es **sieben verschiedene Reha-Kliniken** mit unterschiedlichen Behandlungsschwerpunkten. Um eine ambulante Kur genehmigt zu bekommen, sind folgende Schritte notwendig: Vor der Reha-Maßnahme muss diese bei der zuständigen Krankenkasse beantragt werden. Der Haus- oder Facharzt am Wohnort füllt diesen Antrag aus und gibt als **Wunschziel Borkum** an. Dieser Antrag muss dann bei der **Krankenkasse oder der Deutschen Rentenversicherung** eingereicht werden. Sollte die Kostenübernahme nicht genehmigt werden, kann Widerspruch eingelegt werden. Übernimmt die Krankenkasse oder die Rentenversicherung die Reha-Behandlung, trägt sie die Kosten für Anreise mit der Bahn, ärztliche Versorgung, Kurmittel, Anwendungen und in den meisten Fällen auch die Kosten für den Gästebeitrag. Die gesetzlich vorgeschriebenen Eigenanteile, die jeder tragen muss, werden in Rechnung gestellt.

b_085 mna

■ **Fachklinikum Borkum:** Jann-Berghaus-Straße 49, 26757 Borkum, Tel. 04922 708695 und 04922 708692, www.fachklinikum-borkum.de; Fachklinik für Erkrankungen der Haut und Atmungsorgane, allergische Erkrankungen und psychovegetative Erschöpfungszustände.

■ **Knappschafts-Klinik Borkum:** Boeddinghausstraße 25, 26757 Borkum, Tel. 04922 3010, www.knappschafts-klinik-borkum.de; Fachklinik für gynäkologische und internistische Erkrankungen, Erkrankungen der Atmungsorgane und der Haut sowie Behandlung von Allergien.

■ **Nordseeklinik Borkum:** Bubertstraße 4, 26757 Borkum, Tel. 04922 92101, www.nordseeklinik-borkum.de; Erkrankungen der Atmungsorgane, Behandlung von Allergien, psychosomatische Erkrankungen.

■ **Rehaklinik Borkum für Mutter-Vater-Kind:** Bubertstraße 5, 26757 Borkum, Tel. 04922 3060, www.kur.org; Fachklinik für psychische und psychosomatische Störungen, Burnout, Erkrankungen der Atmungsorgane und der Haut für Eltern und Kinder.

■ **Rehazentrum Borkum,** Klinik Borkum-Riff: Hindenburgstraße 126, 26757 Borkum, Tel. 04922 3020, www.klinik-borkum-riff.de; Fachklinik für Erkrankungen der Haut, der Atmungsorgane und Allergien.

■ **Fachklinik Helena am Meer:** Viktoriastraße 4–6, 26757 Borkum, Tel. 04922 9130, www.helena-am-meer-borkum.de; Fachklinik für erschöpfte Mütter mit psychosomatischen und psychovegetativen Erkrankungen und Erkrankungen der Atmungsorgane.

■ **Mutter-Kind-Fachklinik Sancta Maria:** Boeddinghausstraße 10, 26757 Borkum, Tel. 04922 92810, www.sancta-maria-borkum.de; psychosomatische und psychovegetative Erkrankungen sowie Erkrankungen der Atmungsorgane.

Physiotherapie

Borkum hat verschiedene Möglichkeiten für physiotherapeutische Behandlungen, entweder auf Rezept oder für Selbstzahler. Die größten sind hier aufgelistet.

Behandlungsorte

■ **Gezeitenland Borkum:** Goethestraße 27, Tel. 04922 933600, www.gezeitenland.de.

■ **Gesundheitszentrum Borkum:** Neue Straße 29, Tel. 04922 9232801, www.gesundheitszentrum-borkum.de.

☒ Zeit zur Muße als Gast auf Borkum

Thalasso – die Heilkraft aus dem Meer

Neben dem Angebot in den Kurkliniken und im Gezeitenland gibt es weitere Möglichkeiten, die Kraft aus dem Meer als natürliches Heilmittel zu nutzen. Der Name *Thalasso* leitet sich aus dem Altgriechischen Wort *Thalassa* ab und bedeutet **Meer.** Schon 3000 Jahre v. Chr. wurden in China zur Genesung Algen- und Meerwasserkuren angewandt. Ab 1500 v. Chr. behandelten die Ägypter Patienten mit **Badekuren,** und in der Antike von 800 v. Chr. bis 600 n. Chr. nutzten Griechen und Römer die **heilende Kraft des salzigen Meerwassers.** Auch der Schweizer Arzt *Paracelsus* (1493–1541) erzielte beachtliche Erfolge mit seinen Wassertherapien, und 1750 behandelte der englische Arzt *Richard Russell* (1687–1759) mit Meerwasser erfolgreich Hauterkrankungen. Aber erst mehr als 100 Jahre später, im Jahr 1867, prägte der französische Arzt *Joseph La Bonnardière* erstmals den Begriff **Thalasso-Therapie** in seiner Doktorarbeit.

Hauptanwendungsbereiche sind **Atemwegserkrankungen, Hautkrankheiten** und **Herz-Kreislauf-Probleme.** Die Behandlungstherapie erfolgt mit kaltem oder warmem Meerwasser, Meerluft, Sonnenlicht, Algen- und Schlickpakkungen oder Sand-Peelings. Die Thalasso-Therapie ist eine **ganzheitliche Methode,** die aus der Klimatherapie, Badekuren, Physiotherapie, medizinischen Anwendungen und psychologischen Elementen besteht, die individuell nach Bedarf zusammengestellt werden. Entscheidend für den Erfolg einer Behandlung ist die **Dauer.** Ein anhaltender Effekt entsteht erst nach sieben bis neun Tagen.

Wichtiges Element ist der Aufenthalt an der frischen Seeluft, mindestens **drei bis fünf Stunden** sollten es täglich sein und die Dosis sollte mit jedem Tag gesteigert werden. Wenn dabei die Nase läuft, ist das sogar richtig gut, denn die Nasenschleimhaut wird dadurch gereinigt.

Bei der **Thalasso-Klimatherapie** geht es um die gezielte **Abhärtung** durch Luft-, See- und Sonnenbäder. Sie lässt sich in jedem Alter anwenden, allerdings darf man nicht herzkrank sein. Die Aufenthalte in der Brandungszone des Meeres werden nach und nach gesteigert. Man beginnt mit kurzen Spaziergängen, später folgen Wanderungen und **Luftbäder.** Bei den Luftbädern gilt es, pro Tag auf ein Kleidungsstück zu verzichten und sich so abzuhärten. Denn bei vielen Menschen fehlen regelmäßige Kältereize, das macht sie anfälliger für Infektionen. Im Winter dürfen allerdings Schuhe, Mütze und Handschuhe anbehalten werden. Durch den Wechsel von Frieren und Bewegung lernt der Körper wieder, die Kältereize auszuhalten. Die Dauer der jeweiligen Anwendung hängt von der individuellen Konstitution ab. Zum Beispiel lässt man am ersten Tag beim Strandspaziergang die Jacke für einige Zeit weg. Wenn man sich entkleidet,

> Thalasso-Therapie mit den Füßen im Meer

fängt man an zu frieren und bewegt sich dann, um sich warm zu halten. Irgendwann kommt das **zweite Frieren** – das äußert sich bei jedem unterschiedlich. Das zweite Frieren ist in der Klimatherapie das Wichtigste. Man erkennt das an Symptomen wie blaue Lippen, weiße Finger, steife Gelenke, Muskelzittern oder Zähneklappern. Es ist das Zeichen, dass der Körper es nicht allein schafft, sich warm und die Körperkerntemperatur aufrechtzuerhalten. Erst beim zweiten Frieren darf man bei der Klimatherapie seine Jacke wieder anziehen. Man muss also seine **Komfortzone verlassen,** um sein Immunsystem zu stärken. Die Klimatherapie setzt bewusst darauf, dass wieder **mehr Körperbewusstsein entwickelt wird.** Am zweiten Tag lässt man dann Jacke und Hose weg, am dritten Tag nimmt man ohne Jacke und Hose ein Fußbad im Meer, am vierten Tag ein Beinebad und am fünften Tag taucht man komplett ins Meerwasser ein – die Schnappatmung dabei ist ganz normal. Hält man 40 Sekunden aus, bauen sich **Endorphine** auf und Glücksgefühle stellen sich ein. Die Kältereize sorgen für eine **Stärkung des Immunsystems,** das Herz-Kreislauf-System und der Stoffwechsel werden angeregt und der Körper verbrennt mehr Fett. Wer also auch im Winter leicht bekleidete Menschen am Strand oder beim Baden im Meer sieht, beobachtet mit relativ großer Sicherheit die **Teilnehmer einer Thalasso-Klimatherapie.** Wer selbst einmal die wohltuende Wirkung des Meeres unter kundiger Anleitung ausprobieren möchte, wendet sich am besten an die Experten im **Gezeitenland.** Sie beraten die Gäste gern dabei, individuelle Anwendungen zu finden.

b_244 mna

b_158 mna

Thalassotherapie

Diese den Stoffwechsel und die Durchblutung anregende Therapieform wird nicht nur als Rehamaßnahme bei bereits bestehenden Erkrankungen eingesetzt, sondern ist auch als **Prophylaxe** empfehlenswert, um die allgemeinen Abwehrkräfte zu stärken. Da die Therapie auf der Nutzung heilender Elemente des Meerwassers und der Algen basiert, eignet sich Borkum hervorragend für eine erfolgreiche Behandlung. Thalassotherapeutische Maßnahmen werden im **Gezeitenland Borkum** angeboten (Adresse s. u.). Zum Thema Thalassotherapie → Exkurs „Thalasso – die Heilkraft aus dem Meer", S. 110).

Wassergymnastik für Kurgäste im Gezeitenland; dort werden regelmäßig Kurse angeboten

Mit Haustier unterwegs

Auf den Fähren dürfen sich Hunde überall aufhalten, ausgenommen ist der Gastronomiebereich. Auch in der Borkumer Kleinbahn sind Vierbeiner erlaubt. In welchen Unterkünften Hunde willkommen sind, lässt sich dem **Gastgeberverzeichnis** entnehmen, wo ein entsprechendes Symbol darauf hinweist. Auch die Quartiersuche auf www.borkum.de macht eine Suche nach Unterkünften für Gäste möglich, die ihren Hund mit auf die Insel nehmen möchten. Auf der Insel herrscht **Leinenpflicht.** Es gibt Ferienwohnungen und Einrichtungen wie Restaurants und Geschäfte, in denen Vierbeiner nicht gestattet sind. Darauf wird in der Regel hingewiesen. Borkum versteht sich als Familieninsel, deshalb sind auch Hunde willkommen. Aber man sollte sich an die Regeln halten (Leinenpflicht) und die Hinterlassenschaften eintüten und entsorgen.

Einschränkungen

Nicht mitkommen dürfen Hunde in das **Meerwasserschwimmbad Gezeitenland,** auf **Schulhöfe, Spiel- und Bolzplätze** sowie an die **Badestrände** – ausgenommen die Hundestrände natürlich. Auch einige Restaurants und Zonen mit dem ECARF-Siegel, das besonders allergikerfreundliche Flächen ausweist, erlauben Hunden keinen Zutritt.

Die Nordseeinseln stellen für **Zugvögel** eine riesige „Energietankstelle" auf ihren Zugrouten dar. Auf ihrem Durchzug rasten sie nur wenige Tage oder Wochen, in denen sie sich in kurzer Zeit Fettpolster für den Weiterflug anfuttern müssen. Störungen durch nicht angeleinte Hunde sind für Vögel bedrohlich. Während der Brutzeit besteht zusätzlich die Gefahr, dass der flüchtende Vogel sein Nest verlässt und Nesträuber die Eier fressen oder das Gelege auskühlt. Deshalb müssen auch in der Ruhe- und Schutzzone des Nationalparks Niedersächsisches Wattenmeer **Hunde stets angeleint** bleiben.

Hundestrände und Freilaufflächen

Es gibt **drei ausgewiesene Hundestrände:** im Norden der Insel zwischen Jugendbad und FKK-Strand, vor den Nordbad-Toiletten in Trampolinnähe und am Südbad auf Höhe des Feuchtbiotops Greune Stee. **Frei laufen** dürfen die Hunde aber ausschließlich **auf dem Gelände westlich des FKK-Strandes.** Bis zum Dünenübergang des Wanderwegs ins Ostland entfällt die sonst grundsätzliche Leinenpflicht, die auf der gesamten Insel gilt.

Hundekot bitte entsorgen!

Es wird ausdrücklich darum gebeten, dass die **Hinterlassenschaften** der Vierbeiner umgehend vom Besitzer **entfernt werden.** Bei Nichtbeachtung können **Verwarngelder** festgelegt werden. Überall auf der Insel, im Rathaus und in der Tourist-Information sind Spender mit **Hundekotbeuteln** zu finden.

Tierärzte

Auf Borkum gibt es **drei tierärztliche Anlaufstellen** sowie ein **Tierheim.** Letzteres nimmt, sofern Platz da ist, bei Bedarf auch den Hund in Pflege, z. B. während eines Kuraufenthaltes.

- **Dr. med. vet. Petra Koblischke** und **Anne-Marie Fürstenau,** Olde Melkstee 21, Tel. 0170 3478376, www.tierarztpraxis-borkum.de.
- **Dr. Ludwig Solaro,** Tel. 04932 82218 oder 990238. Norderneyer Tierarzt, der regelmäßig auch auf Borkum vorbeischaut.
- **Dr. med. vet. Hans Fritzsche,** Tel. 0173 2657415 (ein- bis zweimal im Monat auf Borkum, Termine auf Absprache, keine Behandlung im Tierheim).
- **Tierheim Borkum:** Upholmstraße 80, Tel. 04922 990084, www.tierheim-borkum.de

Ausgewiesener Hundestrand am Nordbad

b_305 mna

Information

- **PLZ:** 26757 (plus mehrere Postfach-PLZ)
- **Vorwahl:** (+49) 04922
- **Tourist-Information:** Georg-Schütte-Platz 5 (gegenüber vom Bahnhof), Tel. 04922 9330, www.borkum.de
- **Internet:** www.borkum.de, www.borkuminfo.de
- **Fundbüro:** Bürgerbüro Stadt Borkum, direkt neben dem Rathaus, Neue Straße 3, Tel. 04922 3030.

Gezeitenkalender

Im Sommer werden die Gezeiten tagesaktuell jeweils an den Badestränden ausgewiesen. Ein Gezeitenkalender wird auch auf www.borkum.de und auf der Webseite des Bundesamts für Schifffahrt und Hydrografie unter www.bsh.de veröffentlicht.

Wetterbericht

Während der Saison wird der aktuelle Wetterbericht in den Informationskästen und in der Tourist-Information ausgehängt. Darüber hinaus ist er auf der Webseite www.borkum.de zu finden. Nützlich sind auch die Internetseiten www.windfinder.de und www.buienradar.nl.

Borkum aktuell

Das **Inselmagazin** erscheint monatlich und ist in der Tourist-Information erhältlich oder als PDF zum Download auf www.borkum-aktuell.de.

Burkana

Das exzellent aufgemachte **Inselmagazin** mit einer Auflage von 8500 Exemplaren erscheint sechsmal jährlich, Herausgeber ist der BurkanaVerlag. Berichtet wird über aktuelle Themen rund um die Insel. Die jeweilige Ausgabe liegt kostenlos an zahlreichen Stellen auf Borkum aus. www.burkana-verlag.de.

Mien Börkum

Außerdem: Kostenloses, jährlich im BurkanaVerlag erscheinendes Magazin zu den Themen Essen und Trinken, Einkaufsmöglichkeiten, Freizeitaktivitäten und Wellnessangebote sowie Neuigkeiten über Borkums Geschäftswelt, www.mien-boerkum.de.

Tageszeitung

Die **Borkumer Zeitung** erscheint viermal wöchentlich (Mo, Di, Do, Fr). Den überregionalen Teil mit Neuigkeiten aus dem Landkreis Leer und Ostfriesland bezieht sie von der ZGO Zeitungsgruppe Ostfriesland GmbH, der Lokalteil wird selbst erstellt. (www.borkumer-zeitung.de).

b_294 jz

Die kostenlose wöchentliche Inselzeitung „Borkumerleben" lässt sich auf der Website www.borkum-erleben.de abrufen und liegt teilweise auch in Papierform aus.

Ditjes un' Datjes

Das kleinformatige Heft wird vom Borkumer Werbe-Service herausgegeben und finanziert sich über Anzeigen. Es erscheint jährlich und ist mit **vielen interessanten Beiträgen zur Inselgeschichte** versehen. Es liegt kostenlos in vielen Einrichtungen aus, dafür wird um eine Spende an die DGzRS gebeten. www.ditjes-un-datjes.de.

Inselradio Borkum

Das Inselradio „Irabo" sendet **Musikalisches und Unterhaltsames** über das Internet unter www.irabo.de. Es ist ein ehrenamtliches Projekt und sendet fast rund um die Uhr ein buntes Programm mit Musik aus den letzten Jahrzehnten bis heute. Das Motto lautet „frische Hits und was man gerne hört".

Mosaik des Borkumer Wappens

Newsletter

Über **www.borkum.de** lässt sich ein Newsletter abonnieren, den Zeitraum kann der Abonnent selbst bestimmen. Auf diesem Weg kommen aktuelle Informationen und Angebote in den elektronischen Briefkasten. Informationen über Aktuelles sind unter willkommen.borkum.de erhältlich, einer Mischung aus responsiver Website und App. Damit erhält man auch die Informationen, die auf den an etlichen Punkten auf Borkum errichteten Informationsstelen stehen, direkt aufs Smartphone.

Mit Kindern unterwegs

→ Hinweise zur Benutzung/Kinder-Tipp

Strandaktivitäten

Bei schönem Wetter ist es draußen am Strand natürlich am schönsten, dort gibt es für Kinder und Jugendliche besonders während der Ferien ein **abwechslungsreiches Unterhaltungsprogramm:** Von Sandburgen bauen, im Meer planschen, auf Spielplätzen toben, Trampolin springen, Minigolf spielen oder Sportveranstaltungen und Animationsprogrammen ist alles dabei. In den Sommermonaten werden Laternenumzüge, Puppenspiele und -theater, Rollerrennen und andere Veranstaltungen angeboten. Langeweile für die Kleinen und Größeren gibt es auf Borkum definitiv nicht. Es gibt bei der Tourist-Information einen eigenen kleinen Prospekt, am besten schaut man aber auf die tagesaktuellen Termine im Veranstaltungskalender auf www.borkum.de.

Spielinsel

Wenn das Wetter einmal schlecht sein sollte, gibt es die Spielinsel in der Nähe des Gezeitenlandes als gute Alternative. **Kinder bis sieben Jahre** dürfen **in Begleitung eines Elternteils** gegen Vorlage der Gästekarte das reichhaltige Angebot nutzen, **ab acht Jahren** dürfen die Kinder **auch alleine** dort spielen, zum Beispiel, wenn die Eltern eine Veranstaltung in der benachbarten Kulturinsel besuchen wollen. In verschiedenen Räumen gibt es für Kinder jeden Alters ein buntes Angebot zum **Toben, Basteln und Spielen.** Die Kleinen können rutschen, ein Bällebad, eine Bobbycar-Rampe und einen Krabbeltunnel nutzen, die Größeren Air-Hockey, Minigolf, einen Billardtisch und Tischtennisplatten. Für viel Bewegungsmöglichkeiten sorgt auch der Kletterraum mit Sprossenwand und Rollrutsche, einem Hangelpfad mit Kletterseilen und Schaukel-Boje sowie verschiedenen Kletterzonen. Eine große Auswahl an Brettspielen und Bastelmöglichkeiten rundet das Angebot ab. Zu den Hauptferienzeiten gibt es **kostenpflichtige Kurse,** zum Beispiel das Bemalen von Keramikkacheln oder das Bauen von Schatzkästen. Sollte es einmal notwendig sein, so vermittelt die Spielinsel auch **Kontakt zu Babysittern.**

■ **Spielinsel:** Westerstraße 35, Tel. 04922 933730, www.borkum.de (bei schlechtem Wetter auch sonntags geöffnet)

Gezeitenland

Eine weitere Alternative für schlechtes Wetter bietet das Gezeitenland mit einem **Planschbecken,** einem **großen Außen- und Innenbecken** und einer riesigen **Wasserrutsche.** Für Kinder ab fünf Jahren werden **Schwimmkurse** angeboten. Allein ins Wasser dürfen die Kleinen nur mit Seepferdchen-Abzeichen. Für Größere gibt es die **Indoor-Surfanlage Flowrider.** Über das Gezeitenland lässt sich auch der Indoor-Soccer-Platz mit Handballtoren in der Tennishalle buchen.

■ **Gezeitenland:** Goethestraße 27, Tel. 04922 933600, www.gezeitenland.de

b_298 mna

Fußballcamp mit Ex-Profi

Jedes Jahr in den Sommerferien veranstaltet der Ex-Fußballprofi *Ingo Anderbrügge* mit seinem Team auf Borkum ein **Fußballcamp,** bei dem Kinder von fünf bis 15 Jahren in drei verschiedenen Altersgruppen trainieren können. An fünf Tagen gibt es **zweistündige Trainingseinheiten.** In der Teilnahmegebühr zusätzlich enthalten sind Trikot und Ball, eine Trinkflasche, gemeinsame Aktionen im Gezeitenland, Strandspiele und eine Stadtrallye. Zum Schluss bekommt jedes Kind eine Urkunde als Teilnahmebestätigung.

- **Fußball-Camp:** Reedestraße 73, Tel. 04922 9239025, www.borkum-sport.de

Laufwettbewerbe für Kinder und Jugendliche

Im Spätsommer findet jedes Jahr der sogenannte **Piratenlauf für Kinder** statt, Jugendliche können am **Jugendlauf** teilnehmen. Alle Teilnehmer erhalten ein T-Shirt und eine Medaille. Eine Anmeldung für diese Veranstaltung ist Voraussetzung für die Teilnahme: www.borkumer-meilenlauf.de.

Tennis

Vor 100 Jahren spielte man bei Ebbe noch auf dem harten Sand am Strand Tennis, aber heute gibt es eine **Tennisanlage mit vier Außen- und zwei Hallenplätzen.** Schläger und Bälle können im gegenüberliegenden Gezeitenland ausgeliehen werden. Während der Ferien kann man Unterricht bei ausgebildeten Tennistrainern nehmen und Tennis einmal ausprobieren.

- **Tennis:** Bismarckstraße 31, Olav Baumgart, Tel. 0160 5955534

Strandanimation

Von Juni bis Oktober sorgen von Sonntag bis Freitag Animateure nachmittags ab 14.30 Uhr an den DLRG-Stationen im Nord- und Südbad für Strandanimation vom Feinsten. Auch **Balancieren auf der Slackline** wird angeboten. In den Windermonaten ist der Treffpunkt am Gezeitenland.

Kletterpark

Ein besonderes Highlight ist der Kletterspaß mit Meerblick, der sich im **Nordseekletterpark Borkum** neben der Kulturinsel erleben lässt. Es gibt Parcours, auf denen sich Mut und Geschicklichkeit erproben lassen. Angst muss dabei niemand haben, denn es wird auf die doppelte Sicherung geachtet. Und die Klet-

☒ Schwimmbad Gezeitenland

terprofis zeigen vorher ganz genau, wie man das macht. Der Kletterpark verleiht auch Longboards, einfach nachfragen.

■ **Nordseekletterpark:** neben der Kulturinse in der Von-Frese-Straße, Tel. 04922 9234077, www.nordseekletterpark.de.

Nordsee-Aquarium

Neben den Themenaquarien, die die Tier- und Pflanzenwelt rund um Borkum zeigen, finden regelmäßige Fütterungen statt.

■ **Nordsee-Aquarium:** Von-Frese-Straße 46, Tel. 04922 933744, www.nordsee-aquarium.de

Spielplätze

Acht verschiedene Spielplätze gibt es auf Borkum, die an den Stränden machen natürlich nur während der Saison so richtig Spaß. Hier gibt es Schaukeln, Klettergerüste und noch mehr. Öffentliche Kinderspielplätze sind in der **Deichstraße** auf der Höhe der Von-Frese-Straße, in der **Moormerlander Straße,** in der **Wilhelm-Feldhoff-Straße** sowie in den **Dünen der Kibitzdelle.**

⊡ Kinder mit Fernblick Richtung Meer

b_098 mna

Klima und Reisezeit

→ Welche Reisezeit ist die Beste?
→ Die Nordsee/Wind und Wetter

Kommunikation unterwegs

Mobilfunkempfang

Während der Fährüberfahrt und an den Inselenden ist der Mobilfunkempfang nicht immer gewährleistet und **abhängig vom Mobilfunkanbieter.** Da sich Borkum ganz im Westen und bereits vor der niederländischen Küste befindet, kann es sein, dass sich das Telefon ins niederländische Mobilfunknetz einwählt. Die meisten Unterkünfte wie Ferienwohnungen und Hotels bieten WLAN an, manchmal wird dafür ein Aufpreis berechnet. In den meisten **Ferienwohnungen** steht kostenfreies Internet zur Verfügung.

WLAN-Verfügbarkeit

Die Gemeinde stellt für Inselgäste an verschiedenen Orten über WLAN kostenlos einen Zugang ins Internet zur Verfügung.

LGBT+

Auf Borkum ist der Umgang mit homo- und bisexuellen Menschen wie in ganz Norddeutschland **relativ entspannt.** Speziell für diese Zielgruppe ausgelegte Veranstaltungen gibt es auf der Insel jedoch nicht.

Notfälle

- **DGzRS – Deutsche Gesellschaft zur Rettung Schiffbrüchiger:** Station Borkum, Schutzhafen Brücke II, Seenotrettungskreuzer „Hamburg"; Seenotleitung Bremen – Bremen Rescue: Werderstraße 2, 28199 Bremen, Tel. 0421 553687-0, UKW-Kanal 16, Notfallnummer 124124.

- **DRK – Deutsches Rotes Kreuz:** Barbaraweg 17, Aiko Conrads, Tel. 04922 3940.
- **Notruf ärztlicher Bereitschaftsdienst:** 116117 (bundeseinheitliche Rufnummer)
- **Notruf Polizei:** 110; Polizei-Dienststelle Borkum, Strandstraße 11, Tel. 04922 91860.
- **Notruf Feuerwehr:** 112

Öffnungszeiten

Die Öffnungszeiten der Geschäfte der Stadt Borkum sind **stark saisonabhängig.** In der Übergangszeit im Frühjahr und Herbst sind die Zeiten am ehesten mit denen von Klein- und Mittelstädten zu vergleichen, meist mit einer Mittagspause. In der **Hochsaison** sind fast alle Läden **durchgehend geöffnet,** oft bis in den Abend hinein. Auch am Sonntag sind dann viele Geschäfte offen. Im Winter von November bis Ende Februar haben mit Ausnahme der Weihnachtstage zahlreiche Geschäfte Betriebsferien. Einige Läden schließen gleich für mehrere Wochen, andere öffnen nur sporadisch. Lediglich die Versorgung mit Lebensmitteln in den Supermärkten ist wie am Festland das ganze Jahr über gewährleistet.

Post

- **Deutsche Post:** Filiale im **City-Center,** Wilhelm-Bakker-Str. 14, Mo–Fr 9–18, Sa 9–13 Uhr.

Rauchen

Gesetze und Regeln

Auf Borkum gilt das **Nichtraucherschutzgesetz Niedersachsens.** In allen öffentlichen Einrichtungen ist das Rauchen generell **verboten.** Dies gilt auch für Restaurants und Kneipen, in denen gegessen werden kann. Eine Ausnahme besteht für separate

Raucherräume. Darüber hinaus gibt es reine Raucherkneipen, die am Eingang als solche ausgewiesen sein müssen und zu denen Personen unter 18 Jahren keinen Zutritt haben.

Für das Rauchen im Freien gilt: Raucher dürfen ihre **Kippen nicht auf der Straße und am Strand wegwerfen.** Da die Kippen sehr viele Giftstoffe enthalten, ist das auch sinnvoll, denn sonst gelangen diese in die Umwelt.

Reisegepäck und Ausrüstung

→ Nordsee/Wind und Wetter/Passende Kleidung

Sonnenschutz

Die Sonnenstrahlung ist auf der Insel intensiver, weil das Licht vom Wasser reflektiert und dadurch verstärkt wird. Deshalb sind ganzjährig eine Sonnencreme mit hohem UV-Schutz und eine Kopfbedeckung auch bei bedecktem Himmel empfehlenswert.

→ Nordsee/Licht und Schatten

Sicherheit

→ Die Nordsee/Gefahren beim Baden

Auch wenn die zahlreichen Inselkrimis anderes vermuten lassen, ist es auf den Ostfriesischen Inseln tatsächlich **relativ sicher.** Es gibt selten Gewalttaten, noch seltener Einbruchdelikte und Diebstahl. Auf den Campingplätzen sind die Nachbarn nicht nur hilfsbereit, sondern passen in der Regel auch gut aufeinander auf. Trotzdem sollte darauf geachtet werden, dass die Geldbörse nicht unbewacht am Strand verbleibt, während man sich im kühlen Nass an einem erfrischenden Bad erfreut.

Ein **Hinweis** für **Fußgänger** und **Radfahrer** ist ebenfalls wichtig: Die Bahnübergänge der Borkumer Kleinbahn dürfen nicht überschritten werden, so lange das rote Lichtzeichen leuchtet. Zuwiderhandlungen bedeuten in der Regel ein Bußgeld von 350 € und Punkte in Flensburg.

Notfall-Orientierungs-System

Borkum ist zu zwei Dritteln unbewohnt und von manchen Stellen aus ist es weit bis zur nächsten Möglichkeit, um Hilfe zu bitten oder es ist schwierig zu wissen, wo man sich exakt befindet.

b_223 nf

Wenn im Notfall jede Sekunde zählt, kann das den Tod bedeuten. Die Borkum-Stiftung hat sich diesem Problem angenommen und eine kluge Lösung dafür ersonnen.

An markanten Wegpunkten auf Spazier- und Fahrradwegen, am Strand und in den Dünen wurden rund 150 Plaketten mit einer Nummer und der Rufnummer 112 angebracht. Damit man die Punkte im Notfall auch am Strand schon von Weitem sieht, hängen sie an leuchtend blauen, dicken hohen Säulen. Diese Punkte sind alle genau vermessen, kartografisch erfasst und über die Nummer des SOS-Punktes können die Rettungskräfte den Standort genau orten und sofort handeln.

Blauer Pfahl des Notfall-Orientierungs-Systems

Das Notfall-Orientierungs-System – kurz NOS – ist ein Projekt der Borkum-Stiftung, das aus Spendengeldern finanziert wurde. So entsteht für Borkumerinnen und Borkumer, aber auch für die Gäste mehr Sicherheit im Notfall. In Zeiten, in denen fast jeder mit einem Handy ausgestattet ist, ist das ein echter Pluspunkt für die Insel. Wer sich über weitere Projekte informieren, in der Borkum-Stiftung engagieren oder diese mit einer Spende unterstützen möchte, erfährt mehr unter www.borkum-stiftung.de.

Sport und Aktivitäten

Die beliebtesten Aktivitäten auf Borkum finden sich im Anschluss, danach folgt eine Sortierung A–Z:

Ausflüge und Führungen

Große Vielfalt

Fast alle Termine werden im **Veranstaltungskalender** auf www.borkum.de und im **Inselmagazin** „Borkum aktuell" veröffentlicht. Auf der Webseite der Tourist-Information lässt sich auch nach Veranstaltungsarten suchen. Besonders zur Hauptsaison wird eine Vielzahl unterschiedlicher Veranstaltungen angeboten von Wattwanderungen, Konzerten und Führungen bis hin zu sportlichen Aktivitäten. Für **gehörlose Gäste** bietet die Tourist-Information auf Anfrage eine **eigene Führung in Gebärdensprache** an. Hilfreich ist auch die Website willkommen.borkum.de mit jeder Menge aktueller Tipps und Veranstaltungen.

- **Führung durch das Heimatmuseum Dykhus:** Jeden Montag um 15 Uhr, für die 1,5-stündige Führung muss man sich vorher anmelden und die Karten vorher während der Öffnungszeiten Di–So von 10–17 Uhr im Museum abholen (Erw. 10 €/Kinder von 8–15 J. 4 €), www.heimatverein-borkum.de.
- **Teestunde im Toornhus:** Jeden Mittwoch um 14.30 Uhr veranstaltet der Heimatverein eine ostfriesische Teezeremonie im Toornhus am Fuße des alten Leuchtturms. Karten dafür gibt es in 8 **Tanjas Teeladen (Karte S. 84),** Franz-Habich-Straße 23 (15 €), www.heimatverein-borkum.de.
- Besonders im Sommer bietet die Borkumer Kleinbahn ein buntes Ausflugsprogramm mit Bahn, Schiff und Bus, z. B. einen **Ausflug ins niederländische Groningen** an (Erw. 29,90 €/Kinder 4–11 J. 10 €). Die Borkumer Kleinbahn organisiert auch **Ausflüge nach Emden.** Im Preis enthalten ist die Fahrt mit dem Schiff, das Museumsticket Emden für den Eintritt in die Kunsthalle Emden und das Ost-

friesische Landesmuseum im Emder Rathaus sowie eine Rundfahrt durch den Emder Binnenhafen mit einem Motorboot der AG Ems (pro Person 39 €). Startpunkt ist immer der Bahnhof im Ort. Ein Erlebnis ist auch eine **Inselrundfahrt mit der Ausflugsbahn Moritz,** die sogenannte *Toornkieker-Tour* (Erw. 17 €/Kinder bis 11 J. 8,50 €). Informationen und Preise unter www.borkumer-kleinbahn.de, Am Georg-Schütte-Platz 8, Tel. 04922 3090.

- Wer lieber mit der **Kutsche** unterwegs ist, schaut sich das Angebot von *Ommo Akkermann* oder *Werner Testo* an. Sie machen von März bis Ende Oktober 2,5-stündige **Rundfahrten bis ins Ostland** und, wenn dies möglich ist, eine einstündige **Fahrt zu den Seehundbänken.** *Ommo Akkermann,* Tel. 0172 9463749, www.ommo-borkum.de, und *Werner Testo,* Tel. 04922 3385 und 0151 19513852 (Erw. ab 15 €/Kinder ab 7,50 €).
- Eineinhalbstündige **Stadtführungen** „Stadtloopke" führt *Maximilian Rau* durch. Die Tickets können in der Tourist-Information am Georg-Schütte-Platz 5 gebucht werden (Erw. 10 €/Kinder unter 14 kostenfrei). Termine unter www.stadtloopke-borkum.de.
- **Hop-on/Hop-off:** Mit den Bussen der AG Ems lassen sich nach festem Fahrplan variable Fahrten mit dem Bus unternehmen. Während der Fahrt wird Wissenswertes über die Insel und die Sehenswürdigkeiten Borkums vermittelt. Aussteigen an den verschiedenen Haltepunkten ist möglich, weiterfahren kann man

b_295 mna

mit dem nächsten Hop-on/Hop-off-Bus. Bollerwagen, Strandkarren und Fahrräder dürfen leider nicht mit.(Erw. ab 12. J. 14,50 €, Kinder 4–11 J. 9,50).

■ **Tipp:** In der Tourist-Information bekommt man die Broschüre „Erlebnisrouten" abholen, die zu Touren zu Fuß oder mit dem Fahrrad einlädt. Wer alle neun Touren gemacht hat, sollte schon einmal einen recht guten Eindruck von Borkum erhalten haben. Die Touren sind auch online auf www.borkum.de erhältlich.

Fahrradfahren

120 km Radwege

Die Insel Borkum ist nahezu ein **Paradies für Radfahrer,** neben den Hauptstraßen außerhalb der Ortschaft gibt es fast immer einen zusätzlichen Radweg. **120 Kilometer Radwege** stehen dem Inselgast zur Verfügung. Innerorts ist der Platz für Fahrradfahrer begrenzt. Beim Abstellen der Fahrräder sollte darauf geachtet werden, dass Rettungswege zum Strand jederzeit zugänglich bleiben. Gegenseitige Rücksichtnahme sollte selbstverständlich sein. Auch auf Borkum gilt die **Straßenverkehrsordnung.** Besonders ist darauf zu achten, nicht in Fußgängerzonen zu radeln. Die Polizei kontrolliert sehr gründlich, auch in der Nebensaison. Bei Zuwiderhandlungen drohen ein Verwarngeld von 35 Euro.

Fahrräder vor Ort

Wenn nicht das eigene Fahrrad per Fähre mit auf die Insel gebracht wurde, stehen **eine Menge Fahrradverleihgeschäfte** zur Auswahl, oft liegen sie etwas versteckt. Die meisten Anbieter haben auch **E-Bikes** im Programm, eine großartige Hilfe bei Gegenwind. Kinderanhänger, Bollerwagen, Tandems oder Kettcars – fast alles lässt sich kostenpflichtig ausleihen. Aus Gründen der Übersichtlichkeit, hier nur eine Auswahl:

Fahrradverleih (Lage → Karte S. 84)

22 Fahrrad Tente: Wilhelm-Bakker-Straße 9, Tel. 04922 932757, www.fahrrad-tente.de. Zusätzlich zum Fahrradgeschäft bietet Fahrrad Tente auch Rollatoren, Rollstühle und Elektro-Scooter an.

2 Fahrradverleih van Raden: Engel'se Pad, Tel. 04922 924040, www.fahrradverleih-vanraden.de, Fahrräder direkt am Minigolf-Platz.

☐ Kutschfahrt am Strand

b_376 mna

1 Zweiradladen Borkum: Kaapstraße 1, Tel. 04922 7353 und 0171 2793733, www.borkum-zweirad.de.

7 Fahrradverleih am Inselbahnhof: Am Georg-Schütte-Platz 8, Tel. 04922 3093322, www.borkumer-kleinbahn.de/fahrradverleih.

12 Schumacher Fahrradverleih: Fauermannspad 5, Tel. 04922 7544.

26 Ricardo's Fahrradverleih: Blumenstraße 3, Tel. 04922 1407, www.fahrraeder-borkum.de.

27 Fahrradverleih Rückenwind: Deichstraße 20, Tel. 04922 3977, www.bepo-borkum.de.

28 Fahrradverleih „Roberto Blanko" Borkum: Randzelstraße 6.

29 Fahrradverleih M. & H. Kneffel: Deichstraße 39 / Süderreihe 38, Tel. 04922 1435, www.kneffel-borkum.de.

31 Fahrradverleih Dynamo: Deichstraße 66, Tel. 04922 9248714, www.borkum-dynamo.de.

32 Fahrradverleih Oelke: Jakob-van-Dyken-Weg 23, Tel. 04922 597, oelke-borkum.de.

24 E-Bike-Verleih Los Amigos: Süderstraße 30, Tel. 0170 7718625.

Radfahrer auf der Bürgermeister-Kieviet-Promenade

Gezeitenland

Wellness, Sport und Badespaß – alles mit Meerblick

Den Angeboten des Meerwasserschwimmbads Gezeitenland sollte besondere Beachtung geschenkt werden – sie sind in dieser Kombination einzigartig. Hier bekommt jeder Gast **Badespaß** und **Saunagenuss mit Meerblick.**

Man kann in einer vielfältigen Saunalandschaft in aller Ruhe testen, welche verschiedenen Temperaturen individuell am besten vertragen werden. In der **Wellness-Oase** wartet ein breites Spektrum von Bädern, Massagen, Schlammpackungen und Thalasso-Anwendungen wie Algenpackungen, Meerwasserbäder oder Meersalz-Peelings. Wer sich entspannen möchte, findet ebenfalls verschiedene Möglichkeiten – von Einzelbädern bis hin zu Klangliegen ist alles dabei.

Die **Badelandschaft** im Gezeitenland umfasst ein Planschbecken, ein großes Außen- und Innenbecken sowie eine riesige Wasserrutsche. Für Kinder ab fünf Jahren werden **Schwimmkurse** angeboten. Allein ins Wasser dürfen die Kleinen allerdings nur mit einem Seepferdchen-Abzeichen. Für Größere gibt es die **Indoor-Surfanlage Flowrider,** die Jugendlichen garantiert viel Spaß verschafft.

Auch das **Sportangebot** im Gezeitenland ist vielseitig. Sportbegeisterte finden auf einer Fläche von 250 m^2 moderne Trainingsgeräte zum Laufen, Fahrradfahren, Rudern, einen Ellipsentrainer und einen Gerätepark mit Freihantelbereich, Gymnastik und Stretching-Zonen. Ebenso werden unterschiedliche Kurse angeboten, zu hüpfenden Menschen in bunter Sportbekleidung weht dann die Musik durch den Kurpark.

UNSER TIPP: Wellness für die Füße bietet der „erspürenswerte" **Fußreflexzonen-Parcours,** der um die markante Rundsauna führt. Er lässt sich barfuß oder in Socken begehen. Mit jedem Segment verändert sich die Reizintensität, um eine nachhaltige Stimulation des gesamten Organismus zu erzielen. Am besten geht man langsam und in der vorgegebenen Reihenfolge. Eine Wiederholung von zwei bis drei Mal pro Woche wird empfohlen.

Ort

■ **Gezeitenland:** Goethestraße 27, Tel. 04922 933600, www.gezeitenland.de. Eintrittspreise Schwimmbad ab 7,50 € für Erwachsene und 5 € für Kinder; Sauna Erwachsene ab 19 €, Kinder (4–15 J.) 17,50 €. Geöffnet (Hauptsaison): Schwimmbad Mo–So 10–18 Uhr und Sauna Mo–Fr 10–20 Uhr, Sa, So 11–18.30 Uhr.

Schwimmen

Zum Schwimmen eignen sich **am besten die vier Badestrände**, denn dort wacht im Sommer die **DLRG** über die Sicherheit der Badenden. Sie nutzen zur Ansprache auch das Megafon, um auf Gefahrensituationen aufmerksam zu machen. Zur eigenen Sicherheit sollten ihre Ansagen **unbedingt befolgt** werden. Schwimmvergnügen drinnen und draußen bietet auch das **Gezeitenland** (s. o.).

Strände

Dank einer eindrucksvollen Sandbank bietet das Nordbad den breitesten Strand, der Hundestrand und das Areal, um Drachen steigen zu lassen, sind auch in der Nähe. Flaniert wird auf der **Promenade.** Man schaut auf die offene Nordsee, der quirlige Ort liegt hinter den Dünen. Das **Südbad** hat alles, was man zum Strandurlaub braucht: Strandkörbe, Milchbuden und einen Hundestrand. Am Horizont tuckern die großen Schiffe vorbei. Das Jugendbad im Nordwesten der Insel liegt auf Höhe des Café Sturmecks vor den Dünen mit herrlichem Blick auf das Meer, fernab der Strandzelte und -körbe. Seine Hüllen darf man am FKK-Badestrand fallen lassen.

b_308 mna

Dort lassen sich auch „FKK-Budjes“ mieten. Zu jedem Budje gehört eine persönliche Parzelle in den Dünen (ab 110 €/Woche).

Nordbad

Bürgermeister-Kieviet-Promenade 2. **Bewachter Badestrand** mit DLRG-Station, Surfschule, Surf- und Kiteboard-Verleih, Strandanimation während der Ferienzeiten, Milchbuden, Strandcafé, Strandkorb- und -zeltverleih, öffentlichem WC, Duschen.

Südbad

Süderstraße. **Bewachter Badestrand** mit DLRG-Station, Milchbuden, Strandcafé, Strandkorb- und -zeltverleih, öffentlichem WC, Duschen.

Spaziergänge gehören zum Strandprogramm auf Borkum

b_398 mna

Jugendbad

Beim Café Sturmeck am Ende der Strandpromenade: **Bewachter Badestrand** mit DLRG-Station, öffentlichem WC, Duschen.

FKK-Strand

Bewachter Badestrand (beim **5 Dünenbudje,** → Karte Umschlag vorn) mit DLRG-Station, Strandanimation im Sommer, Milchbuden, ausgewiesenem Hundestrand, WC, Duschen, Strandcafé.

Strandzelte und -körbe

Vermietstationen für Strandkörbe, Strandzelte und die dazugehörenden Liegestühle gibt es **am Nord- und Südbad** sowie **am FKK-Strand.** Wer während der Ferienzeiten einen Strandkorb mieten möchte, sollte **spätestens zwei Monate vor dem Urlaub** beim Vermieter anrufen und reservieren, weil die Anzahl begrenzt ist. Aktuelle Vermieter und Kontaktmöglichkeiten sind auf www.borkum.de/allgemein/straende/strandzeltvermietung zu finden.

Wandern auf der Insel

130 km Wanderwege

Mit seinem rund 130 Kilometer langen Netz an Wanderwegen und den 26 Kilometern Sandstrand eignet sich Borkum ideal zum Wandern. **Vorschläge für Touren** finden sich im Eingangskapitel dieses Buches oder auf der Webseite www.borkum.de. Bitte denken Sie daran: **Dünenschutz ist Inselschutz.** Deshalb bitte nicht in den Dünen herumlaufen, sondern stets auf den befestigten oder markierten Wegen bleiben. Die vier Aussichtsdünen bieten befestigte Aufstiege und bei klarem Wetter weite Aussicht. Im westlichen Bereich der Insel lassen sich die Wanderungen auch mit einer **Fahrt mit dem Bus** kombinieren, sodass man nicht hin- und wieder zurücklaufen muss. Östlich des Ortes sollte man seine Tour auf jeden Fall mit dem Busfahrplan und den Haltestellen koordinieren, wenn man die weite Strecke nicht zwei Mal zurücklegen möchte. Die letzten (östlichsten) Haltestellen sind am Ostland und beim Parkplatz zum FKK-Strand.

Wattwandern

Das UNESCO-Weltnaturerbe Wattenmeer lädt auch auf Borkum von März bis Oktober zum **Wattwandern** ein. Es gibt verschiedene Tourenanbieter für Wattwanderungen, Nachttouren und geführte Touren über die Insel, bei denen die üppige Vielfalt von Inselflora und -fauna vorgestellt wird.

Die richtige Ausrüstung zum Wattwandern

Wattwanderungen sollten **niemals ohne Wattführer** auf eigene Faust unternommen werden. Die meisten unterschätzen die Gefahr. Die Flut kommt schnell, und plötzlich ist der vermeintlich einfache Weg durch den Priel unpassierbar geworden. Der Wattboden ist schon im April mit 15 bis 20 Grad relativ warm. Denken Sie daran, ggf. Ihr Handy in eine Tüte oder ein wasserdichtes Behältnis, z.B. eine Frühstücksdose aus Plastik, zu packen. Falls man versehentlich ins Straucheln kommen sollte, ist es vor Nässe geschützt. Folgendes sollten Sie auf einer Wattwanderung dabei haben:

- **Surf-, Bade- oder Tauchschuhe, Gummistiefel** (Sommer und Winter), alternativ zwei übereinander gezogene **Tennissocken** (Sommer)
- **Shorts, Bermudas** oder **¾-lange Hosen,** lange Hosen sind ungeeignet
- im Sommer: **Windstopper-Kleidung** und **Regenjacke,** im offenen Wattenmeer weht gern eine „steife Brise", und manchmal gibt es unerwartet einen Regenschauer. Im Winter: wasserabweisende **warme Jacke, dicke Socken,** ggf. eine Wathose.
- Kopfbedeckung wie **Kappe** oder **Tuch** im Sommer bei starkem Sonnenschein, im Winter **Schal, Mütze, Handschuhe** nicht vergessen.
- **Sonnenmilch mit einem hohen Lichtschutzfaktor** zum Schutz vor Sonnenbrand besonders im Sommer, aber auch im Winter und bei bedecktem Himmel, die Strahlung ist aufgrund des reflektierenden Wassers im Watt besonders intensiv.
- im Sommer sollte der Rucksack **ausreichend Getränke** enthalten.
- **Fotoapparat**

- Der **„Wattwurm"** *Peter de Buhr* entführt auf unterhaltsame Art in die **Natur** von Borkum, ein Ereignis ist auch sein **Walvortrag.** Für Touren meldet man sich in seinem Laden gegenüber vom Busbahnhof an. Da er den ganzen Tag unterwegs ist, ist er telefonisch schlecht zu erreichen. Wattwanderungen Peter de Buhr, Am Georg-Schütte-Platz 19, Tel. 0172 90591113, www.wattwandern-borkum.de (Erw. 10 €/Kinder 7–8 €).

Das **Team vom Nationalparkschiff** bietet verschiedene **Wanderungen durch das Wattenmeer und über die Insel** an. In vielen Vorträgen lässt sich Wissenswertes über Wind, Wetter, Müll im Meer, die Gezeiten und vieles andere erfahren. Es gibt auch **naturkundliche Spaziergänge** und **spezielle Touren für Kinder** (Erw. 6 €/Kinder 3,50 €). Die Termine stehen auf der Webseite www.nationalparkschiff-borkum.de.

■ Die **Watthanse** bietet ein breites Spektrum verschiedener **Führungen** an und vermittelt auf unterhaltsame Art Wissenswertes über das Watt und Borkums Geschichte. Es gibt z. B. Touren über die Piraterie vor Borkum, durch den Inselwald, Stadtrundgänge, vogelkundliche Wanderungen und Fototouren. Termine und Informationen auf der Webseite www.watthanse.de. *Berend* „Tüte" *Baalmann,* Tel. 0170 2118158, und *Niels Nörtemann,* Tel. 0151 58826636 (4–12 €).

■ Regelmäßig offeriert auch *Albertus Akkermann,* der **„singende Wattführer",** etwa zweistündige **Wattwanderungen.** Wenn er auf seine „Watt'n Konzert"-Tour geht, gibt es bei der Wanderung auch Unterhaltsames für die Ohren mit Gesang und Akkordeonbegleitung. Karten sind in 8 **Tanjas Teeladen** (Karte S. 84), Franz-Habich-Straße 21 (gegenüber der Sparkasse) erhältlich. Termine und Zeiten unter www. wattwanderung-borkum.de, Tel. 04922 2428 und 0172 4007094.

Aktivitäten A–Z

Es gibt besonders während der Sommermonate zahlreiche weitere Möglichkeiten, sich sportlich zu betätigen oder anderweitig zu beschäftigen:

Angeln

Auf Borkum darf man **ohne Angelschein** in der Nordseebrandung angeln, auch von Buhnen und im Hafen darf frei gefischt werden. Davon ausgenommen sind der Bereich des Nationalparks Niedersächsisches Wattenmeer und die Badestrände. Zum Angeln im Hoppschlot (einem Vereinsgewässer) kann man für 8 € beim Sportfischerverein Borkum e. V. eine **Gastkarte** kaufen, die **Sportfischererlaubnis** benötigt man zusätzlich. Die Angelanlage des Sportfischervereins hat sogar einen barrierefreien Angelplatz, der aber nur mit Begleitperson benutzt werden darf. Gastkarten gibt es beim örtlichen Baumarkt „Janssen + Kruse".

■ **Sportfischerverein Borkum e. V.:** Reedestraße 199, Tel. 0170 1808432.

■ **Janssen + Kruse:** Commandeurstrate 2, Tel. 04922 923470, www.janssenundkruse.de.

Beachvolleball

Jeweils an der Surf- und Segelschule **am Nordbad und am Südbad** können die Felder kostenlos genutzt werden. Ebenfalls angeboten werden **Kurse.** Der Niedersächsische Volleyballverband veranstaltet im Sommer (Juli/August) ein **Turnier** auf der Insel. Mehr dazu → Kapitel „Veranstaltungen".

[>] Wattwanderung im Schlick in Begleitung eines kundigen Wattführers

„Borkum aktiv"

Die **Tourist-Information** auf Borkum stellt regelmäßig interessante **Angebote zu sportlichen Aktivitäten** ins Netz, mehr dazu unter www.borkum.de. Ferner gibt es besonders im Sommer und während der Ferienzeiten jede Menge **sportliche Wettbewerbe für jedermann.** Die Tourist-Information hat dazu eine eigene Broschüre „Borkum aktiv", die man entweder als PDF (www.borkum.de) herunterladen oder per Post bestellen kann.

Boule

Auf dem Georg-Schütte-Platz gibt es einen Boule-Platz, schön gelegen umgeben von Bäumen.

Drachen

Am Nordbad gibt es einen ausgeschilderten **Drachenstrand.** Nur dort dürfen sich Drachen in die Lüfte erheben. An allen anderen Stränden gilt **Flugverbot.** Für Einsteiger gibt es Drachenflugkurse.

Fitness und Kraftsport

Im **Gezeitenland** finden Sportbegeisterte auf 250 m² **moderne Trainingsgeräte** zum Laufen, Fahrradfahren, Rudern, einen Ellipsentrainer und einen Gerätepark mit Freihantelbereich, Gymnastik und Stretching-Zonen. Ebenso werden unterschiedliche **Kurse** angeboten, z. B. die „Gesundheitswoche" für Urlauber für 35 €. Aktuelle Informationen und Preise sind der Homepage zu entnehmen.

b_296 NBG

- **Gezeitenland:** Goethestr. 27, Tel. 04922 933600, www.gezeitenland.de.
- **Gesundheitszentrum Borkum:** Neue Straße 29, Tel. 04922 9232801, www.gesundheitszentrum-borkum.de.

Geocaching

Diese **moderne Schatzsuche mit GPS-Empfängern** oder **Smartphones** hat in den letzten Jahren viele begeisterte Anhänger gefunden. Geocaching ist ein hervorragender Weg, um die Natur zu erleben und Stellen zu entdecken, die man sonst vielleicht übersehen hätte. Auf der Insel sind mehrere *Caches,* also kleine Kisten mit „Schätzen", naturgerecht und recht öffentlich versteckt. Sie können mithilfe von **Koordinaten** gefunden werden. Die Gäste werden jedoch gebeten, keine eigenen Caches zu verstecken, um die Umwelt nicht zu schädigen. Wer sich zum ersten Mal mit Geocaching vertraut machen möchte, kann dies am besten mit **www.geocaching.com.** Weitere Informationen dazu gibt es bei der Tourist-Information oder auf www.borkum.de mit einer eigenen Broschüre.

- **Gezeitenland:** Goethestr. 27, Tel. 04922/933 600, www.gezeitenland.de.

Gymnastik

In den Sommermonaten von Juni bis September werden am Nord- und Südbad sowie am FKK-Strand verschiedene **Gymnastikkurse** angeboten – unter freiem Himmel natürlich. Es gibt

b_306 mna

Heiraten auf der Insel

Besondere Trauungsorte

Immer mehr Menschen wollen am Meer heiraten – auf Borkum sind es **rund 200 Paare im Jahr.** Mittlerweile sind 85 Prozent aller Brautpaare vom Festland und reisen für ihre Hochzeit nach Borkum. Insulaner bevorzugen für die Besiegelung des Ehebundes den **Ratssaal** aus dem Jahr 1910. Er ist mit schönen Schnitzereien und Bleiverglasung versehen. Aber es gibt noch weitere schöne Orte mit besonderem Ambiente für das Ja-Wort. Für eine traumhafte Vermählung steht für 175 € zum Beispiel auf dem Feuerschiff Borkumriff die **Offiziersmesse** zur Verfügung – allerdings wird nur getraut, wenn das Schiff im Hafen liegt. Die Borkumer Kleinbahn macht für 500 € eine Hochzeit **im historischen „Kaiserwagen"** möglich, und auch im **Toornhus** am Fuße des Alten Leuchtturms gibt es ein Trauzimmer, das man für 100 € beim Heimatverein Borkum für den „schönsten Tag des Lebens" buchen kann. Die **Buchung** des gewünschten Ortes wird über den Standesbeamten möglich gemacht. Und wer nach dem Eheversprechen eine außergewöhnliche Beförderung seiner Hochzeitsgäste zum Veranstaltungsort sucht, kann bei der Borkumer Kleinbahn sogar einen **Oldtimer-Bus** mieten. Der Mercedes Benz O 3500 stammt aus dem Jahr 1951 und bietet 27 Sitzplätze.

Zunächst muss man mit dem Standesamt Borkum einen Termin vereinbaren und dann auf dem Standesamt in der Heimat die Anmeldung mit allen erforderlichen Unterlagen durchführen. Spätestens einen Tag vor der Eheschließung werden in einem persönlichen Vorbereitungsgespräch mit dem Standesbeamten *Geerd-Olaf Byl* die letzten Formalitäten geregelt und die Brautpaare können sich bei dieser Gelegenheit ein **Stammbuch** aussuchen. Umfassende Informationen dazu findet man auf www.stadt-borkum.de.

Für Interessierte

- **Standesamt Borkum:** Neue Straße 1, Tel. 049 22 303222, www.stadt-borkum.de.
- **Borkumer Kleinbahn:** Am Georg-Schütte-Platz 8, Tel. 04922 3090, www.borkumer-kleinbahn.de.
- **Hochzeitskutschen:** *Ommo Akkermann*, Tel. 0172 9463749, und *Werner Tasto*, Tel. 04922 3385 bzw. 0151 19513852.

auch Kurse für **Kinder.** Die genauen Termine stehen tagesaktuell auf www.borkum.de oder werden per Aushang bzw. in der Tourist-Information bekannt gegeben.

Indoor-Surfing

Das **Gezeitenland** bietet mit der Anlage **Flow-Rider** eine Möglichkeit zum Wellenreiten an, auch Schnupperkurse können be-

◁ Strandgymnastik am Morgen

sucht werden. Mehr Informationen dazu gibt es unter www.gezeitenland.de (s. auch Kapitel „Aktivitäten/Gezeitenland").

Insel-Ralleys

Für alle, die mehr über Borkum wissen und zugleich einen spannenden Tag erleben wollen, wurden zwei Insel-Rallyes entwickelt – eine zu Fuß und eine für Radfahrer. Die entsprechenden Fragebögen sind für 1 € bei der Tourist-Information erhältlich.

Klettern

Rund 2,5 Std. Zeit sollte man für einen Parcours im Kletterpark einplanen. Nach einer Einweisung geht es gut gesichert in die Höhe. Die Aussicht ist toll, denn wo kann man schon bei Meeresrauschen an frischer Brise klettern? Die Tour endet mit einer **Gleitfahrt am Seil** hängend vom höchsten Punkt wieder zurück auf Bodenniveau. Öffnungszeiten und Preise auf der Website.

- **Nordseekletterpark:** Goethestr. 25, Tel. 04922 9234077 und 0176 20 519753, www.nordseekletterpark.de.

Malschule

Das **Atelier am Meer** der Künstlerin *Nicole Wenning* liegt direkt an der Strandpromenade in der Wandelhalle. Neben ihrer Tätigkeit als Künstlerin betreibt sie dort eine Malschule, in der sie **Kurse für Kinder und Erwachsene** anbietet. Die Kreativität kommt hier im Anblick der See fast von allein. Das besondere Licht und die Ruhe, die Insel und Meer ausstrahlen, inspirieren auch die Teilnehmer der Kurse. Unter kompetenter Anleitung lernt man den Umgang mit **Aquarell- oder Acrylfarbe.**

- **Atelier am Meer:** Jann-Berghaus-Straße 1, Tel. 04922 990555, http://atelier.bunte-kuh-borkum.de.

Nordic-Walking

Der aus Skandinavien stammende Ausdauersport ist eine der gesündesten Sportarten überhaupt, etwa jeder fünfte Deutsche hat diese Art von Freizeitbeschäftigung für sich entdeckt. Auf Borkum gibt es mehrere ausgeschilderte Strecken verschiedener Länge, aber natürlich sind die vielen befestigten und unbefestig-

Reiterinnen im gräsernen Vorland

ten Wege auch ohne Beschilderung ideal geeignet, um Strecken unterschiedlicher Länge und verschiedener Schwierigkeitsgrade zu entdecken. Stöcke lassen sich abhängig von der Verfügbarkeit an der Rezeption des Gezeitenlandes ausleihen.

- **Gezeitenland:** Goethestr. 27, Tel. 04922/933 600, www.gezeitenland.de.

Reiten

Wer im Urlaub reiten möchte, kann entweder im Anhänger von Eemshaven oder Emden aus sein eigenes Pferd mitbringen oder im **Reitstall Borkum** geführte Ausritte buchen. Es werden Strand- und Geländeritte, für geübte Reiter Trab- und Galoppausritte angeboten sowie Reitunterricht. Gastpferde erwartet auf Borkum eine wunderbare Umgebung und eine hervorragende Unterbringung.

b_068 mna

Auf öffentlichen Flächen und an den Stränden dürfen Pferde nur mit einer **Kennzeichnung** laufen, die im Bürgerbüro neben dem Rathaus der Stadt erhältlich ist. Reiten darf man auf den **offiziellen Reitwegen,** die an vielen Stellen einladen, die facettenreiche Landschaft Borkums hoch zu Ross zu erleben. Reiterinnen und Reiter werden gebeten, die Hinterlassenschaften ihrer Tiere auf öffentlichen Straßen und Gehwegen sofort zu beseitigen.

- **Bürgerbüro-Borkum:** Neue Straße 3, im Rathaus, Tel. 04922 3030, www.stadt-borkum.de. Aktuelle Öffnungszeiten siehe Webseite.
- **Reitstall Borkum:** Goedeke-Michel-Straße 11, Tel. 04922 910144, www.reitstall-borkum.de. Ausritte, Unterricht, Einstellboxen für Gastpferde.
- **Pferdepension im Ostland:** Ostland 4a, Tel. 04922 990083, 0171 3704489 und 0170 4114355, www.borkum-pferdepension.de.
- **Sattelbude Jütting:** Upholmdeich/Ostfriesenstraße, Tel. 04922 990083, www.strandausritte.de. Geführte Ausritte für Reiter mit mindestens zwei Jahren Erfahrung mit *Antje* oder *Maren Jütting* und Einstellboxen für Gastpferde.

Rundflüge

Ein faszinierender Blick aus der Vogelperspektive eröffnet sich bei einem Rundflug. Es gibt Flüge unterschiedlicher Länge ab 15 Min. als „Platzrunde“ über Borkum bis zu einer einstündigen Tour über alle Ostfriesischen Inseln inklusive der Sielhafenorte am Festland. Pro 15 Minuten wird ein Entgelt von ca. 55 € erhoben, es gibt eine Mindestteilnehmerzahl von vier Personen. Die längste Tour entlang der Ostfriesischen Inseln und an der Küste dauert eine Stunde und kostet 160 € pro Person.

- **Informationen und Buchung** unter Tel. 04922 1038 und 04921 89920 sowie www.fliegofd.de.

Sportverein

Der **TuS Borkum** bietet auch Gästen die Möglichkeit, bei ihm zu trainieren. Er betreibt ein **Sport- und Jugendgästehaus,** in dem die Teilnehmer während der Kurse wohnen können. Auch Sportvereine finden hier ideale Trainingsbedingungen für ihre Mannschaften. Der Verein bietet ein tolles Programm, z. B. auch die sommerliche **Fußballschule.** Aktuelle Angebote sind am besten über die Webseite zu finden oder über einen telefonischen Kontakt.

> Fußballtore im Sand

■ **TuS Borkum e. V.:** Geschäftsstelle Hindenburgstraße 97, Tel. 04922 540 und 0175 6604012, www.tus-borkum.de.

Strandsegeln

Strandsegeln ist **am Nordbad ganzjährig erlaubt.** World of Wind bietet Schnupper-, Grund- und Pilotenkurse an. Auf drei Rädern gleitet man nur von einem Segel angetrieben durch die einmalige Natur. Unter der Leitung erfahrener Strandsegellehrer kann man das schon in kurzer Zeit lernen. Reinschnuppern lohnt sich, auch für Menschen ohne Vorkenntnisse.

■ **World of Wind:** im Sommer am Strand beim Übergang Kaapdelle, Tel. 0173 5327087.

b_381 mna

b_336 mna

Surfen/Kiten/ Stand-up-Paddling

Borkum gilt als eines der **schönsten Surf-Reviere Deutschlands.** Hier finden sowohl Anfänger als auch Fortgeschrittene und Profis **perfekte Bedingungen.** Zwei Anlaufstellen gibt es, die Segeln, Kite-Landboarding, Kitebuggy und Strandsegeln, Kite- und Windsurfen sowie Stand-up-Paddling anbieten:

- **World of Wind:** am Strand beim Übergang Kaapdelle, von April bis Ende Oktober sind Schule und der zugehörige Shop täglich geöffnet, Tel. 0173 5327087, im Winter Emmastr. 6, 44869 Bochum, Tel. 04922 2299, www.worldofwind.de.
- **Öy:** letzte Treppe am Nordbad, von April bis Ende Oktober ist die Wassersportbasis geöffnet. Tel. 0162 5281423, www.oey-borkum.de.

⌃ Reger Betrieb in der Strandsegelschule

› Surfer und Lenkdrachen im Abendlicht

b_335 mna

Tennis

Die Anlage **Tennis-Insel** ist gegenüber dem Gezeitenland zu finden. Sie ist ganzjährig geöffnet und verfügt über **vier Sandplätze** im Außenbereich und **zwei Hallenplätze.** In den Ferienzeiten besteht die Möglichkeit zu Schnupperstunden und gezielten Trainings durch Tennisprofis. **Trainerstunden** werden **ganzjährig** angeboten. **Reservierung** der Tennis- und Badmintonplätze im Gezeitenland.

- **Tennis-Insel:** Bismarckstraße 31, Tel. 04922 529, www.borkum.de.
- **Gezeitenland:** Goethestr. 27, Tel. 04922 933600, www.gezeitenland.de.

Tischtennis

In der **Spielinsel** gibt es Tischtennisplatten. Bei schlechtem Wetter ist auch sonntags geöffnet.

- **Spielinsel:** Westerstraße 35, Tel. 04922 933730, www.borkum.de.

Trampolin-Springen

Entsprechende Anlagen werden im Sommer **am Nord- und Südbad** aufgebaut und sind täglich geöffnet.

Yoga

Das Gezeitenland bietet regelmäßig an zwei Tagen in der Woche abends Yogakurse. Eine **Anmeldung** ist erforderlich.

- **Gezeitenland:** Goethestr. 27, Tel. 04922 933650, www.gezeitenland.de.

Sprache

→ Menschen und Kultur/Die Sprache

Auf Borkum wird in der Regel Hochdeutsch gesprochen. Die älteren Menschen unterhalten sich aber auch auf **Plattdeutsch.** Doch der Personenkreis, der die frühere Muttersprache der Insulaner aktiv beherrscht, wird immer kleiner.

Unterkunft

→ Camping
→ Gesundheit und Hygiene

Unterkunft buchen

Gastgeberverzeichnis

Über Borkums **Tourist-Information** kann man eine umfangreiche Urlaubsbroschüre mit **Gastgeberverzeichnis** anfordern. Dieses gibt es auch in digitaler Form auf der Webseite www.borkum.de. Das Verzeichnis bietet einen guten Überblick, führt aber aus Platzgründen nur eine Auswahl an Angeboten auf. Symbole informieren über die Ausstattung der Unterkünfte, beispielsweise ob sie für Allergiker geeignet oder barrierefrei sind oder ob Haustiere mitgebracht werden dürfen.

In diesem Buch sind die Unterkünfte in **vier Preiskategorien** (die Kategorien sind an den jeweiligen Unterkünften mit der entsprechenden Kategorie vermerkt) eingeteilt. Sie gelten pro Person im Doppelzimmer in der Hauptsaison mit Frühstück in der günstigsten Kategorie. Die preisbestimmende Saisoneinteilung der Hotels weicht mitunter von den Zeiten der Kurverwaltung ab (ab 12 €/Tag).

Buchungsportale im Internet

Als Ergänzung zu den sorgfältig zusammengetragenen Unterkunftsempfehlungen in diesem Buch können Buchungsportale wie **booking.com** oder **agoda.com** dazu genutzt werden, aktuelle Preise und Bewertungen anderer Reisender einzusehen und Unterkünfte direkt zu buchen. Die Plattformen listen Unterkünfte aller Art, und Reisende finden diese darüber leicht. Sie übernehmen auch bürokratische Aufgaben wie die Abwicklung der Bezahlung und stellen den Kontakt zwischen Unterkunft und Unterkunftssuchenden her.

Hilfreich bei der Entscheidungsfindung sind die **Bewertungen anderer Kunden** in diesen Portalen. Gäste beurteilen eine Unterkunft nach oder während ihres Aufenthalts und sorgen im besten Fall für aussagekräftige Benotungen (1–10, 10 ist das Optimum). Je mehr Nutzer eine Bewertung abgegeben haben, desto verlässlicher ist das Ergebnis. Vorsicht ist geboten, wenn nur sehr wenige Nutzer ihre Meinung abgegeben haben. Aber auch sonst lohnt es sich, kritisch zu lesen: Achtet man auf die zu den Rezensionen verfassten Texte, so erhält man oft Aufschluss über die Echtheit der Bewertung. Auch lassen sich Veränderungen im Qualitätsstandard erkennen, wenn eine insgesamt positiv bewertete Unterkunft in jüngster Zeit zahlreiche schlechte Bewertungen erhalten hat.

Über **Airbnb** können private und gewerbliche Vermieter ihr „Zuhause" oder einen Teil davon anbieten. Auch hier vermittelt das Portal zwischen Anbieter und Kunde.

Tripadvisor ist ein **reines Bewertungsportal,** das die Nutzer bei Bedarf an Buchungsportale und/oder die Webseiten von Unterkünften bzw. Restaurants weiterleitet und sich besonders für Gastrotipps eignet.

Ob man sich für die Buchung über ein Online-Buchungsportal entscheidet, hängt von der eigenen **Präferenz** ab. Zur generellen Sondierung der Marktsituation und zur Einschätzung von Unterkünften sind die Portale meist empfehlenswert. Die Nutzung ist für Endkunden zunächst kostenlos, für die Betreiber der Unterkünfte fällt jedoch eine Provision an – die im Zweifelsfall irgendwann eingepreist wird. Die Haltung der Betreiber ist unterschiedlich: Während manche über das Portal sogar günstigere Preise anbieten, freuen sich andere ausdrücklich, wenn man persönlich und direkt bucht.

Preiskategorien für Unterkünfte auf Borkum
(p. P. im DZ)

①	**bis 45 €**
②	**45–70 €**
③	**70–100 €**
④	**über 100 €**

Buchungszeiten und Preise

Während der Ferienzeiten sind in der Regel alle Unterkünfte ausgebucht; es ist deshalb empfehlenswert, sich frühzeitig nach einem schönen Ferienquartier umzuschauen und **rechtzeitig zu reservieren.** Während der Hauptsaison gibt es in Hotels, Pensionen und Ferienwohnungen meist einen Mindestaufenthalt von drei Tagen bzw. einer Woche. Oft sind die Preise an den ersten Tagen deutlich höher, manchmal gibt es bei längeren Aufenthalten auch Rabatt. Gelegentlich werden heute Tagespreise angegeben, das heißt, es gibt keine festen Preise mehr, sondern **man muss eine konkrete Buchungsanfrage mit An- und Abreisetermin stellen.** Die Preise werden dann tagesaktuell entsprechend der Nachfrage kalkuliert und angepasst. Manche Hotels und Pensionen bieten auch Paketpreise mit zusätzlichen Leistungen an. Die Preise von **Ferienhäusern und -wohnungen** richten sich nach **Lage und Ausstattung.** Die Preise für in den letzten Jahren neu gebauten Ferienhäuser unterscheiden sich kaum noch von denen der Hotels. Und auch die **Endreinigungspauschalen** fallen oft erheblich ins Gewicht.

Hotels

12 **Hotel Atlantik** ②: Bismarckstraße 6, Tel. 04922 9140, www.hotelatlantik.de. Zwischen Bahnhof und Strandpromenade gelegen, bieten die freundlich eingerichteten 57 Zimmer Komfort und in den oberen Etagen sogar Meerblick. Im Haus befindet sich das 11 **Restaurant Delfter Stuben (s. Karte S. 90).**

[>] Klassische Seebäderarchitektur neben schlichter Architektur prägen das Ortsbild

UNSER TIPP: **24 Arthotel Bakker** ②-③: Neue Straße 6b, Tel. 04922 9325749, www.arthotel-bakker.de. Ein ungewöhnliches Konzept wird hier angeboten, das Frühstück ist optional zu bekommen, Zimmerreinigung erfolgt an drei Tagen. Im Haus befindet sich ein Spielzimmer, eine Lounge mit Büchern und ein Getränkeautomat.

29 Hotel Bloemfontein ③: Reedestraße 73, Tel. 04922 923900, www.hotel-bloemfontein.de. Sporthotel und Trainingszentrum etwas außerhalb des Ortskerns mit modernem Wellnessbereich.

20 Hotel Haus Borkum ②: Hindenburgstraße 8, Tel. 04922 91840, www.hotel-haus-borkum.de. Etwas in die Jahre gekommenes Haus, in dem im Eingangsbereich ausgestopfte Tiere die Gäste begrüßen. Das kleine Hotel liegt im Ortskern ungefähr fünf Minuten vom Strand entfernt.

5 Nordseehotel Borkum ③: Bubertstraße 9, Tel. 04922 3080, www.nordseehotel.de. Hotel aus der Gründerzeit direkt an der Strandpromenade, schon 1891 logierten hier die ersten Gäste. Heute befindet sich im Haus das **3 Restaurant Burchana (s. Karte S. 90)** und der Wellnessbereich namens *Friesentherme*.

25 Villa Daheim ②: Rektor-Meyer-Pfad 4, Tel. 04922 932510, www.villa-daheim-borkum.de. Hotel in einer historischen Villa direkt neben der Reformierten Kirche, Jugendstil trifft auf Moderne. Helle Zimmer und freundlich familiäre Atmosphäre sorgen für Erholung.

4 Dünenhotel Borkum ②–③ **(Karte Umschlag vorn):** Ostfriesenstraße 110 (am Flugplatz), Tel. 04922 9239829, www.duenenhotel-borkum.de. Am Rand der Dünenlandschaft am Flugplatz gelegen, bietet das Hotel zwölf Zimmer ganzjährig an. Die Penthouse-Suite bietet auf der Dachterrasse einen tollen Rundumblick. Im Haus befindet sich das **4 Restaurant Düne 2.**

b_380 jz

Unterkunft

Jugendbad (bewacht)
Wassersportzentrum
Hundestrand
Spielplatz
Nordbad bewachter Badestrand
Großes Kaap
Kaapdelle
Boedding hausstr.
Geert-Bakker-Straße
Gödecke-Michel-Str.
Wasserturm
28
P2
Engel'se Pad
Oppermanns Pad
Hindenburgstraße
Kleines Kaap
Strandpromenade
Gorch-Fock-Str.
Viktoriastr.
Hindenburgstr.
Richthofenstraße
Upholmstraße
Jann-Berghaus-Straße
Strandstraße
Strandstr.
Neuer Leuchtturm
Kath.-Kirche
Kirchstraße
Alter Leuchtturm
Ev.-luth. Kirche
Bubertstr.
Bahnhof
Polizei
Wilh.-Bakker-Str.
Heimatmuseum Dykhus
Rathaus
Spielplatz
Am Georg-Schütte-Pl.
Bismarck-str.
Goethestr.
Tennis-plätze
Neue Straße
Reformierte Kirche
Reedestraße
Gartenstraße
Franz-Habich-Str.
Wester-str.
Goethestr.
Schwimmbad Gezeitenland
Bus-bahnhof
Am Langen Wasser
Fuermanns-pad
Südersstraße
Wiesenweg
Kultur- und Spielinsel
Kletterpark
Spielplatz
Friedhof
Süderstr.
Süderreihe
Reedestraße
Deichstraße
Kurpark
Bürgermeister-Kieviet-Promenade
Von-Frese-Straße
Ankerstraße
P3
Deichstraße
Feuerwehr
Loogster Dünen
Nordsee-Aquarium
Friedhof
Süderstraße
Isdobben
Randzelstraße
Spielplatz
Emsstraße
Kleiner Leuchtturm
Quermarkenfeuer
Greune-Stee-
Spielplatz
Süddünen
Südbad bewachter Badestrand

0 200 m ©Reise Know-How Borkum04 13/23

Übernachtung

1 Strandhotel Hohenzollern
2 Haus Viktoria (CVJM)
3 Hotel Strandvilla Janine
4 Inselhof Borkum
5 Nordsee-Hotel Borkum
6 Strandhotel Ostfriesenhof
7 Strandhotel Vier Jahreszeiten
8 Hotel-Pension Passat
9 Aparthotel Kachelot
10 BSW-Inselhotel Rote Erde
11 Upstalsboom Seehotel
12 Hotel Atlantik
13 Hotel Weiße Düne
14 Inselhotel Vier Jahreszeiten
15 Hotel Rummeni
16 Hotel Villa Ems
17 Haus Hubertus auf Borkum
18 Hotel Haus am Park
19 Hotel Graf Waldersee
20 Hotel Haus Borkum
21 Hotel-Restaurant Kleine Möwe
23 Hotel Tide42
22 Hotel Windrose
24 Arthotel Bakker
25 Hotel Villa Daheim
26 Strandhotel Najade
27 Zum Hanseaten
28 Insel-Camping Borkum
29 Hotel Bloemfontein

19 **Hotel Graf Waldersee** ①: Bahnhofstraße 6, Tel. 04922 912600, www.hotel-grafwaldersee.de. 1890 bereits eröffnet, damals noch als *Villa Schmidt,* liegt im Ortskern am Georg-Schütte-Platz. Das familiengeführte Hotel verfügt über 28 Zimmer und schließt in den Spätherbst- und Wintermonaten.

1 **Strandhotel Hohenzollern** ③: Jann-Berghaus-Straße 63, Tel. 04922 92330, www.strandhotel-hohenzollern.com. Das Haus hat eine lange Tradition und steht seit 1898 direkt an der Strandpromenade vor dem Nordbad. Das familienfreundliche Hotel hat für Kinder eine Indoorspielanlage, für in der Mobilität eingeschränkte Gäste steht ein hauseigenes Elektromobil zur Verfügung. Ein Wellnessbereich mit Dampfbad, Sauna und Fitnessraum steht den Gästen zur Verfügung.

b_311 mna

17 **Haus Hubertus auf Borkum** ②: Westerstraße 19, Tel. 04922 91150, www.hh-b.de. Zentral gelegen, ein paar Schritte abseits der Fußgängerzone. Mit Sauna und Schwimmbad und überdachten Stellplätzen für Fahrräder.

4 **Inselhof Borkum** ③–④: Strandstraße 47, Tel. 04922 923220, www.inselhof-borkum.de. Schönes 4-Sterne-Hotel. Moderne Eleganz trifft auf Seebäderarchitektur, die 42 modern eingerichteten Nichtraucherzimmer sind allergikerfreundlich. Für Langschläfer ist das Frühstück bis 11.30 Uhr möglich. Fitnessdeck mit Sauna und Dachterrasse.

3 **Hotel Strandvilla Janine** ②: Strandstraße 38, Tel. 04922 91850, www.strandvilla-janine.de. Zwei schöne historische Villen aus den 1890er-Jahren wurden saniert und mit hochwertig ausgestatteten Zimmern versehen. Zwischen Strand und dem Neuen Leuchtturm gelegen, ist das Hotel Allergikern zu empfehlen, das Haus hat das ECARF-Qualitätssiegel.

9 **Aparthotel Kachelot** ③: Goethestraße 18, Tel. 04922 3040, www.kachelot-borkum.de. Benannt nach der entstehenden kleinen Insel zwischen Juist und Borkum, die für Vögel und Seehunde reserviert ist. Im Hotel gibt es ein Restaurant, eine Sauna und einen Fitnessbereich. Zur Saisoneröffnung gibt es Angebote.

21 **Hotel Kleine Möwe** ②: Kirchstraße 31, Tel. 04922 9325775, www.hotel-kleine-moewe.de. Familiäre Atmosphäre im gepflegten kleinen Haus mit gleichnamigem Restaurant, nahe am Ortskern ist auch der Strand schnell zu erreichen. In den Nichtraucherzimmern sind Haustiere willkommen.

26 **Strandhotel Najade** ②: Randzelstraße 17–21, Tel. 04922 93400, www.hotel-najade.de. Kleines familiengeführtes Haus, mit großer Liegewiese und Gästekühlschrank. Großes Plus ist die direkte Nähe zum Südbad und zu den Wanderwegen in die Greune Stee.

UNSER TIPP: 6 **Strandhotel Ostfriesenhof** ③: Jann-Berghaus-Str. 23, Tel. 04933 7070, www.ostfriesenhof.de. 1894 als *Strandvilla Behrends* eröffnet, liegt das kleine traditionsreiche Hotel unmittelbar an der Strandpromenade. Die 20 hochwertig eingerichteten Zimmer im Drei-Sterne-Haus überzeugen mit herzlicher Gastlichkeit.

8 **Hotel-Pension Passat** ①: Goethestraße 28, Tel. 04922 928444, www.hotel-pension-passat.de. Zentral gelegen in unmittelbarer Nähe zu den Tennisplätzen, der Fußgängerzone und dem Strand, findet man hier dennoch Ruhe und Entspannung. Einen eigenen Wellnessbereich gibt es nicht im Hotel, sondern schräg gegenüber im Gezeitenland.

18 **Hotel Haus am Park** ③: Bahnhofsstraße 5,Tel. 0179 4212555, www.haus-am-park-borkum.de. Sehr schönes Nichtraucher-Hotel mitten im Zentrum mit neun sehr schön eingerichteten Zimmern und Suiten sowie Wellnessbereich mit Sauna. Haustiere sind nicht erlaubt, für Allergiker gibt es auf Wunsch eigene Bettwäsche.

‹ Die Strandvilla Janine wurde Ende des 19. Jahrhunderts erbaut

10 **BSW-Inselhotel Rote Erde** ②: Strandstraße 30, Tel. 04922 9170, www.hotel-roteerde.de. Das 3-Sterne-Hotel liegt direkt neben dem Neuen Leuchtturm, zur Strandpromenade sind es nur 200 Meter. Es ist als allergikerfreundliches Hotel zertifiziert und nur als Halbpension zu buchen. Seit 2019 gibt es eine Ladestation für E-Bikes am Hotel.

15 **Hotel Rummeni** ②: Am Georg-Schütte-Platz 2, Tel. 04922 92900, www.hotel-rummeni.de. Dieses zu den traditionsreichsten Hotels auf Borkum zählende Haus befindet sich seit Generationen in Familienbesitz, direkt neben dem Bahnhof gelegen. Rustikale Ausstattung. Es gibt einen Etagenkühlschrank zur freien Nutzung für die Gäste.

11 **Upstalsboom Seehotel** ③: Viktoriastraße 2, Tel. 04922 9150, www.seehotel-borkum.de. Zu Füßen des Neuen Leuchtturms und nur 200 Meter vom Strand entfernt. 39 behagliche Zimmer warten auf Badegäste, eine ganz besondere Atmosphäre bieten die Erkerzimmer.

23 **Hotel Tide42** ②: Neue Straße 42, Tel. 04922 8909006, www.tide42-borkum.de. Mitten im Ort gelegen mit geschmackvoll und modern eingerichteten Zimmern, die Superior Suite ist barrierefrei. In den Zimmern gibt es eine Kaffeestation mit Kühlschrank und kleiner Spüle. Allergikerfreundlich, deswegen sind Hunde nicht erlaubt.

7 **Strandhotel Vier Jahreszeiten** ③–④: Bismarckstraße 40, Tel. 04922 9220, www.strand-hotel.com. Das Vier-Sterne-Haus überzeugt mit bester Lage an der Strandpromenade, dem 4 **Restaurant Poseidon (s. Karte S. 90)** und einem feinen Wellnessbereich mit Pool und Sauna.

14 **Inselhotel Vier Jahreszeiten** ③: Am Georg-Schütte-Platz 4, Tel. 04922 9200, www.inselhotel.de. Das Hotel wurde 1888 als „Bahnhofshotel Dabelstein" eröffnet und liegt direkt an den Gleisen der Borkumer Kleinbahn im Ortszentrum. Das Haus beherbergt das 12 **Restaurant Klabautermann (s. Karte S. 90),** verfügt über einen großzügigen Wellnessbereich und einen beheizten Pool im Hotelgarten. Es werden auch energiespendende Reiki-Behandlungen und Massagen angeboten.

13 **Hotel Weiße Düne** ②: Am Georg-Schütte-Platz 13, Tel. 04922 9249040, www.hotel-auf-borkum.de. Zentral in Bahnhofsnähe liegt das allergikerfreundliche Hotel mit ECARF-Qualitätssiegel. Es gibt eine kleine Teeküche für die Gäste.

22 **Hotel Windrose** ③: Bahnhofspfad 10, Tel. 04922 91180, www.windrose-borkum.de. Seit 1895 gibt es das familiengeführte Hotel bereits, es liegt zentral am Georg-Schütte-Platz. Das Zwei-bis-Drei-Sterne-Haus hat bestens ausgestattete Zimmer.

[>] Das Hotel Villa Ems neben dem Georg-Schütte-Platz

b_379 mna

27 **Zum Hanseaten** ①: Deichstraße 35 a, Tel. 04922 615, www.hanseaten-borkum.de. Etwas außerhalb des Ortskerns gelegen, benötigt man dennoch nur rund zehn Minuten bis zum Zentrum oder zum Südbad. Den Gästen steht eine Terrasse und eine große Liegewiese zur Verfügung.

16 **Villa Ems** ③: Georg-Schütte-Platz 9, Tel. 04922 932280, www.villa-ems.de. Das in einer Jugendstilvilla gelegene seit 120 Jahren bestehende Hotel hat 28 Zimmer in verschiedenen Kategorien und liegt direkt an der Endhaltestelle der Borkumer Kleinbahn mitten im Zentrum.

Pensionen

Individuell

Pensionen sind in der Regel **günstiger als Hotels,** allerdings muss man dafür auf Annehmlichkeiten verzichten. Auf Borkum gibt es eine große Auswahl an Pensionen. Auf der Webseite der Insel, www.borkum.de, lässt sich die Suche gemäß der individuellen Bedürfnisse und Vorstellungen anpassen. Wer nicht per Web suchen möchte, wendet sich am besten an die **Zimmervermittlung** der **Tourist-Information** in der Kulturinsel oder Am Georg-Schütte-Platz 5, Tel. 04922 933400.

CVJM-Häuser

In christlicher Gesellschaft

Der CVJM (**Christlicher Verein Junger Menschen**) betreibt auf Borkum mehrere Häuser, in denen der Urlauber eine christlich geprägte Unterkunft mit täglichen Andachten durch wechselnde Referenten und generationsübergreifende Angebote findet. Jede Mahlzeit beginnt mit einem **Gebet oder einem Lied.** Die verschiedenen Häuser bieten Freizeiträume, verleihen Strandspielzeug und Gesellschaftsspiele, Kinderhochstühle und kindgerechte Verpflegung, Zubereitungsmöglichkeiten für Babynahrung und Wasch- und Trockenmöglichkeiten. Auch für Menschen mit Einschränkungen und Allergiker gibt es geeignete Zimmer. Ebenso kann eine begrenzte Anzahl an **Pflegebetten** bereitgestellt werden. Alle Zimmer sind für Nichtraucher, und im direkt an der Strandpromenade gelegenen **2 Gästehaus Viktoria** sind alle Zimmer barrierefrei. Der CVJM betreibt auch das **1 Freizeithaus Waterdelle (Karte Umschlag vorn)** in der Nähe des Jugendbads, dessen Angebot sich eher an Jugendliche und Familien richtet. Hier stehen Vierbett-Zimmer mit Waschmög-

b_337 mna

lichkeit und Gemeinschaftsbäder zur Verfügung. Es gibt Aufenthaltsräume sowie diverse Indoor-Unterhaltungsmöglichkeiten für Schlechtwettertage.

2 **Gästehaus Victoria:** Viktoriastraße 14, Tel. 04922 3070, www.gaestehaus-victoria.de.

1 **Freizeithaus Waterdelle (Karte Umschlag vorn):** Hindenburgstraße 142, Tel. 04922 923580, www.freizeithaus-waterdelle-borkum.de; Buchungen über den CVJM-Gesamtverband: Im Druseltal 8, 34131 Kassel, Tel. 0561 30870, www.cvjm.de.

Jugendherberge

Herberge beim Inselhafen

„Wenige Kilometer vor der Küste – Lichtjahre vom Alltag entfernt", so beschreibt sich die Jugendherberge Borkum. Und an der Beschreibung ist etwas dran. Die Jugendherberge liegt in einem ehemaligen Kasernengelände in der Nähe des Fährhafens. Freizeitmöglichkeiten gibt es dort viele, etwa Skaten, Indoor-Climbing oder Kegeln. Außerdem bietet das Haus eine Minigolfanlage, eine Sporthalle mit Swingboden, Fußballplätze, einen Kiosk, eine Grillhütte, ein Café und einen Fahrradverleih. Da die Jugendherberge rund sieben Kilometer vom Stadtzentrum entfernt liegt, ist es ratsam, ein **Fahrrad** mitzubringen oder sich eines auszuleihen, um flexibel zu sein. Der Bus fährt auch in der Sommersaison lediglich in größeren Intervallen, die meist mehr als eine Stunde betragen. Die Preise in der Jugendherberge verstehen sich immer als Vollpension und man muss einen Mitgliedsausweis haben, um hier übernachten zu können. Für die Saison muss auf jeden Fall rechtzeitig gebucht werden, weil die Zimmer besonders bei Familien und Gruppen sehr begehrt sind.

9 **Jugendherberge am Wattenmeer (Karte Umschlag vorn):** Reedestraße 231, Tel. 04922 579, www.jugendherberge.de.

Verhaltenstipps

→ Möwen, S. 207

Ruhezeiten

Auf Borkum gelten in der Hauptsaison vom 1. April bis 31. Oktober Ruhezeitene von 21 bis 8 Uhr und von 13 bis 15 Uhr. Vom 1. November bis 31. März gilt lediglich eine Nachtruhe von 22 bis 7 Uhr.

Drohnen

Bitte beachten! Sowohl der Einsatz von Drohnen als auch der Einsatz von Quadrokoptern ist auf Borkum **streng verboten.**

Verkehrsmittel

Öffentlicher Nahverkehr

Elektrobusse

Die **Borkumer Kleinbahn** organisiert den ÖPNV auf Borkum teilweise sehr zeitgemäß mit Elektrobussen. Es gibt nur eine Linie, die im Pendelverkehr vom Hafen über den ZOB bis zum Ostland fährt. Die Haltestellen sind in der Karte gekennzeichnet (→ Seite 158). Die **Tickets** gibt es beim Busfahrer, der **Fahrplan** hängt an den Haltestellen aus und ist auch im Bus erhältlich. In den Sommermonaten fährt der Bus alle ein bis zwei Stunden ungefähr von morgens um sieben bis abends um zehn. In den Wintermonaten sind die Zeiten verkürzt und die Busse fahren seltener.

Details

- **Borkumer Kleinbahn und Dampfschifffahrt GmbH:** Am Georg-Schütte-Platz 8, Tel 04922 3090, www.borkumer-kleinbahn.de.

Elektromobilität

Auf Borkum wird Fortschritt in der Elektromobilität groß geschrieben. Es gibt moment drei Schnelladesäulen, jeweils eine pro Inselparkplatz.

- **Schnellladesäule „Energiehafen":** Parkplatz P1, Am Langen Wasser in der Nähe des Busbahnhofs (AC/DC).
- **Ladesäule am Minigolfplatz** auf dem Parkplatz P2 am Oppermanns Pad (AC).
- **Ladesäule in der Ankerstraße** auf dem Parkplatz P3 (AC).

Taxi

Ein fester Standplatz der Fahrzeuge ist im Ortszentrum – **am Georg-Schütte-Platz** direkt vor dem Bahnhof der Kleinbahn.

Kontakt

- **Taxenzentrale Borkum:** Alter Postweg 2, Tel. 04922 1001.
- **Taxi Axel Held:** Willem-Schol-Pfad 1, Tel. 04922 2326.
- **Rudolf Richter Taxenbetrieb:** Upholmstraße 23, Tel. 04922 2348.

☐ Elektrobus der Borkumer Kleinbahn

b_314 mna

Verkehrsübersicht

Bushaltestellen Richtung Hafen:

1 Busbahnhof
2 Gezeitenland
3 Berufsschule
4 Jakob-van-Dyken-Weg
5 Altenwohnungen
6 Krummer Blockweg
7 Café zur Heide
8 Neuer Deich
9 Wattenmeer
10 Yachthafen
11 DGzRS
12 Burkana-Yachthafen
13 Feuerschiff
14 Fährhafen
15 DJH

Bushaltestellen Richtung Ostland:

1 Busbahnhof
16 Bahnhof/Kriegerdenkmal
17 Katholisches Kinderheim
18 Campingplatz
19 BfA-Klinik
20 Upholmhof
21 Geflügelhof
22 Flugplatz
23 FKK-Strand
24 Ostland

Busstrecke
Wanderweg befestigt
Wanderweg unbefestigt
Reitweg
Straße

0 1 km
©Reise Know-How
Borkum03 13/23
Weg am Spülsaum
Kobbedünen
Oldmanns Olde Dünen
FKK-Strand
Olde Dünen
Steernklippdünen
Dünenweg
23
24
Ostdünen
Tüskendör
OSTLAND
Hoge Hörn
Salzwiesenweg
De Hahlingtjes
Gr. Schloot
Außenweide
Flugplatz
Tüskendör-see
Seedeich
Walddünen-weg
Binnen-weide
WESTLAND
8
Salzwiesen
Reededamm
Ronde Plate
REEDE
9
15
12
13
14
Fähranleger
11
Schutz-hafen
10
Yacht-hafen
Fischerbalje

Die Borkumer Kleinbahn

Zu Beginn des Seebädertourismus wurden die Badegäste mit **Pferdekarren** vom Schiff ans Ufer gebracht. Den Hafen Reede gab es damals noch nicht. Erst 1888 entstand er an der heutigen Stelle. Da die Anreise für alle früher mit einigen Mühen verbunden war, wurde entschieden, die 7,5 Kilometer lange Strecke vom Hafen bis in die Stadt über eine Bahnstrecke zu befahren. Anfangs transportierte die Borkumer Kleinbahn Menschen und Waren, seit 1968 konzentriert sie sich auf den Transport der Gäste samt Gepäck im Planverkehr, der auf die Ankunfts- und Abfahrtszeiten der Borkumfähren abgestimmt ist. Die auf den Fahrplänen angegebenen Abfahrtszeiten entsprechen denen der Bahn ab Bahnhof, das Schiff legt erst gut eine halbe Stunde später ab, wenn die kleine Bahn die Gäste zum Anleger transportiert hat.

So kommt es, dass für nahezu alle Gäste der Urlaub auf Borkum mit einem **Zeitsprung** zurück beginnt: dem Warten im Hafen auf das Heranrumpeln der Bahn mit den bunten Waggons. Außergewöhnlich sind neben ihrer Spurweite von 900 Millimetern das seit Anfang des 20. Jahrhunderts schon zweigleisige Streckennetz und seine Länge. Die Borkumer Kleinbahn ist zudem die **älteste Inselbahn der Ostfriesischen Inseln.** Neben ihrer Aufgabe als Trans-

Mitarbeiter vor Lokomotiven der Borkumer Kleinbahn aus der Frühzeit des Kleinbahnbetriebs auf Borkum

b_078 HvB

b_140 HvB

portmittel zwischen Hafen und Stadtzentrum gibt es – zumindest während der Hauptsaison in den Sommermonaten – auch einen touristisch orientierten Betrieb mit **Ausflugsfahrten** in den historischen Fahrzeugen. Das sorgt dafür, dass die Borkumer Kleinbahn trotz automobiler Konkurrenz recht gut im Geschäft ist.

Alles begann mit dem **Bau des Neuen Leuchtturms 1879,** denn für den Transport des Baumaterials hatte man **Schienen für eine Pferdebahn** verlegt. Die Anlage wurde knapp zehn Jahre später für den Lokomotivbetrieb umgebaut, als der neue Hafen an der Borkumer Reede entstand. Erst durch diesen technischen Fortschritt konnten in größerem Umfang Badegäste bequem vom Schiff zu ihren Unterkünften gelangen. Anfangs wurden Teile der Strecke mehrmals durch **Sturmfluten** zerstört. Deshalb führt sie heute über einen gut befestigten Deich ins Inland. Nach einer wechselvollen Geschichte – unter anderem wurden die Züge als **Militärbahn** eingesetzt – war das Gleisnetz 1938 auf **45 Kilometer Länge** angewachsen. Nach dem Krieg wurde der Bahnbestand zum Teil den Briten überlassen. Es gab immer wieder Überlegungen, die Bahn durch Busse zu ersetzen, aber durch die steigenden Gästezahlen hätten die Menschenmengen während der Stoßzeiten nicht bewältigt werden können. So ist die Bahn bis heute **wichtigstes Transportmittel** geblieben und darf weiterhin mit anmutigem Charme über Borkum rattern.

Einmal im Monat können Interessierte eine Werkstattführung buchen. Tickets sind am Bahnhof erhältlich am Schalter der Borkumer Kleinbahn (20–23 €).

^ Quantensprung in der Entwicklung des Tourismus auf Borkum: Durch den Bau des neuen Hafens an der Borkumer Reede konnten Badegäste bequem mit der Kleinbahn ans Ziel gebracht werden

b_264 mna

3 Natur

» Borkum liegt mitten im Wattenmeer und ist rundherum von Watt- und Sandflächen umgeben. Die Insel ist nicht nur ein bedeutender Rast- und Brutplatz für Vögel, sondern es gibt auf dem Eiland abwechslungsreiche Landschaftsformen und eine beeindruckende Artenvielfalt.

‹ Pferde weiden auf grüner Binnenwiese

Landschaftsformen

Nationalpark und Weltnaturerbe

Das Wattenmeer der Nordseeküste zwischen dem niederländischen Den Helder und dem dänischen Esbjerg ist die **weltweit größte zusammenhängende Wattlandschaft.** Die Wattenmeerregion umfasst rund 22.000 Quadratkilometer, etwa die Hälfte davon fällt bei Niedrigwasser trocken. Alle in Deutschland liegenden Wattenmeergebiete, das sind rund 63 Prozent der Gesamtfläche, wurden zu **Nationalparks** erklärt. Der älteste ist der

☒ Sonnenuntergang an der Strandpromenade

1985 gegründete **Nationalpark Schleswig-Holsteinisches Wattenmeer** mit einer Fläche von rund 4400 Quadratkilometern. Nur ein Jahr später wurde der **Nationalpark Niedersächsisches Wattenmeer** gegründet. Er umfasst das Gebiet von Dollart und Ems an der niederländischen Grenze im Westen bis in den Osten nach Cuxhaven an die Fahrrinne der Außenelbe und ist 3458 Quadratkilometer groß. Die **Ostfriesischen Inseln** gehören ebenfalls zum Nationalparkgebiet, ausgenommen sind nur bebaute Flächen wie Ortschaften, Häfen, Flugplätze etc. Dort ist der Naturschutz jeweils auf andere Art und Weise geregelt. Rund 30 Prozent der Wattenmeerflächen gehören zu den Niederlan-

b_384 mna

b_289 mna

den und etwa sieben Prozent zu Dänemark. Nach langen erfolgreichen Schutzbemühungen erklärte die UNESCO den Nationalpark zum **Biosphärenreservat,** seit 2009 gehört er zum **UNESCO-Weltnaturerbe.**

Das Wattenmeer ist mit **zehn bis zwölf Millionen Zugvögeln** das vogelreichste Gebiet Mitteleuropas und zentrale Drehscheibe auf dem Weg der Zugvögel, die im Watt einen Zwischenstopp einlegen. Darunter sind rund zwei Millionen Möwen und Seeschwalben, zwei Millionen Gänse und Enten und sieben Millionen Watvögel. **Rund 100.000 Brutpaare** ziehen hier ihre Jungen auf. Im Wattenmeer gibt es über 60 Fischarten, es ist auch die Kinderstube für Seehunde, Kegelrobben und Schweinswale.

Die Grenzen des Nationalparks werden oft mit Schildern markiert

Borkum ist Bestandteil des Nationalparks Niedersächsisches Wattenmeer. Ein Großteil der Insel ist in die **drei verschiedenen Schutzzonen** eingeteilt. Ausgenommen sind nur der Ort, das Ostland, der Flugplatz und der Hafen. Für den Schutz der Natur und die Umweltbeobachtung ist die **Nationalparkverwaltung in Wilhelmshaven** zuständig, eine Behörde des Landes Niedersachsen, die dem Ministerium für Umwelt, Energie, Bauen und Klimaschutz untersteht.

Naturschutzgebiete

Niedersächsisches Wattenmeer

Das Niedersächsische Wattenmeer ist mit **3458 Quadratkilometern** eine großflächig zusammenhängende Naturlandschaft aus Außensänden, bis zu 10 Meter tiefen Strömungsrinnen, Seegatten, zahlreichen Prielen und Wattflächen. In vielen Orten an der

☑ Brücke über einen großen Priel bei Hoge Hörn

b_265 mna

Essbare Wildpflanzen

Superfood vor der Haustür? Das gibt es: Saisonal, regional und naturbelassen, fast das ganze Jahr über lassen sich essbare Wildpflanzen ernten. Dieser Exkurs ist dazu gedacht, diesen oft unscheinbaren Kräutern etwas mehr Aufmerksamkeit zu schenken, denn sie haben es wirklich verdient. Es steckt meist mehr in ihnen, als wir vermuten, wenn wir allgemein vom „Unkraut" sprechen. Bevor jedoch der Urlaub zur experimentellen Kräuterwanderung wird, sei darauf hingewiesen, dass die meisten Wildpflanzen auf den Inseln **geschützt** sind und **nicht gepflückt** werden dürfen. Hier wird jedoch eine Auswahl von Pflanzen vorgestellt, um zu zeigen, was die Natur an Nahrung zu bieten hat. Einige davon wachsen auch – meist als **Unkraut** bezeichnet – im Garten. Eltern können beruhigt sein, falls ihre Kinder davon naschen. Sie sollten jedoch wie alles Gemüse vor dem Verzehr gewaschen werden.

Den **Sanddorn** kennen die meisten als Pflanze mit langen Dornen, orangefarbenen Früchten und graugrünen Blättern aus den Dünenlandschaften der Ostfriesischen Inseln. Er wanderte während der Eiszeiten von Zentralasien nach Europa ein. Im Herbst zeigen sich die markanten Früchte, die einen **ungewöhnlich hohen Vitamin-C-Gehalt** haben und **Vitamin B 12** enthalten. Außerdem sind die Beeren reich an **ungesättigten Fettsäuren.** Sanddorn lässt sich, wenn er einmal Frost abbekommen hat, hervorragend zu Marmelade, Gelee, Saft oder Likör verarbeiten. Die Beeren finden oft auch in Früchtetees Verwendung. In vielen Geschäften entlang der ganzen Nord- und Ostseeküste werden Sanddornprodukte verschiedenster Art angeboten, sie sind ein beliebtes Mitbringsel. Eine Borkumer Sanddornspezialität ist die **„Fasanenbrause",** eine Mischung aus Sanddornsaft, klarem Schnaps und Zucker. Am Wegesrand sind häufig Brombeeren und Himbeeren zu finden, in einigen Gehölzen wachsen Holunderbüsche, deren Blüten und Beeren sich ebenfalls wunderbar zu Marmeladen oder Gelees verarbeiten lassen.

Die grünen Blätter von **Brennnesseln** lassen sich sehr gut zu **Pesto** verarbeiten, wenn man sie walkt und mit Gewürzen, Öl, geriebenem Parmesan oder Nüssen verarbeitet. Sie sind sehr nährstoffreich: In Brennnesseln steckt siebenmal mehr Eisen, 25 mal mehr Vitamin C und 17 mal mehr Kalzium als in Blattsalaten. Löwenzahn und Giersch ergeben zusammen einen leckeren, aromatischen Salat. Kleingehackt und gemischt mit Semmelbröseln oder eingeweichten Brötchen, Ei und Gewürzen lassen sich auch leckere **vegetarische Bratlinge** daraus zubereiten. Im Vergleich zum Kopfsalat hat der bittere **Löwenzahn** viel Eiweiß, achtmal mehr Vitamin C und doppelt so viel Magnesium, Phosphor und Kalium als Kopfsalat. Der aromatische **Giersch** lässt sich auch wie Spinat zubereiten. Er hat fünfmal so viel Provitamin A, 15 mal so viel Vitamin C und elfmal so viel Eiweiß wie Kopfsalat, dazu reichlich Kalium, Vitamin C, Karotin und Eisen. Werden die Wildkräuter jedoch gekocht serviert, gehen viele Nährstoffe verloren. Daher ist es am besten, sie als **Salat oder Pesto** zu servieren. Ihre beste Erntezeit ist das Frühjahr zwischen Ende April und Anfang Mai, wenn die Blätter noch weich und zart sind. Ein hübscher Leckerbissen im Salat oder auf dem Butterbrot ist auch das **Gänseblümchen.** Es regt den Stoffwechsel an, verfügt über sechsmal so viel Vitamin C und fünfmal so viel Kalzium wie ein Kopfsalat. Hinzu kommen die Nährstoffe Kalium,

Magnesium, Eisen, Vitamin A, Eiweiß und Flavonide, letztere schützen die Zellen. Es gibt verschiedene Bücher, die hilfreiche Tipps geben, wie sich die einzelnen Pflanzen identifizieren lassen.

Eine im Watt und am Rand der Salzwiesen an feuchten bis nassen und gelegentlich überfluteten Standorten weit verbreitete Pflanze ist der **Queller,** auch „Meeresspargel" oder scherzhaft „Ostfriesische Salzstange" genannt. Er ist eine einjährige Pionierpflanze und einige der wenigen überhaupt, die in dem salzhaltigen Umfeld überleben können. Am Anfang der Wachstumsperiode sind die fleischigen Stängel leuchtend grün und färben sich im Laufe des Jahres immer mehr, bis sie im Herbst leuchtend rot sind und dann absterben. Die Pflanze **steht unter Schutz** und darf nicht geerntet werden. Es gibt aber auch **Züchter,** sodass Queller in gut sortierten Fischgeschäften gekauft werden kann. Er schmeckt sehr lecker in Butter geschwenkt aus der Pfanne zu Fischgerichten aller Art, als Salat frisch zubereitet oder kurz gekocht.

b_224 nf

⌃ Queller
(im Volksmund: „Ostfriesische Salzstange")

⌄ Sanddorn mit Früchten

b_105 nf

Niedersächsischen Küste und teilweise auch auf den Ostfriesischen Inseln befinden sich **Nationalpark-Häuser** mit Informationen rund um den Nationalpark. Das Niedersächsische Wattenmeer ist von besonderer Bedeutung vor allem für eine speziell angepasste Fauna an **Wirbellosen.** Hier ist die Kinderstube der **Nordseefische** und es gibt bedeutende **Seevogelbrutbestände.** Zusätzlich dient das Niedersächsische Wattenmeer als Nahrungs- und Rastbiotop für Seehunde, Wat- und Wasservögel.

Naturschutzgebiete auf und vor Borkum

Auf Borkum selbst gibt es **mehrere ausgewiesene Schutz-** und **Vogelbrutgebiete.** Die Flächen der **Schutzzone I** (Ruhezone) dürfen in der Regel aus Naturschutzgründen nur auf zugelassenen Wegen betreten werden oder sind wie die Südspitze und die Ostspitze komplett gesperrt. Der Rest der Insel gehört überwiegend zur **Schutzzone II** (Zwischenzone) und der Strand vor dem Ort gilt als **Schutzzone III** (Erholungszone).

Geschützte Gebiete sind neben dem Wattenmeer das **Feuchtbiotop Greune Stee** (Grüne Stelle) im Südosten der Insel, die **Ronde Plate** im Süden nahe beim Hafen, der **Tüskendörsee** (Zwischendurch-See) an der dem Festland zugewandten Seite, die **Waterdelle** und das **Muschelfeld** im Nordwesten der Insel, die Nordostspitze der Insel, das **Hoge Hörn** und die in Sichtweite vor der Strandpromenade liegende **Seehundbank Hohes Riff.** Vor Borkum, weiter draußen in der Nordsee, liegt das vom Meer bedeckte **Naturschutzgebiet Borkum-Riffgrund.**

Greune Stee

Die Greune Stee, ein vor über 100 Jahren künstlich angepflanztes Gebiet, entstand damals als **Schulprojekt.** Lehrer pflanzten mit ihren Schülern Bäume, um Unterschlupfmöglichkeiten für Jagdwild zu schaffen. Inzwischen ist aus der Pflanzung der **größte Wald der Insel** entstanden. Das Feuchtbiotop Greune Stee ist etwa 60 Hektar groß und liegt zwischen den Woldedünen und dem Schutzdeich im Südwesten der Insel. Schüler pflanzten dort vor allem Moorbirken, Schwarzerlen und Weiden. Die „Grüne Stelle" wirkt auf den Betrachter wie ein **verwunschener Ort,** kleine Pfade führen durch die Pflanzenwelt, es gibt viele morastige Stellen und auch Heidekraut in den Dünentälern.

▷ Die dichtbewachsene Greune Stee

Wer sich ruhig verhält und eine Weile wartet, kann so manches Tier hautnah in seinem Lebensraum beobachten. Die Greune Stee ist ein **wichtiges Brutgebiet** für viele Arten von Sumpfvögeln wie Rohrweihe, Löffelente, Teich- und Blässhuhn. Gelegentlich dringt Salzwasser in das Gebiet ein, sodass hier Übergänge von den Salzwiesen zur Süßwasservegetation zu sehen sind. Durch die Bäume und Büsche kamen aber im Lauf der Zeit auch **Waldvogelarten** in das Gebiet. So leben hier heute Amseln, Buchfinken, Meisen, Waldschnepfen, Buntspechte und Waldohreulen. Manchmal sieht man aber auch Fasane, Kaninchen und Rehe. Da der Wald weitgehend sich selbst überlassen wird, gibt es viel **Totholz.** Das wiederum ist Lebensraum für zahllose Pilze, Insekten und andere Kleintiere, die das Holz zersetzen.

Rücksichtnahme

Es sollte selbstverständlich sein, auf den Wegen zu bleiben und den Tieren ihre Ruhe zu lassen. Leider berichten die National-park-Ranger immer wieder davon, dass uneinsichtige Gäste auf der Jagd nach einem spektakulären Foto die Wildnis betreten oder ihre Hunde nicht wie vorgeschrieben an der Leine führen.

b_385 mna

Schutzzonen des Nationalparks

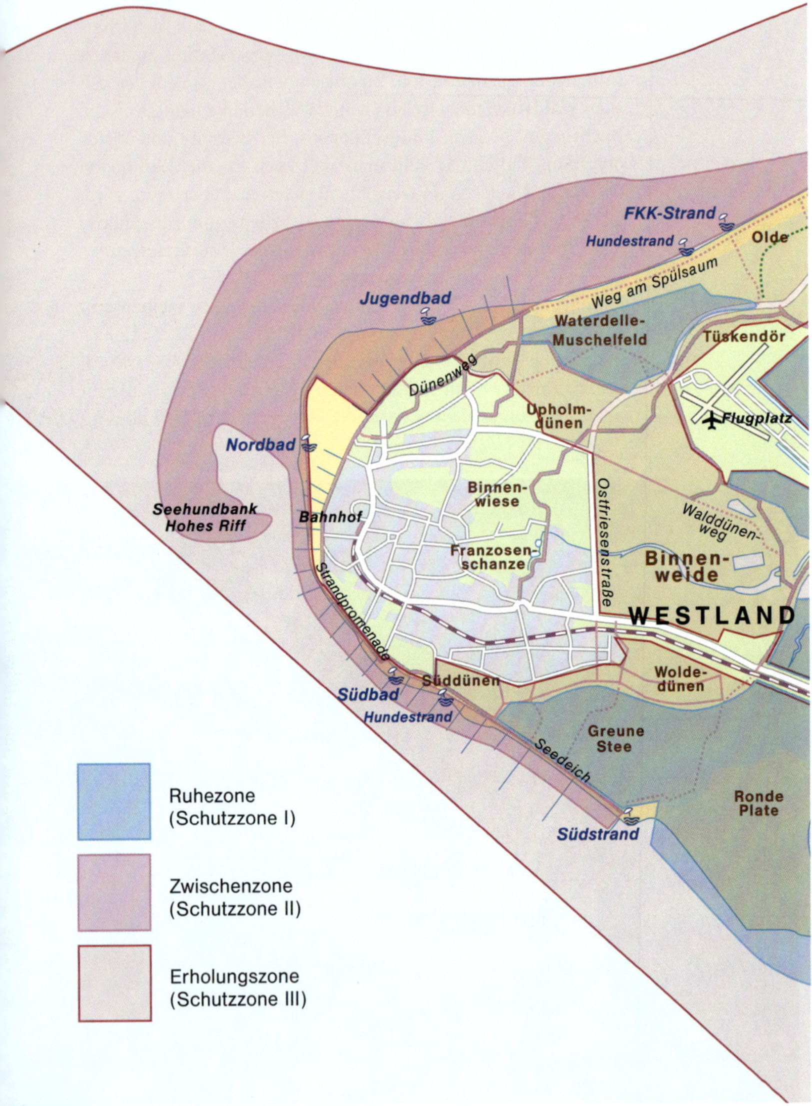

0
1 km
©Reise Know-How
Borkum15 13/23
Weg am Spülsaum
Nordstrand
Kobbedünen
Oldmanns Olde Dünen
Dünen
Dünenweg
Steernklippdünen
Weg am Spülsaum
Hoge Hörn
OSTLAND
Salzwiesenweg
De Hahlingtjes
Ostdünen
Außen-weide
Gr. Schloot
Tüskendör-see
Seedeich
Salzwiesen
Reededamm
REEDE
Fähranleger
Schutz-hafen
Yacht-hafen
Fischerbalje

Ronde Plate

Zwischen der Greunen Stee und dem Hafengebiet Borkum-Reede liegt die Ronde Plate, also wörtlich die „Runde Sandbank". Ganz so rund, wie der Name vermuten lässt, ist sie heute nicht mehr. Dort tummeln sich **zahlreiche Watvögel,** besonders die **Austernfischer,** die an ihrem markanten Ruf unschwer schon von Weitem zu erkennen sind. Die Ronde Plate besteht aus **Wattgebieten und Salzwiesen,** die zu den eindrucksvollsten an der Deutschen Nordseeküste zählen. Alle Stadien der Salzwiesenentwicklung sind hier zu sehen. Hier wachsen unter anderem die lila-blühende Strandaster, das drahtdünne Andelgras, der streng geschützte Strandflieder, Strandwegerich und der Strandbeifuß, auch Strandwermut genannt. Reibt man an seinen graugefiederten Blättern, entwickelt sich sein charakteristischer Duft. Sie waren einst eine würzende Schnapszutat. Auf den Wattflächen der Ronden Plate dehnt sich der **Queller** aus. Es ist die Primärpflanze, wenn sich Watt in Salzwiese verwandelt, und sie verträgt salziges Wasser und Überflutungen. Die Ronde Plate lädt auch zahlreiche Zugvögel zur Rast ein. Betreten darf der Mensch den Bereich nicht, er gehört zur **Schutzzone I.**

Fliegender Schwarm von Austernfischern

b_267 jz

Waterdelle

Nordöstlich der Stadt Borkum befindet sich das 0,87 Quadratkilometer große Naturschutzgebiet Waterdelle. Die Waterdelle ist ein **ausgedehnter Bruchwald,** in dem vor allem verschiedene **Singvogelarten** wie Buchfink, Singdrossel und Nachtigall leben. Besonders im Frühjahr sind ihre Rufe deutlich zu hören, ergänzt von denen der Wasserralle und der Rohrdommel. Manches Mal hört man auch den Ruf der Waldohreule.

Muschelfeld

Das sogenannte Muschelfeld ist ein **ehemaliger Strandsee.** Die Muscheln transportierte einst das Meer dorthin, denn Borkum war vor dem Bau des ersten Damms im Jahre 1863/64 zweigeteilt (→ Kapitel „Inselgeschichte"). Verschiedene Muschelarten wie Herz- und Sandklaffmuschel wurden aus dem Wattboden herausgespült und Miesmuscheln aus ihren Verankerungen gerissen. Strömung und Brandung zerstörten ihre Kalkschalen und sie landeten zerkleinert am Spülsaum, dadurch bildeten sich **Muschelfelder.** Sie sind heute aber kaum noch zu erkennen, der Sand der Dünen hat sie inzwischen größtenteils überdeckt. Die zerkleinerten Muschelschalen werden **Schill** genannt. Ihn sammelten die Insulaner und verarbeiteten ihn zu Mörtel, wie er beispielsweise zum Bau des Alten Leuchtturms verwendet wurde. Mit Rücksicht auf die Tier- und Pflanzenwelt – einige hochgefährdete Arten wie Sandregenpfeifer und die Zwergseeschwalbe ziehen im Schill ihre Jungen auf – findet in Deutschland kein Schillabbau mehr statt.

Hindenburg-Damm

Heute trennt der Hindenburg-Damm das Muschelfeld vom Meer. Er wurde als **Dünenwall** künstlich angelegt und ist deutlich durch den geraden Verlauf des Dünenkamms zu erkennen. Hinter dem Wall entstand ein Dünental, *Delle* genannt. Dort tritt an manchen Stellen Grundwasser zutage. Hier haben sich viele **Feuchtgebietspflanzen** angesiedelt – allen voran der **Schilf.** Im Schilf leben **Röhrichtvögel** wie Rohrdommel, Teichrohrsänger, Teich- und Blässhuhn oder der Feldschwirl. Sie finden hier ideale Bedingungen. Im höhergelegenen Bereich der Dünen wachsen Sanddorn, Stech- und Besenginster, Kartoffelrosen und Kriechweide. **Sanddornbüsche** verfestigen mit ihrem Wurzelwerk den Sand. Ihre Äste werden als **Strauchzäune** verwendet, die in Dünenlücken Flugsand einfangen. Auf diese Weise können die Dünen besser anwachsen. Hier brüten vor allem Dorngrasmücken und Bluthänflinge. Das Gebiet darf nur auf den markierten Wegen durchquert werden, ansonsten gilt „Betreten verboten", weil es sich um die **Schutzzone I** handelt.

Tüskendörsee

In den 1970er-Jahren wurde an der zum Festland gewandten Inselseite der 6,70 Meter hohe neue **südliche Seedeich** gebaut. Diese Maßnahme war eine Reaktion auf das Brechen des Ostland-Deichs während der schweren Sturmfluten 1962 und 1973. Damals standen die dortigen Gehöfte und der Flugplatz unter Wasser. Der Tüskendörsee entstand in den Jahren 1975 und 1976 durch die **Materialentnahme für den Deichbau.** Teilweise wurden dort künstliche Inseln aufgeschüttet und Uferabflachungen errichtet. Der Tüskendörsee ist der größte Binnensee Borkums und er ist über ein Siel mit dem Wattenmeer verbunden. Am Tüskendörsee hat sich auch der **Löffler** wieder angesiedelt, seine Brutkolonien können aber nicht eingesehen werden.

Zu allen Jahreszeiten ist er ein **idealer Ort zur Vogelbeobachtung,** vom Deich aus ist er gut zu überblicken. Allerdings ist die Entfernung recht groß, sodass ohne Spektiv eine detaillierte Beobachtung kaum möglich ist. Die stets große Geräuschkulisse der verschiedenen Enten- und Watvogelarten verrät, dass hier viele Vögel einen Lebensraum gefunden haben. Im Gebiet um den Tüskendörsee haben sich auch seltene **Wiesenvogelarten** wie der Große Brachvogel und die Bekassine angesiedelt, die hier Brutstellen vorfinden. Im Herbst 2016 wurden Maßnahmen ergriffen, um die Niederschläge im Herbst und Winter in flachen Senken und Gräben zurückzuhalten. Über steuerbare Einstauvorrichtungen lassen sich die Wasserstände genau kontrollieren. Im Laufe der Brutzeit werden die Wasserstände nach und nach abgesenkt, sodass sich die angrenzenden Wirtschaftsflächen im Sommer als extensiv beweidete oder gemähte Flächen nutzen lassen. Der Grund für diese Vogelschutzmaßnahme war, die Feuchtwiesen stärker zu vernässen und so den dort lebenden Vögeln wie Uferschnepfen und Kiebitzen einen **verbesserten Lebensraum** zu schaffen. In Niedersachsen gibt es die bedeutendsten Vorkommen an Wiesenvögeln, etwa zwei Drittel aller Uferschnepfen und die Hälfte der Großen Brachvögel und Rotschenkel brüten hier. Dem Wiesenvogelschutz kommt deshalb eine hohe Bedeutung zu.

Hoge Hörn

Ganz ungestört ist die Vogelwelt **weit im Osten der Insel,** der Zugang zu diesem Bereich ist vollständig untersagt. Es führt lediglich ein einziger mit Pfählen markierter Weg durch die Hoge Hörn. Die ständigen Veränderungen durch die Natur schaffen eine Evolution auf kleinstem Raum. Es gibt wüstenartige Areale ohne Vegetation, dann wieder zeigen sich Übergänge zu trockenen Strandwiesen, Sandhellerflächen und mit Büschen bewach-

b_269 mna

senen Dünen. Diese abwechslungsreiche Landschaft bietet vielen Vogelarten Schutz und Lebensraum. Das Gebiet an der Ostspitze ist der **größte Hochwasserrastplatz der Insel.** Während der Vogelzüge rasten hier bis zu 100.000 Watvögel. Dazu gehören die seltenen Großen Brachvögel, Austernfischer, Rot- und Grünschenkel, Alpenstrandläufer, Kiebitzregenpfeifer und andere Arten.

Hohes Riff

Unmittelbar nordwestlich der Stadt liegt die **Sandbank Hohes Riff.** Teile davon sind mit dem Strand verbunden. Zu Beginn des 20. Jahrhunderts lag die Sandbank noch weit vor der Insel Borkum. Ihr westlicher Zipfel wurde von Seehunden, Kegelrobben und Vögeln erobert, das Betreten ist verboten. Bis zur mit Pfählen markierten Grenze darf man gehen oder mit einer Kutsche fahren, danach ist Schluss. Aber auch die **Strandpromenade** bietet gute Stellen, von denen aus man mit einem Fernglas oder Teleobjektiv die Tiere auf der Sandbank beobachten kann. Die

⌃ Fasane, hier ein Männchen im prächtigen Federkleid, laufen einem überall auf der Insel über den Weg – auch am Tüskendörsee

Form des Hohen Riffs verändert sich seit Jahren deutlich sichtbar. Durch die natürliche Zufuhr von Sandmassen wächst die Seehundbank ständig an. Sie hat die Badebucht am Nordbad schon beinahe eingeschlossen und rückt immer näher an den Strand und die Kurpromenade heran.

UNSER TIPP: Das **Nationalparkschiff Borkumriff** im Hafen zeigt in einer Dauerausstellung die **Veränderung der Seehundbank Hohes Riff seit 1938** anschaulich mit Luftaufnahmen. Weitere Informationen über den Naturschutz sowie die Tier- und Pflanzenwelt zeigen zusätzliche interessante Aspekte.

b_268 mna

Die Seehundbank ist ein **wichtiger Rückzugsort für Seehunde und Kegelrobben.** Seehunde erkennt man an ihrem runden Kopf und der kurzen Schnauze. Kegelrobben hingegen sind deutlich größer und ihr Kopf ist länger und gestreckter. Sie sind die größten wildlebenden Tiere Mitteleuropas und haben im Wattenmeer **keine natürlichen Feinde.** Sie wurden durch intensive Jagd im 19. und 20. Jahrhundert **fast ausgerottet.** Die Seehunde und Kegelrobben ruhen sich auf dem Hohen Riff aus und tanken Sonne, da es ihnen nur so gelingt, das lebenswichtige Vitamin D zu entwickeln. Bei ausreichenden Ruhephasen ohne Störung können sie die für den Winter überlebenswichtige Fett-

⌃ Sandbank Hohes Riff mit Windpark Riffgat

schicht aufbauen. Auf weiter abgelegenen Sandbänken und Strandbereichen bringen sie ihre Jungen zur Welt und säugen sie während der Niedrigwasserphase. In den Jahren 1988 und 2002 fielen viele Seehunde der damals grassierenden Seehundstaupe zum Opfer. Dennoch nimmt der Seehundbestand im Wattenmeer seit Jahren erfreulicherweise beständig zu. In den letzten Wintern wurden auf dem Hohen Riff die ersten Jungtiere der Kegelrobben beobachtet. Die Chancen stehen gut, dass sich hier **langfristig eine Kolonie etablieren kann.** Die Lebensbedingungen an der deutschen Nordseeküste sind günstig dafür und zeigen, dass die Schutzmaßnahmen des Nationalparks Niedersächsisches Wattenmeer langfristig erfolgreich sind.

Borkum Riffgrund

Im Meer nordwestlich von Borkum liegt das Naturschutzgebiet Borkum Riffgrund. Es handelt sich hierbei um eine 521 Quadratkilometer große **überspülte Sandbank** und die angrenzenden Bereiche. Das gesamte Naturschutzgebiet umfasst 625 Quadratkilometer. Die Sandbank ist aus einer **Grundmoräne** hervorgegangen, die in der Saale-Eiszeit entstanden ist. Sie liegt in 18 bis 33 Metern Tiefe, davon sind 23 Quadratkilometer Riffgebiete. Borkum Riffgrund ist ein **wichtiges Überwinterungsgebiet für Seevögel** wie Pracht- und Sterntaucher, verschiedene Möwen und Schwalben, Basstölpel und Trottellummen. Robben und Schweinswale finden hier ebenfalls ihre Nahrung. Nördlich des Schutzgebiets liegt der **Offshore-Windpark Borkum Riffgrund.**

Geologie und Veränderung der Insel

Entstehung der Ostfriesischen Inseln

Die Ostfriesischen Inseln sind sogenannte **Schwemminseln.** Sie entstanden durch Meeresablagerungen und das Zusammenspiel von Gezeiten, Strömungen, Wellen und Wind und bestehen aus einem Gemisch von Sand und Watt, das sich im Laufe der Jahrhunderte durch Pflanzenbewuchs verfestigte. Nach und nach entwickelte sich dort eine spezielle **Tier- und Pflanzenwelt** sowie vielfältige und **abwechslungsreiche Landschaftsformen** auf begrenztem Raum. Man findet auf Borkum ausgedehnte Wattgebiete, Salzwiesen, Strand, Dünengrasgebiete, Grünland und kleine Wälder.

Vielfältige Landschaftsformen

Auf Borkum gibt es am Westufer sowie auf der Nordseite ausgedehnte **Sandstrände und Dünenlandschaften,** im Südwesten befindet sich die Greune Stee, ein ausgedehnter **Sumpfwald.** An trockenen Stellen ist die Greune Stee von **Dünen** durchzogen. Auf der Südseite und vor allem im östlichen Teil der Insel gibt es große Wattgebiete, Salzwiesen und Heller, so nennt man die teilweise beweideten Flächen. Im Binnenland gibt es Ackerflächen, aber nicht sehr viele.

Der **Strand** bildet die Übergangszone zwischen den Wogen der Nordsee und der Insellandschaft. Pflanzen haben es hier schwer. Der Sand ist Material aus dem Meer, der sich aus verschiedensten Partikeln zusammensetzt. **Borkums Sand ist sehr fein und hell.** Direkt an der Wasserkante weht meist ein kräftiger Wind und mehrmals täglich wird dieser Bereich überflutet. Der Strand am Nordbad und am Jugendbad ist besonders ausgedehnt, weil sich dort im Laufe der Jahre die Sandbank Hohes Riff mit der Insel verbunden hat. Der Strand ist **Brut- und Lebensraum** für die stark bedrohten **Strandbrüter.**

☐ Vordünen mit Dünengras und stehendem Wasser

b_271 mna

Weil die Sandflächen so ausgedehnt sind, konnte sich dort eine große **Vordünenlandschaft** entwickeln – das ist ein natürlicher Schutz der Insel bei Sturmfluten. Zwischen Vordünen und Hauptdünen liegen **kleine Feuchtgebiete,** die vielen Tieren Nahrung und Schutz bieten. Sie bestehen aus **Süßwasser,** das gelegentlich vom Meer überspült wird und schnell wieder aussüßt. In diesem Gebiet wachsen viele Binsen. Diese Landschaft ist äußerst fragil und sollte nicht betreten werden. Letzteres gilt auch für die Dünen, die für den Inselschutz unverzichtbar sind.

Gezeitenströme

Der um die Insel liegende Übergangsbereich zwischen Land und Meer wird täglich bei Hochwasser überflutet und fällt bei Niedrigwasser wieder trocken. So strömt das Wasser der Nordsee bei auflaufendem Wasser durch die zwischen den Inseln liegenden **Seegatten,** so nennt man die schmalen und tiefen Strömungsrinnen, auf die riesigen Wattflächen zwischen den Ostfriesischen Inseln und dem Festland. Ist der Höhepunkt der Flut erreicht, fließt das Wasser wieder in die offene See zurück. **Bis zu rund zwei Dritteln fällt das Wattenmeer** zwischen den Inseln und dem Festland bei Niedrigwasser **trocken.** Da die Tiderinnen relativ schmal sind, entstehen starke Gezeitenströme, die den Meeresboden ständig verändern. Im Osten der Insel Borkum befinden sich mit der **Osterems** und im Westen mit der **Westerems** zwei tiefe Seegatten.

b_386 mna

Borkum in ständigem Wandel

Nach wie vor verändert sich Borkums Form. Ursache dafür ist die sogenannte **Ostdrift.** Sie führt dazu, dass sich die Inseln Jahr für Jahr um einige Meter nach Osten bewegen: Der Gezeiten-Hauptstrom nagt regelmäßig am westlichen Ufer. Die Sandverluste im Westen und die Zuwächse im Osten entstehen durch die Strömungsverhältnisse im Bereich der jeweiligen Seegatten. Besonders große Auswirkungen haben **schwere Sturmfluten.** Auf Borkum lässt sich die Ost-West-Drift sehr gut an der **Ronden Plate** erkennen. Während dort die Randdünenkette durch winterliche Sturmfluten immer stärker beschädigt wird, wächst sie an der Hoge Hörn auf und vergrößert sich. Die Ronde Plate und der Nordstrand schützen die Insel auf natürliche Weise. Der Ort ist hingegen im Norden und Westen durch die Dünen und die über sechs Kilometer lange Strandpromenade und im Süden durch einen Deich geschützt. Insgesamt gibt es auf Borkum **14 Kilometer Schutzdünen** und rund **9 Kilometer Hauptdeiche.** Borkum aber hat durch seine Lage zwischen der Wester- und Osterems eine große Lagestabilität, die Ostdrift ist bei Weitem nicht so stark ausgeprägt wie bei den anderen Ostfriesischen Inseln.

Der Niedersächsische Landesbetrieb für Wasserwirtschaft, Küsten- und Naturschutz (NLWKN) überwacht im Rahmen des 2011 entwickelten „Generalplans Inselschutz" die Entwicklung der Strände und Dünen **mit modernen satellitengestützten Vermessungstechniken.** Computerbasierte Simulationsmodelle berechnen mittels der erlangten Daten, ob die Schutzdünen noch breit und hoch genug sind, um die Sturmflutsicherheit der Insel zu gewährleisten. Besteht Handlungsbedarf, wird der **Küstenschutz** aktiv. Die Küstenschützer betrachten den Schutz der Inseln als zwingend, weil sie bedeutende Touristenstandorte und damit ein wesentlicher Wirtschaftsfaktor sind. Andererseits sind sie wichtiger **Bestandteil des Küstenschutzsystems für die Festlandsküste,** weil sie als **vorgelagerte Wellenbrecher** bei Stürmen und Sturmfluten dem Meer Kraft rauben. Insel- und Küstenschutz sind eine Daueraufgabe, das Niedersächsische Umweltministerium investiert pro Jahr mehr als 60 Millionen Euro.

◁ Sandiger Weg in Borkums Dünen

Lahnungen

Im Deichvorland am Wattenmeer wurden früher als Küstenschutzmaßnahme **Buschlahnungen** gesetzt, das sind doppelte Pfahlreihen mit dazwischen verschnürten Sträuchern, sogenannte *Faschinen.* Lahnungen reduzieren die Strömungsgeschwindigkeit des Wassers und schützen dadurch das Vorland. Sie sind nicht nur zur Sicherung des Vorlands gut, sie begünstigen auch die **Entstehung von Salzwiesen.** Auf Borkum werden diese Lahnungen aber nicht mehr unterhalten, heute sind nur noch alte Reste zu sehen. Das Vorland ist inzwischen groß genug, um bei Sturmfluten und Hochwasser die Insel zu schützen. Deshalb reicht an der Ostseite auch ein Vorlanddeich ohne Deckwerk. Sollte aber Vorland abbrechen, könnte es durchaus sein, dass man erneut Lahnungen baut.

Strand und Dünenlandschaften

Sandstrand

Rund **26 Kilometer Sandstrand** gibt es auf Borkum, er zieht sich die **gesamte Nordseite der Insel** entlang und reicht weiter um die Inselspitzen im Westen und Osten. **Auf der Südseite** hingegen befinden sich **Wattgebiete,** dort gibt es keinen Strand. Der Strand ist im westlichen Bereich der Insel sehr schmal und geht dort sofort in die **Weißdünenlandschaft** über. Im Bereich der Ortschaft wurden die Dünen überbaut und mit massivem Deckwerk aus Beton geschützt. An der Südspitze befindet sich die **Ronde Plate,** eine Sandfläche, die bei Hochwasser überflutet wird und deren Betreten streng verboten ist.

Verschiedene Dünenarten

Wie auf allen Ostfriesischen Inseln gibt es auch auf Borkum **verschiedene Dünenarten**. Die mächtigen **Randdünengebiete** schützen das Inselinnere vor Einbrüchen der Nordsee bei **schweren Sturmfluten.** Man unterscheidet zwischen Weiß-, Grau- und Braundünen.

Auf Borkum gibt es nur einen **schmalen Gürtel aus Weißdünen,** der sich an der gesamten Nordseite und teilweise auch an den Inselenden gebildet hat. Für manche Tier- und Pflanzen-

[>] Wasserkante am Strand im Ostland

arten ist die stetige Veränderung der Dünenlandschaft notwendig. Die sogenannten **Weißdünen** bilden ein natürliches Bollwerk gegen die heranstürmende Nordsee. Sie werden nicht mehr von ihr überflutet, bestehen aus **feinem Quarzsand** und sind hauptsächlich mit **Strandhafer** bedeckt. Der Strandhafer ist die Pflanze, die als erste aus dem Sand sprießt und die Dünen mit ihrem ausgeprägten Wurzelwerk zusammenhält. Es ist kaum zu glauben: **Bis zu 30 Meter tiefe Wurzeln** verankern eine Pflanze im Dünensand. Der Strandhafer benötigt die Nährstoffe des Sandes und nur er sowie wenige andere Pflanzen verkraften die Mischung aus Sandstrahlgebläse, Trockenheit und ständiger Übersandung. Erst durch die langen Wurzeln der Dünengräser kann sich aus losem Sand eine Düne bilden. Mit der Zeit sammelt sich dort immer mehr Sand an, der sich zu hohen Dünen auftürmen kann. Nur Strandhafer, -roggen und -distel wachsen in diesem ganz speziellen Lebensraum der Weißdünen.

Aus den Weißdünen gehen die flacheren **Graudünen** hervor, die Bodenentwicklung ist hier schon weiter fortgeschritten und der Bewuchs bereits relativ dicht, sodass sie als Dünenlandschaft kaum noch wahrzunehmen sind, denn die Graudünen sind meist von kräftigem Bewuchs vorwiegend aus Sanddorn und

b_290 mna

b_106 nf

Hundsrosen bedeckt. Unter anderem wachsen hier Doldiges Habichtskraut, Silbergras und Kriechweide. Die **Hundsrose** *(Rosa canina)* liebt das Küstenklima und ist inzwischen weit verbreitet. Aber auch die als **Kartoffelrose** *(Rosa rugosa)* bezeichnete **Wildrose** mit den pinkfarbenen Blüten ist sehr häufig zu sehen. Sie stammt ursprünglich aus China. Auch die heimische Wildrose **Bibernellröschen** *(Rosa pimpinellifolia)* ist fast kriechend zwischen den Dünen anzutreffen. Sie wurde vor einigen Jahrhunderten in die Gärten geholt und diente als Stammmutter vieler frühblühender Gartenrosen.

Mit der Zeit sinkt der pH-Wert der Graudünen, sodass sich immer mehr Pflanzen ansiedeln können. Die nächste Entwicklungsstufe ist die **Braundüne,** die bereits von einer geschlossenen Vegetationsdecke überzogen ist. Typische Pflanzen sind Krähenbeere, Besenheide und Sanddorn. Die Braundünen sind

⌃ Schwert-und Herzmuscheln am Strand

› Blühende Distel in den Dünen

in den Tälern bereits bewaldet. Das größte Waldgebiet auf Borkum ist die **Greune Stee.**

Dünen sind ein **äußerst empfindlicher Lebensraum,** sie dürfen deshalb nicht betreten werden, denn die Gräser, die den Sandabtrag durch Wind und Wasser schützen sollen, dürfen nicht zerstört werden. Jeder Schritt abseits der Wege vernichtet wertvollen Lebensraum. Die Pflanzen **stehen unter Schutz,** das Pflücken und Ausreißen ist **streng verboten.** Um an den Strand zu kommen, gibt es zahlreiche Übergänge, die leicht an den signalroten Kreuzen zu erkennen sind. Die Dünen sind ein wichtiger Schutz für die Insel.

Lebensräume und Pflanzenwelt

Wattgebiete

Der Begriff „Watt" entstammt dem altfriesischen Wort *wad,* was so viel heißt wie ‚seicht' oder ‚untief'. Er bezeichnet auch Gebiete, in denen man *waten* kann. Wenn Inseln oder Sandbänke die Strömung abbremsen, kann in den dazwischen gelegenen Gebieten durch mit den Wellen herangetragenes Sediment, das zu Bo-

b_274 mna

den sinkt und sich ablagert, **Watt** entstehen. Man unterscheidet je nach Art der Bodensedimente zwischen **Schlick-, Sand-** und **Mischwatten.** Schwerere Bestandteile wie kleine Steine, Sand und Muschelschalen setzen sich bereits im bewegten Wasser ab, dadurch entsteht das **Sandwatt.** Der Meeresgrund wird mit der Nähe zur Küste immer flacher und das Wasser ruhiger. Hier sinken feiner Sand, Ton und organische Bestandteile auf den Grund, die das **Mischwatt** bilden. Direkt vor der Küste entsteht schließlich mit Hilfe von Mikroorganismen das feine **Schlickwatt** mit einem hohen Anteil an organischen Substanzen. Borkums Wattflächen liegen im Süden und Südosten der Insel, anders als bei den anderen Ostfriesischen Inseln gibt es im Norden und Osten nur schmale Wattstreifen. Das Watt fällt zweimal täglich zum Teil trocken und wird bei auflaufendem Wasser nach und nach wieder überflutet. Der mittlere Tidenhub, also der Unterschied zwischen Niedrig- und Hochwasser, liegt auf Borkum bei durchschnittlich 2,40 Metern und ist damit stark genug, um Sand und Sediment aus dem Meer anzuspülen. Durch die **Priele,** das sind tiefere Rinnen im Watt, läuft das Wasser auf und wieder ab.

Auf den ersten Blick wirkt das Wattenmeer so, als sei dort nicht viel Leben zu finden. Es ist jedoch **sehr nährstoffreich** und bildet die Lebensgrundlage für zahlreiche Kleinstlebewesen. Bei genauer Betrachtung lässt sich erkennen, dass es sich tatsächlich um einen der **produktivsten Lebensräume der Erde** handelt. Wer im Watt leben will, muss mit extremen Bedingungen zurechtkommen. Es gibt starke Temperaturschwankungen, der Salzgehalt verändert sich ständig, und neben den häufigen Überschwemmungen herrschen an einigen Stellen **starke Strömungen.** Dennoch gibt es im Watt und auf der Insel mehr als 10.000 Tier- und Pflanzenarten, die sich perfekt an diesen speziellen Lebensraum in der Nordsee angepasst haben. Das Wattenmeer ist **die größte Wildnis im dichtbevölkerten Mitteleuropa** und seine Natur ist noch weitgehend intakt. Darum genießt es den höchstmöglichen Naturschutz.

Wattwanderung

Wer eine Wattwanderung macht, wird die unterschiedlichen Wattarten **mit bloßen Füßen** am besten spüren können. Direkt am Ufer ist das weiche Schlickwatt, wo man beim Laufen „schwarze Socken" bekommt und bis zu den Knien versinken kann. Im Mischwatt dagegen schmatzt der Boden beim Betreten leicht und man sinkt auch nur wenig ein. Am besten lässt sich auf den **festen Sandrippeln des Sandwatts** laufen. Eine Watt-

b_275 mna

wanderung ist eine Wanderung auf dem Meeresgrund. Nur der Wind, die Rufe der Vögel und die leise knisternden Geräusche des Wattbodens sind zu hören.

Salzwiesen

Zwischen Deich und Wattenmeer befinden sich an der zum Festland gewandten Seite Borkums Salzwiesen, auch **Salzmarsch** oder **Vorland** genannt. Es handelt sich um den Übergang von den regelmäßig überfluteten Wattflächen zum sturmflutsicheren Inselkern. Jede Flut schwemmt Schwebeteilchen ins ufernahe Watt und das feine Material sinkt dort ab. Im Lauf der Jahre verfestigt sich das Sediment durch den Bewuchs von Pflanzen. Salzwiesen haben einen ganz speziellen Charakter und lassen sich in **drei Zonen** einteilen, die vom Salzgehalt des Bodens bestimmt werden: die mehrmals täglich überflutete **Quellerzone** *(Salicornietum)*, die **untere Salzwiese** – auch nach dem gleichnamigen Gras **Andelgraszone** *(Puccinellietum)* genannt – und die **obere Salzwiese** oder **Rotschwingelzone** *(Festucetum)*, die nur noch selten im Jahr überspült wird.

⌃ Salzwiese mit orangefarbenem Schlickgras

Die Zonen der Salzwiesen

Name	**Pionier- oder Quellerzone**	**Andelgraszone (untere Salzwiese)**	**Rotschwingelzone (obere Salzwiese)**
Überflutungen/ Jahr	ca. 700	ca. 200	ca. 10 bis 20
Typische Pflanzen	Queller Schlickgras	Andelgras Dreizack Keilmelde Meersenf Strandaster Strandflieder Strandsode etc.	Boddenbinse Rotschwingel Strandgrasnelke Strandbeifuß/ -wermut Strandwegerich Tausendgültenkraut Zahntrost etc.

Die etwa **25 Pflanzenarten** der Salzwiesen haben sich an die extremen Lebensbedingungen hervorragend angepasst. Von Mai bis in den herbstlichen Oktober verändern sich Salzwiesen ununterbrochen. Im Frühjahr zeigen sich die Büschel der rosafarbenen **Strandgrasnelken** zwischen dem dunkelgrünen Andelgras. Im Spätsommer verwandelt der **Strandflieder** alles in ein lilafarbenes Blütenmeer. **Strandsode** und **Queller** tauchen die Salzwiesen im Herbst in ein sattes Rotbraun. Sämtliche hier wachsenden Pflanzen müssen sich gegen das Salzwasser schützen und verfolgen dabei verschiedene Überlebensstrategien, die meist mit dicken Stängeln und festen harten Blättern einherge-

▷ Borkums grünes Binnenland entstand durch Eindeichung

hen. Mit den härtesten Bedingungen hat der Queller in der **Pionierzone** zu kämpfen, denn er muss mit dem höchsten Salzgehalt im Boden fertig werden. Um das in den Zellen gespeicherte Salz zu verdünnen, nimmt er viel Wasser auf und quillt dabei im Lauf des Sommers immer mehr auf. Im Herbst färbt er sich leuchtend rot und stirbt schließlich am zu hohen Salzgehalt. Das Schlickgras hingegen gibt das aufgenommene Salz über Drüsen wieder ab.

Queller, im Volksmund auch **„ostfriesische Salzstange"** genannt, ist essbar und hat einen kräftigen, leicht salzigen Geschmack. Im Nationalpark steht er aber unter Schutz und darf nicht gepflückt werden. Wer ihn jedoch probieren möchte, kann Queller aus Zuchtbeständen in gut sortierten **Fischgeschäften** kaufen und sogar gleich probieren oder in der Pfanne in Öl mit Zwiebeln leicht anbraten und dann als Beilage servieren.

Grüne Wiesen

Erst durch **Eindeichung** entstanden auf Borkum im gesamten Inselinneren große **Grünlandflächen,** die extensiv bewirtschaftet werden. *Extensiv* bedeutet, dass hier nur wenige Tiere stehen und ohne Düngung gearbeitet wird. Diese Flächen sind **bioökologisch sehr wertvoll.** Diese Weideflächen sind vor allem rund um den Tüskendörsee und im Bereich des ehemaligen Priels Hopp zu finden. Der Hopp erstreckte sich früher bis weit in die Insel hinein, heute gibt es hier grüne Binnenwiesen und große Außenweiden.

b_291 mna

Waldgebiete

Im Südwesten der Insel liegt die bereits erwähnte **Greune Stee,** eine künstlich angelegte Waldanpflanzung. In den geschützten Dünentälern wachsen die Bäume etwas höher, in ungeschützteren Lagen wachsen sie mit dem Wind schief – das wird **Windschur** genannt. Das Wäldchen besteht aus Mischwald mit Nadelbäumen wie beispielsweise Kiefern und Eichen, Birken, Schwarzerlen und Weiden. Da das Wäldchen zum Nationalpark gehört, wird es **nicht bewirtschaftet.** Das **Naturschutzgebiet Waterdelle** nördlich der Ortschaft ist heute auch ein kleiner Wald, der im Laufe der Jahre auf den Muschelfeldern entstanden ist.

b_277 mna

Lebensräume und Tierwelt

Rastplatz für Zugvögel

Das Wattenmeer ist die **vogelreichste Region Europas.** Die Ostfriesischen Inseln sind ein Magnet für viele Vögel und deshalb auch für Vogelkundler. Besonders während des Vogelzugs ist Borkum als Rastplatz von großer Bedeutung. Die Zugrouten sind abhängig von der Art – die meisten Zugvögel folgen einer von Nordost nach Südwest ausgerichteten Achse. Die Mehrzahl der Arten brütet im Gebiet von Skandinavien bis nach Nordwest-Russland. Ihre Überwinterungsgebiete liegen zwischen **Großbritannien** und **Westafrika.** Die Vögel verlassen ihre Brutgebiete, weil sie dort im Winter keine Nahrung mehr finden. Die Wissenschaft geht inzwischen davon aus, dass der Vogelzug von den Tropen ausging und die Vögel zusätzliche Nahrungsressourcen im Norden nutzen wollten. Die meisten Arten ziehen von **März bis Mai in den Norden** und fliegen **zwischen September und November in den Süden zurück.** Insekten fressende Arten erscheinen in der Regel im Frühjahr später und ziehen im Herbst früher in die Winterquartiere als Samen fressende Zugvögel.

Beim Vogelzug legen die Tiere **weite Strecken** zurück. Die **Wintergoldhähnchen** sind etwa so groß wie ein kleines Hühnerei und wiegen nur vier bis sieben Gramm, dennoch fliegen sie bis zu **500 Kilometer am Tag.** Einen der weitesten Wege hat die **Küstenseeschwalbe,** die in der Nordpolarregion brütet und im Winter bis in die Südpolarregion zieht. Im Laufe ihres Lebens summiert sich die Gesamtdistanz der Zugflüge auf die **Strecke zwischen Erde und Mond** – rechnet man die Versorgungsflüge hinzu, würde sie die Gesamtlänge von **400.000 Kilometern** sicherlich überschreiten. Im Sommer sind auch **Seeschwalben** und **Zwergseeschwalben** auf Borkum, vor allem an der Hoge Hörn. Zählungen haben ergeben, dass mehr als **120 Zugvogelarten** den Raum rund um Borkum **als Zwischenstopp nutzen.**

☐ Silbermöwe auf einem Felsen am Ufer

Durch die Insellage finden auf Borkum Vögel, die sich gegen die durchsetzungsstarken Arten auf dem Festland kaum behaupten können, ihre Nischen. Die Vielfalt ist deshalb vergleichbar groß. Die Hoge Hörn und die Ronde Plate sind an der deutschen Nordseeküste auch zwei wichtige Rastplätze für **Sanderlinge.** Die knapp 20 Zentimeter langen kleinen Watvögel halten sich überwiegend am Spülsaum des Strands auf, wo sie im Sand nach angespülten Kleinkrebsen und Würmern picken. Sie sind die kleinsten und in ihrem Winterkleid hellsten Watvögel und werden auf Plattdütsk wegen ihrer rastlosen Suche auch **„keen tied"** (keine Zeit) genannt. Sanderlinge erreichen ihre Brutgebiete in Sibirien auf bis zu **5000 Kilometer langen Non-Stop-Flügen,** bei denen sie von ihren Fettreserven zehren und bis zu 60 Prozent ihres Körpergewichts verlieren. Den Sommer verbringen sie im Süden Afrikas.

Brut- und Futterplätze

Auf Borkum gibt es **offene** (Strand, Salzwiesen), **halboffene** (Zwischendünen oder Salzwiesen im Veränderungsprozess mit Bewuchs aus Büschen) und **geschlossene Landschaften** (Wald). Das bietet **weit über 100 Vogelarten** Schutz und vielen anderen Tieren einen Unterschlupf. Zahlreiche Vögel brüten im Früh-

b_278 dw

sommer in den Dünen, Salzwiesen und in den Wäldern, darunter auch seltene Sumpf- und Waldohreulen. Im Meer und auf dem Tüskendörsee schwimmen besonders zu den Zugzeiten viele Entenvögel wie Pfeif- und Spießenten. Auf den Salzwiesen sind Grau-, Ringel- und Brandgänse zu sehen. Auch Stock-, Pfeifenten und Teichrallen fühlen sich rund um Borkum wohl. Auf der gesamten Insel sind vor allem die **Austernfischer** mit ihrem markanten Ruf allgegenwärtig, **Alpenstrandläufer** suchen im Watt nach Futter und **Möwen** sind überall zu finden. Die Salzwiesen bieten besonders den Bodenbrütern wichtige Nist- und Futterplätze. Hier ist auch die relativ kleine **Ringelgans** häufig beim Fressen zu sehen. Sie ist an ihrem weißen Halsring zu erkennen und die einzige Gans, die zum Trinken kein Süßwasser benötigt. Die **Weiden rund um den Tüskendörsee** bieten den Wiesenbrütern sehr gute Brutmöglichkeiten.

Bei vielen Arten lässt sich schon an der Schnabelform erkennen, was sie am liebsten fressen. So ist der Schnabel des **Sandregenpfeifers** kurz, er vertilgt am liebsten **Wattschnecken.** Der **Rotschenkel** frisst **Baltische Plattmuscheln,** die im Sand vergraben sind, sodass sein Schnabel schmal und lang ist. Noch länger ist der des **Austernfischers,** der damit nach **Seeringelwürmern** gräbt. Den längsten Schnabel hat der **Große Brachvogel** für seine bevorzugte Nahrung, die **Pierwürmer.** Die **Brandente** sucht nach **Wattschnecken und Plattmuscheln,** ihr Schnabel ist leicht nach oben gebogen. Einige Vögel haben eine ganz besondere Technik entwickelt, um an ihre Nahrung zu gelangen. Sie trampeln im seichten Wasser auf der Stelle, bis kleine Vertiefungen entstehen, die sogenannten Trampelwannen, in denen Muscheln, Würmer und Krebse zum Vorschein kommen und so zur leichten Beute werden.

Besonders die stark verbuschten **Gebiete bei der Waterdelle** und in der **Greunen Stee** locken viele Singvögel an, die hier in den dichten Hecken Möglichkeiten finden, sich zu verstecken. Insekten dienen als Nahrung, im Herbst locken die Beerenfrüchte die Vögel an. Im Wald und den Gebüschen, aber auch im Ort, fallen Vögel insgesamt weniger auf als am Strand, weil sie sich hier besser verstecken können. Hier leben unter anderem Ringeltauben, Buchfinken, Amseln, Kohlmeisen, Rotkehlchen und Sperlinge.

☒ Zwei Sanderlinge im Schlick des Wattenmeers

Kraft tanken für den Weiterflug

Der **Schnepfenvogel Knutt,** der in Ostkanada und Nordsibirien brütet, legt während des Vogelzugs regelmäßig einen Zwischenstopp im Wattenmeer ein. Er muss in dieser Zeit für den Weiterflug **sein Gewicht fast verdoppeln.** Dazu frisst ein Knutt rund **700 Plattmuscheln** – täglich!

b_279 dw

Auf den **bewuchsfreien Flächen aus Sand und Muschelschill** finden besonders an den Inselenden **streng geschützte Strandbrüter** wie Sandregenpfeifer, Seeregenpfeifer und Zwergseeschwalben ideale Brutbedingungen vor. Sie bauen kein Nest, sondern legen ihre Eier, die durch ihre Färbung bestens getarnt sind, ungeschützt in kleine Bodenmulden. Strandbrüter sind meist klein und unauffällig. Aber da selten ideale Brutbedingungen ohne menschliche Störungen herrschen, ist ihre Zahl seit vielen Jahren stark rückläufig und die Arten sind entsprechend

▷ Robben auf der Sandbank vor dem Strand (Foto wurde mit Teleobjektiv aufgenommen)

gefährdet. Wenn sich Spaziergänger nähern, verlassen die Altvögel ihr Nest, und die Eier oder Küken bleiben dann schutzlos zurück, können auskühlen oder in der Sonne überhitzen. Um die Vögel nicht zu stören, ist es am besten, **einen weiten Bogen um das Nest** zu machen und auf die Schutzgebiete zu achten. Wenn die Nationalpark-Ranger ein Gelege entdecken, markieren sie dieses mit Pfosten und Absperrband, um Spaziergänger darauf aufmerksam machen, dass sie hier nicht entlanggehen dürfen und Abstand halten sollen.

Auffliegende Vogelschwärme sind zwar ein ästhetischer Anblick, aber meistens auf rücksichtsloses Verhalten von Menschen zurückzuführen, die geschützte Gebiete betreten oder sich nicht an die Leinenpflicht für ihre Hunde halten. Bei jedem Auffliegen verbrauchen die Vögel wertvolle Energie, die sie für den Flug in ihre Sommer- oder Winterreviere dringend benötigen. Deshalb bittet der Nationalpark Niedersächsisches Wattenmeer darum, wirklich **nur die ausgewiesenen Wege zu nutzen.**

Säugetiere am und im Meer

In der Nordsee rund um Borkum gibt es **drei große Säugetierarten,** die dort relativ gute Lebensbedingungen vorfinden. Es handelt sich um **Seehunde, Kegelrobben und kleine Wale.** Alle Robben leben am und im Meer, oft sind sie auf den großen Sandbänken zu sehen. Sie haben sich an das Leben im Wasser perfekt angepasst. Im Sommer werden **Kutschfahrten zur Seehund-**

b_281 mna

Hände weg von jungen Robben

Während sich die Seehundmutter auf der Jagd in der Nordsee befindet, wartet das Jungtier am Strand auf ihre Rückkehr. In den meisten Fällen kommt sie regelmäßig an den Strand zurück, um ihr Junges zu säugen. Robbenbabys benötigen nur dann Hilfe, wenn ihre Mutter wegbleibt. Diese jungen Seehunde nennt man **Heuler,** weil sie mit lauten Tönen nach ihrer Mutter rufen. Nur **Seehundsjäger, Wattenjagdaufseher** und **Jagdbeauftragte** dürfen in solchen Fällen über das weitere Vorgehen entscheiden. Heuler, die gesund sind, aber keinen Kontakt mehr zur Mutter haben, und kranke Tiere werden zur Aufzucht in die **Seehundstation nach Norddeich** gebracht.

Die Meeressäuger befinden sich am Strand in ihrem natürlichen Lebensraum. Deshalb halten Sie bitte den **größtmöglichen Abstand,** am besten ein paar Hundert Meter, um das Tier nicht zu stören und zu verhindern, dass sich Ihr Geruch auf die kleine Robbe überträgt, denn dann ist es sehr wahrscheinlich, dass die Mutter sie nicht mehr annimmt. Sie dürfen das Robbenbaby deshalb auf keinen Fall anfassen. Verlassen Sie es bitte unverzüglich, oft versteckt sich die Mutter nur und kehrt zurück, wenn sie keine Gefahr mehr vermutet. Zu Ihrer eigenen Sicherheit denken Sie bitte daran, dass Seehunde und Kegelrobben **Wildtiere** sind und die Ruhephasen benötigen, damit sie überleben können. Robben gehören zur Gattung der Raubtiere und ihr Biss kann zu **schweren Wunden führen.**

Wenn Sie ein verletztes oder hilfesuchendes Jungtier am Strand finden, geben Sie bitte hier Bescheid:

- **Seehundstation Norddeich,** Tel. 04931 973 330
- **Nationalparkschiff,** Tel. 04922 2030

Junger Seehund am Strand – bitte Abstand halten; auch wenn es nicht so aussieht, aber die Mutter kommt bald, um das Kleine zu säugen (Foto wurde mit Teleobjektiv aufgenommen)

b_270 mna

bank Hohes Riff angeboten. Die Kutschen halten genügend Distanz, dass sich die Tiere nicht gestört fühlen und ins Meer flüchten, sondern sich gut beim Ausruhen beobachten lassen. Manchmal sind Robben auch am Strand zu sehen, kommen ihnen die Menschen aber zu nahe, flüchten sie ins sichere Wasser. Man sollte zur eigenen Sicherheit so viel Abstand wie möglich halten und die Tiere auf keinen Fall anfassen – **Robben sind Raubtiere.** Rund 40.000 Seehunde und mehr als 6000 der streng geschützten Kegelrobben leben heute wieder im gesamten Wattenmeer. Die Kegelrobben waren knapp 1000 Jahre in der Deutschen Bucht ausgerottet. Aber gegen Ende des 20. Jahrhunderts kamen sie von England und Schottland zunächst in die Niederlande und breiteten sich von dort auch in Deutschlands Norden immer weiter aus. Die Bestände haben sich nach dem letzten Grippevirus von 2014/15 wieder gut erholt.

Ihren **spindelförmigen Körper** treiben die Kegelrobben mit den hinteren Flossen an, mit den Vorderflossen wird gerudert. Zwischen ihren Zehen befinden sich Schwimmhäute. Gesunde Robben haben eine gut ausgebildete Fettschicht. Sie isoliert die Wärme im kalten Wasser. Beim Tauchen bleiben Nase und Ohren geschlossen. Robben können **30 Minuten und länger unter Wasser** bleiben, ohne zwischendurch Luft holen zu müssen. Dies wird dadurch möglich, dass sich ihre Herzfrequenz beim Tauchgang drastisch verringert und ein sehr hoher Hämoglobingehalt im Blut dafür sorgt, dass viel Sauerstoff als Reserve gespeichert werden kann.

Erwachsene Seehunde fressen ausschließlich **Fisch,** also im Wattenmeer Grundeln, Sandaale, Wittlinge und verschiedene Plattfische, während sich junge Seehunde vor allem von **Garnelen** ernähren. Für ausgiebige Beutezüge verlassen die Seehunde das Wattenmeer und schwimmen hinaus in die Nordsee, wo sie bis zu drei Tage auf die Jagd gehen und sich anschließend, wenn sie wieder zurück im Wattenmeer sind, eine ebenso lange Ruhepause gönnen.

Früher wurden die Seehunde an der Nordsee **gejagt,** seit Mitte der 1970er-Jahre ist das in Deutschland jedoch nicht mehr erlaubt. Ihre größten Feinde sind Störungen am Ruheplatz, der Verlust ihrer Lebensräume und die Verschmutzung des Meerwassers. Bei den Kegelrobben richtet auch die Überflutung ihrer Wurfplätze Schaden an. Deshalb wird der größte Teil der Kegelrobben inzwischen auf der sicheren **Helgoländer Düne** geboren. Jährlich kommen dort im Winter zwischen 300 und 500 Jungtiere auf die Welt.

Woher der **Schweinswal,** die einzige regelmäßig im Wattenmeer vorkommende Walart, seinen Namen hat, ist unbekannt. Schweinswale gehören zu den wandernden Tierarten und kommen nur auf der Nordhalbkugel der Erde vor. Meist ziehen sie im Frühjahr an die Küste und im Herbst in tiefere Bereiche der Nordsee. Die besten Zeiten zur **Walbeobachtung** sind zwischen **März und Mai,** aber man braucht Geduld und Glück, um die bis zu 2,50 Meter langen Meeressäuger zu sichten. Schweinswale leben allein oder in kleinen Gruppen mit bis zu zehn Tieren. Die Nordsee ist die Kinderstube der Schweinswale, von denen dort geschätzt zwischen 15.000 und 55.000 Exemplare leben. Leider sind die Bestände seit vielen Jahren rückläufig, was in Zusammenhang mit der **Verschmutzung der Nordsee** und dem vielen Lärm unter Wasser gebracht wird. Der Krach der Schiffe und Offshore-Parks macht es den Tieren schwer, sich mit Hilfe ihrer Echoortung unter Wasser zu orientieren. Der Schweinswal ist **vom Aussterben bedroht** und steht auf der Roten Liste der gefährdeten Arten.

Tiere in den Salzwiesen

In diesem extremen Lebensraum leben viele, zum Teil hochspezialisierte Tiere und Pflanzen. Darunter sind allein **400 Insektenarten** auf nur 25 Salzwiesenpflanzen zu finden. Hier leben zum Beispiel Salz-, Gall-, Lauf-, Weinbeerblatt- oder Strandfliederrüsselkäfer, aber auch Wiesenschaumzikaden, Dickkopffalter, Schwebfliegen, Siebenpunkte und viele Schmetterlingsarten wie

b_280 jz

b_282 jz

Admiral und Wickler. Gegen die Überflutungen haben die Tiere eine Menge Überlebensstrategien entwickelt. Die Larven von vielen Salzwieseninsekten leben **im Pflanzeninneren,** während Käfer häufig im Boden Schutz suchen oder sich mit wasserabweisenden Haaren schützen. So überleben sie auch eine zeitweilige Überflutung.

Wild- und Nutztiere der Insel

Auf Borkum wurden **Rehböcke** und **Ricken** ausgesetzt. Inzwischen hat sich daraus eine stattliche Population entwickelt, da sie keine natürlichen Feinde haben. Im Sommer verstecken sie sich weitgehend im Gebüsch und in den beiden Wäldern. Da die Insel keine Verbindung zum Festland hat, fehlen hier einige ansonsten weit verbreitete Säugetierarten wie Füchse oder Maulwürfe. Die **Pferde** zum Reiten und für die Kutschen stehen zum

Schmetterling auf blauen Blüten

Pferde auf der Außenweide

Weiden meist auf den ausgedehnten Flächen der Außenweide. Auf Borkum gibt es eine **Schnuckenschäferei,** die sich zum Ziel gesetzt hat, seltene Schafrassen vor dem Aussterben zu retten. Die graugehörnte und die weiße hornlose Heidschnucke sowie das sogenannte Drenther Heide Schaap haben hier eine neue Heimat gefunden.

In den Dünen, Wiesen und auch im Wald finden **Fasane** und **Kaninchen** viele Verstecke, man sieht sie häufig. Besonders im Frühsommer hört man die Fasane laut rufen. Mit ihrem prächtigen bunt schillernden Federkleid sind die Männchen gut zu erkennen und auch kaum zu übersehen. In den unterschiedlichen Landschaften und im Wald finden verschiedene **Insektenarten** und **Spinnen** ihren Lebensraum. Besonders groß ist die Artenvielfalt in den Salzwiesen.

Die Tierwelt im Sand und im Watt

Wer glaubt, dass es sich bei Sand um einen Ort ohne Leben handelt, wird jetzt staunen, denn hier leben die sogenannten **Sandlückentierchen.** Das sind mikroskopisch kleine Lebewesen. In der Sandlückenfauna sind Tiere aus fast allen Stämmen vertreten, die oft bizarre Formen aufweisen: Bärtierchen, schalenlose Schnecken und Seescheiden, die Vorläufer der Wirbeltiere. Die Pflanzenfresser unter den Sandlückenbewohnern ernähren sich von Bakterien und Mikroalgen, sie selbst sind Futter für andere Arten. Dieser Naturkreislauf im Kleinen hat eine schöne Nebenwirkung: **Er reinigt den Strand.** Im Watt leben Tiere, die sich auf die jeweilige Wattart spezialisiert haben – oft in einer enormen Dichte. Das ist nur aufgrund ihrer Größe möglich, die allermeisten lassen sich erst **unter dem Mikroskop** als einzelne Tiere identifizieren.

Das **Schlickwatt** ist quasi der Weidegrund für die winzigen Wattschnecken, die sich von Mikroalgen ernähren. Im **Mischwatt** fühlen sich Strandschnecken, Herz-, Platt- und Pfeffermuscheln wohl. Sie graben sich im Boden ein und saugen die Algen mit einem langen Saugrohr ab, *Sipho* genannt. Die Herzmuschel beispielsweise filtert so 2,5 Liter Wasser in einer Stunde. Wer durch das Watt geht, wird mit ziemlicher Sicherheit **Schalen der**

[>] Eine Strandkrabbe gräbt sich wieder ins Watt

Pazifischen Auster finden. Sylter Austernfarmer hatten sie 1986 eingeführt. Die **Europäische Auster** jedoch ist inzwischen nahezu ausgestorben. Anhand ihrer Schalen lassen sich beide Arten eindeutig identifizieren: Die der Europäischen Auster sind dunkelgrau und leicht gerillt, während die der Pazifischen Auster meist heller, viel größer und stark gewellt sind. Oftmals sind mehrere Schalen zu einem seltsam geformten Gebilde zusammengewachsen.

In etwa 30 Zentimetern Tiefe leben dann die „Sandfresser", die **Wattwürmer.** Wo Sandpierwürmer aktiv sind, lässt sich leicht erkennen. Sie leben in einer U-förmigen Wohnröhre, an deren einem Ende der Wurm das Sediment frisst, die Nährstoffe herausfiltert und am anderen Ende als sauberen Sand wieder ausscheidet. Am Anfang der Röhre entsteht dadurch ein kleiner Trichter, am Ende ein Haufen „Sandspaghetti". Beim Bäumchenröhrenwurm ragt der Filterapparat für die Nährstoffe wie ein kleiner Baum aus dem Watt ins Wasser.

In den etwas tieferen Bereichen des Watts und im Wattenmeer leben die gräulich und unauffällig aussehenden **Nordseegarnelen.** Ihre typische rosa Farbe erhalten sie erst durch das Kochen.

b_283 mna

Krabbe oder Garnele

Die Nordseekrabben heißen eigentlich **Langschwanzgarnelen,** als Krabben bezeichnet man die rundlichen Kurzschwanzkrebse mit den kräftigen Scheren. An der Nordseeküste sind Letztere oft Wollhandkrabben, die Anfang des 20. Jahrhunderts nach Europa eingeschleppt wurden und in Ostasien als Delikatesse gelten. Dennoch hat sich in der Umgangssprache *Krabbe* für die Nordseegarnele durchgesetzt.

Die kleine Garnele ist ein **typischer Bewohner des Wattenmeers.** Sie zieht sich bei Ebbe ins Meer zurück und kommt mit der Flut wieder ins flache Wattenmeer. Hauptfangzeit ist in den wärmeren Monaten, denn wenn es kälter wird, ziehen sie sich in tiefere Bereiche zurück. Meist werden sie **geschält** verkauft. Sie sind auch an der niedersächsischen Nordseeküste zu finden und werden dort ebenfalls als Krabben oder Granat bezeichnet. Im allgemeinen Sprachgebrauch sind Krabben, Garnelen und Shrimps dasselbe. In Ostfriesland nennt man sie auch Porren.

Die Garnelen werden direkt nach dem Fang noch **an Bord** der typischen Spezial-Fischkutter mit seitlichen Auslegenetzen **gekocht,** erst dadurch bekommen sie ihre charakteristische Rotfärbung. Man kann frische Garnelen fertig gepult oder mit Schale kaufen (1 kg ergibt gepult etwa 400 g Krabbenfleisch). Das Pulen macht zwar etwas Arbeit, aber danach hat man sich seine eiweißreiche Mahlzeit auch wirklich verdient. Um beim Pulen etwas Zeit zu sparen, ist die sogenannte **A-Sortierung** die beste Wahl.

Mit etwas Übung hat man den Bogen schnell raus: Zum Pulen nimmt man den Garnelenkopf **zwischen Daumen und Zeigefinger** der einen

b_238 mna

b_239 mna

Hand und den Schwanz mit der anderen Hand. Dann werden beide Enden wie beim Auswickeln eines Bonbons vorsichtig gegeneinander gedreht, bis ein leises Knacken signalisiert, dass der Panzer gebrochen ist. Das ist der Zeitpunkt, um mit Gefühl eine Schalenhälfte abzuziehen. Die andere Hälfte der Krabbe lässt sich dann vorsichtig leicht aus dem Rest des Panzers herausziehen.

Nordseekrabben sind eine **gesunde Mahlzeit** und ein richtiger **Fitmacher** mit hochwertigem Eiweiß, Aminosäuren sowie lebenswichtigen Vitaminen und Mineralstoffen. Zudem haben sie wenig Fett und einen geringen Fettsäuregehalt. Mit knapp 100 Kalorien pro 100 Gramm (gepult) sorgen sie trotzdem für ein schnelles Sättigungsgefühl. Oft wird das Krabbenfleisch im Fischimbiss auf Brötchen angeboten. In Restaurants kommt es zum Fisch hinzu oder mit Rührei zur Geltung. Als Salat mit Mayonnaise, wie man ihn in den Supermärkten bekommt, verlieren die Garnelen aber an Geschmack. Besser macht man den Salat selbst mit einer Joghurtsoße, einer Marinade oder mit einem **Spritzer Zitronensaft** an, denn dann schmeckt man die feinen, leicht süßlichen Geschmacksnuancen viel besser heraus. Der Sud der ausgekochten Schalen ergibt übrigens eine sehr feine Basis für eine Fischsuppe, wenn man ihn nach dem Kochen einfach durch ein Sieb schüttet, danach durch ein Küchenhandtuch gießt und dabei auffängt.

⌃ Krabbenkutter auf Fangfahrt vor Borkum

< Granat verkaufsfertig mit Messbecher

Biodiversität im Watt – die Bevölkerungsdichte auf einem Kubikmeter

- bis zu 1000 Wattwürmer
- bis zu 2000 Herzmuscheln
- bis zu 4000 Schlickkrebse
- bis zu 100.000 Wattschnecken
- bis zu 2.500.000 Sandlückentiere

Häufig sind **Strandkrabben,** die zu den Krebstieren gehören, deren gehäutete Panzer oder ihre Überreste zu sehen. Sie sind eine beliebte Beute bei Vögeln und Fischen. Strandkrabben bewegen sich im **Seitwärtsgang.** Ob man ein männliches oder weibliches Exemplar vor sich hat, lässt sich durch das am Bauch befindliche Dreieck erkennen: Bei den Weibchen ist es rundlich, bei den Männchen spitz. Die Flachwasserbereiche rund um die Ostfriesischen Inseln sind die Kinderstube der Nordseefische. Hier wachsen besonders häufig kleine Plattfische wie Scholle, Flunder und Seezunge auf. Werden sie größer, rücken sie in tiefere Bereiche der Nordsee vor.

Erwärmung der Nordsee

Gut zu wissen: Auch wenn es verschiedene Einschätzungen zum Klimawandel gibt, belegen Langzeitdatenreihen, dass sich die **Nordsee deutlich stärker erwärmt als die Weltozeane** im Mittel. Neun der zehn wärmsten Sommer seit Beginn der Wetteraufzeichnungen gab es in diesem Jahrhundert. Die Nordsee ist in den vergangenen 50 Jahren um **1,7 °C wärmer** geworden, wie die Wissenschaftler des Alfred-Wegener-Instituts mit einer Langzeitdatenreihe belegen. Damit ist die Deutsche Bucht eines der sich am schnellsten erwärmenden Küstenmeere überhaupt. Die Folge ist, dass sich **auch Flora und Fauna verändern.** Kälte liebende Arten wie der Kabeljau werden seltener oder verschwinden ganz und ziehen in Richtung Norden. Und Arten aus wärmeren Gefilden, die bisher nicht in der Nordsee lebten, wandern ein. Heute tummeln sich nicht nur **Sardinen** und **Sardellen** in der Nordsee, sondern es wurde auch schon mehrfach der weltweit schwerste Knochenfisch, der in Asien, Afrika und Australien lebende **Mondfisch,** gesichtet. Die **Streifenbarbe,** ein beliebter Speisefisch aus dem Mittelmeer, war früher nur als Sommergast in der Nordsee. Heute geht sie den Fischern immer häufiger ins Netz. Dafür sind die Bestände des **Kabeljaus** rückläufig, denn diese Fische lieben kalte Meere. Da auf den Muschelbänken der Nordsee inzwischen die **Pazifische Auster** dominiert, die mit den Miesmuscheln um Nahrung konkurriert, bleiben die Miesmuscheln heute im Durchschnitt etwas kleiner als früher. Auch die Zahl der Austernfischer und anderer Miesmuschel fressender Seevögel im Wattenmeer hat durch die Verbreitung der Pazifischen Auster abgenommen. Diese Vögel sind auf das Knacken von Miesmuscheln spezialisiert. Dafür hämmern sie mit ihrem Schnabel auf die Schale ein, bis sie zerbricht. Bei den dickschaligen Pazifischen Austern funktioniert diese Technik aber nicht. Im November und Dezember werden in der Nordsee regelmäßig tote Schwert-, Mond- und Thunfische gefunden, weil sie von der Winterkälte überrascht wurden und nicht mehr rechtzeitig in den Süden zurückschwimmen konnten. Im Jahr 2012 zählten die Wissenschaftler bereits **52 eingeschleppte Arten,** ungefähr eine Art pro Jahr kommt hinzu. Sie erreichen die Nordsee wie die **Australische Seepocke** meist als blinde Passagiere an der Außenwand großer Schiffe oder gelangen aus den Ballastwassertanks in die Nordsee. Die Zu- und Abwanderung der Arten führt langfristig dazu, dass sich die **Ökosysteme angleichen** und sich das Zusammenspiel der Arten, die über lange Zeiträume eine Lebensgemeinschaft bildeten, verändert.

Möwen

Bitte beachten! Möwen dürfen generell nicht gefüttert werden, da die Vögel Krankheiten übertragen können und die Gefahr besteht, sich zu verletzen. Auch ist menschliche Nahrung für die Vögel oftmals ungesund und kann dazu führen, dass sie immer weniger geübt sind, sich auf natürlich Weise Nahrung zu suchen. Bitte achten Sie also nicht nur aus eigenem Interesse darauf, Speisen nicht ungeschützt im Freien zu sich zu nehmen. Das gilt auch für die Fährüberfahrt. Die Tiere sind raffiniert und nähern sich gern von hinten an. Dann kann das Eis oder das Fischbrötchen schnell weg sein.

Umweltschutz im Urlaub und im Alltag

Dass drei Viertel des Mülls im Meer aus **Plastik** besteht, ist weitgehend bekannt, der größte Teil sind Einwegverpackungen. Die Erkenntnis, dass sein Umfang immer größer wird und auch uns Menschen gefährdet, ist inzwischen bei vielen Verbrauchern angekommen. Das Hauptproblem dabei: Das Plastik zersetzt sich erst nach 350 bis 450 Jahren, Fischernetze sogar erst nach 650 Jahren. Davor zerfällt es in immer kleinere Teile. Sind sie kleiner als fünf Millimeter, spricht man von **Mikroplastik.** Viele Plastikteilchen sind so klein, dass man sie mit bloßem Auge nicht mehr erkennen kann.

Gerade im Meer sind diese kleinen Partikel aber ein besonderes Problem, denn das Mikroplastik gelangt in die **Nahrungskette,** wie sich in Meerestieren wie Muscheln, Fischen, Garnelen und Krebsen nachweisen lässt. Dort reichert es sich sogar an. Wenn wir diese Tiere essen, gelangt das Mikroplastik **auch in den menschlichen Körper.** Inzwischen nimmt jeder Deutsche in der Woche unbeabsichtigt etwa sieben Gramm zu sich, so viel wiegt eine Scheckkarte. Für mehr als eine Million Seevögel und 100.000 andere Meerestiere ist der Plastikmüll tödlich, weil sie sich darin verheddern oder ihn schlucken. Noch sind die Auswirkungen auf den menschlichen Körper nicht vollständig erforscht, aber sicher ist, dass die im Plastik enthaltenen Weichmacher und Flammschutzmittel giftig sind.

Beim **Müll im Meer** handelt es sich um unterschiedlichste Stoffe wie Plastiktüten, -flaschen, Teile von Fischernetzen und deren Abrieb, Plastikwannen, Fender und vieles mehr. Er kommt mit der Flut oder im Sturm an die Küstenufer. Im Sommer wird er von den Kurverwaltungen morgens weggeräumt, damit der Strand sauber ist. Aber wer im Herbst oder Winter nach einem Sturm am Strand entlanggeht, kann den **Plastikmüll meist säckeweise** einsammeln. Auch andere Giftstoffe landen in den Ozeanen. Jeder Einzelne kann auch im Kleinen einen Beitrag zum Schutz der Umwelt beitragen. Hier ein paar Beispiele:

- **Vernünftig Einkaufen:** Das Wichtigste ist, Plastikverpackungen zu vermeiden und sie gar nicht erst in die Umwelt gelangen zu lassen. Ein Stoffbeutel oder Einkaufskorb ist wiederverwendbar und leistet nicht nur während der Ferien gute Dienste. Am besten unverpackte, lose Ware einkaufen.

- **Einmalverpackungen vermeiden:** Coffee-to-go mag morgens eine bequeme Sache sein, aber der Müll braucht viele Jahre, bis er sich zersetzt hat. Dosen beispielsweise benötigen dazu rund 200 Jahre. Es ist also viel besser, seinen eigenen Coffee-to-go-Becher einfach mitzubringen. Die Umwelt freut es und ein gutes Gewissen darf man auch haben. Andere Getränke am besten als Mehrweg-Pfandflaschen aus Glas kaufen.

- **Biologische Produkte verwenden:** Wer Bioprodukte kauft, vermeidet Umweltgifte. Die strengen Biosiegel wie *Demeter* oder *Bioland* geben eine hilfreiche Orientierung bei den Nahrungsmitteln, der *Blaue Engel* hilft bei Produkten wie Papier, Lacken und Pflanzenschutzmitteln. Leider sind Bio-Produkte im Supermarkt oft in Plastik verpackt, irrsinnigerweise damit sie nicht mit anderen Lebensmitteln kontaminiert werden. Dennoch ist unverpackte Ware die bessere Wahl.

Saubere Wäsche und ein gutes Gewissen: In vielen Waschmitteln ist wasserschädliches Phosphat enthalten und vor allem Weichspüler ist äußerst umweltschädlich. Es gibt inzwischen sehr gute phosphatfreie Waschmittel, auf den schädlichen Weichspüler lässt sich ebenfalls gut verzichten.

Das Auto ab und zu stehen lassen: Das lässt sich auf Borkum einfach umsetzen. Auch bei der Anreise ist man mit der Bahn in der Regel gut unterwegs, denn der Fähranleger liegt ganz dicht am Bahnsteig des Endhaltepunkts. Auf der Insel nutzt man das Fahrrad oder geht zu Fuß. Und vielleicht tut die Bewegung auch so gut, dass nach dem Urlaub zu Hause das Auto des Öfteren in der Garage bleibt und stattdessen der Drahtesel oder Schusters Rappen zum Einsatz kommen.

Müll am Strand einsammeln: Beim Spaziergang am Spülsaum wird besonders im Winter, wenn der Strand nicht täglich gesäubert wird, das Müllproblem jedem sofort ins Auge springen. Nehmen Sie einfach eine Tasche mit und sammeln Sie ein paar Teile auf, die Sie fachgerecht im Müll oder in einer der Strandmüllboxen entsorgen, die an mehreren Stellen auf Borkum aufgestellt sind. Das sind große Gitterboxen, in denen der Plastikmüll deponiert werden kann. Diese Boxen werden regelmäßig geleert. Wenn jeder auch nur etwas mitnimmt, ist schon viel getan.

Prall gefüllte Müllbox am Strand

b_341 mna

b_016 mna

4

Inselgeschichte

»Grabungen bestätigten, dass Borkum bereits im 13. Jahrhundert besiedelt war. Seitdem durchlebte die Insel eine wechselvolle Geschichte. Während der Walfang-Ära ging es den Menschen recht gut, nach deren Ende lebte die Bevölkerung in bitterer Armut. Erst mit dem Seebädertourismus im 19. Jahrhundert verbesserte sich die Situation. Heute ist er der bestimmende Wirtschaftsfaktor.

< Das Kleine Kaap im Sonnenlicht

Der Name Borkum ...

oder „Das Geheimnis der Bohneninsel"

Band und Burchana

Die Namen zweier heute nicht mehr existierender Nordseeinseln lauteten *Bant* und *Burchana.* Verschiedene Theorien sehen in diesen Inseln die Vorgänger von Borkum. *Bant* war im Kern eine Marscheninsel, sie lag einst zwischen Juist und dem heutigen Festland im Wattenmeer. Da Borkum aber eine Schwemmlandinsel ist, wird sie wohl kaum eine Marscheninsel zum Ursprung gehabt haben.

Burchana wurde zuerst vom griechischen Geschichtsschreiber *Strabon* (etwa 63 v. Chr. bis 23 n. Chr.) unter dem Namen **Byrchanis** erwähnt. Der römische Historiker Plinius d. Ä. (23 oder 24 bis 79 n. Chr.) übersetzte den Namen der Insel ins Lateinische als *Burchana fabaria.* Faba heißt auf Latein **Bohne,** diese sollen auf der Insel einst gewachsen sein. Eine von mehreren Thesen lautet, dass es sich bei dem antiken *Burchana* um das heutige Borkum handelt. Dagegen spricht allerdings das junge geologische Alter der Ostfriesischen Inseln; zur Zeit der Römer gab es sie sicher nicht in der Form, wie wir sie heute kennen. Bewohnt waren die Inseln um Christi Geburt ziemlich sicher ebenfalls nicht.

Entstehung des heutigen Namens

Im Jahr 1227 versammelte sich an der Emsmündung eine **Flotte von Kreuzfahrern.** Einem historischen Schriftstück ist zu entnehmen, dass sie einst der Insel Borkum den Namen *Borkna* gaben. Vom isländischen „burkni" abstammend, bedeutet das „Brombeerdickicht". Funde an Borkums Nordstrand belegen, dass es zu dieser Zeit bereits auf der Insel eine Siedlung gab. So lässt sich der Name Borkum aus der Namensfolge Byrchanis, Burchana, Borkna, Borkyn und Borckum herleiten.

[>] Borkums Strand im Wechsel der Gezeiten verspricht zu jeder Tages- und Jahreszeit spannende Momente und viel Abwechslung

Küste im Wandel

Inselbildung

Weite Teile des Gebiets der heutigen Nordsee waren gegen Ende der Weichsel-Kaltzeit vor ca. 11.600 Jahren **trockene Tundra.** Das sogenannte **Doggerland** erstreckte sich zwischen den Britischen Inseln und dem europäischen Festland. Große Eisschilde banden damals noch das Wasser der Ozeane, der **Meeresspiegel** lag etwa **60 Meter unter dem heutigen Stand.** Über das fruchtbare Land und seine Ebenen zogen Kleinwild und Hirsche. Auf der Suche nach Beute durchstreiften Jäger und Sammler der Steinzeit das Doggerland. Durch das wärmer werdende Klima schmolzen die Eisschilde der Nordhalbkugel und der Meeresspiegel stieg stetig an. Die vordringende Nordsee erreichte erstmals um 6500 v. Chr. den Bereich der heutigen Küstenlinie. Im Vergleich zum Marschland des Festlands nahmen die am nördlichen Rand des Niedersächsischen Wattenmeeres vorgelagerten sogenannten Schwemmsandplaten und Sandbänke, die etwa um Christi Geburt so stark wuchsen, dass sie nicht mehr überflutet wurden, eine besondere Position ein: Sie entwickelten sich zu **Inseln.** Es bildeten sich grasbewachsene Dünen und zum Wattenmeer hin Salzwiesen. So entstand die in der südlichen Nordsee der Küste vorgelagerte Gruppe der Ostfriesischen Inseln.

b_387 mna

Die Nordsee zur Zeit der Antike

Römische Invasionsversuche

Inwieweit die Nordsee zur Zeit der Antike von Griechen oder Römern befahren wurde, bleibt unklar. Ob der Hellene *Pytheas von Massila* (etwa 380 bis 310 v. Chr.) bei seinen Seereisen das Wattenmeer der Nordsee erreichte, ist ungewiss. Aus seinen Berichten geht aber hervor, dass an den Stränden der **Insel Abalus** Bernstein angespült wurde. *Pytheas* beschrieb das „Gold des Nordens" erstmals zutreffend als **fossiles Baumharz.** Mit **Abalus** (oder *Abalon*) könnte die **Insel Helgoland** gemeint sein. Die römischen Berichte entstanden einige hundert Jahre später in der Zeit um Christi Geburt und beziehen sich auf die Eroberungsversuche der Römer im nördlichen Germanien. Dass jedoch die Feldherren *Drusus* und *Tiberius* weiter als bis zu den Mündungen von Ems, Weser und Elbe kamen, ist relativ unwahrscheinlich. Denn mit den **gefährlichen Fahrwassern im Wattenmeer** hatten die römischen Eroberer ihre Probleme. So berichtete der Geschichtsschreiber *Cassius Dio:* „Als *Drusus* dann in das Land der Chauken eingefallen war, geriet er in eine gefährliche Lage, da seine Schiffe in Folge der Ebbe des Ozeans **auf dem Trockenen sitzen blieben."**

Gaius Julius Cäsar überquerte 53 v. Chr. den Rhein Richtung Germanien. Er war somit der erste, der in dieser den Römern nicht bekannten Region eine Militärexpedition durchführte. 12 v. Chr. gelangten die Römer dabei erstmals in den Bereich des heutigen Ostfrieslands. Ihr damaliger Feldherr und Heerführer war *Drusus* (38 v. Chr. bis 9 v. Chr.), ein Stiefsohn des Kaisers Augustus; er stieß in die Gebiete östlich des Rheins vor. Bei Erkundungsfahrten kam *Drusus* bis zur Nordseeküste. Die dabei stattfindenden militärischen Auseinandersetzungen mit germanischen Stammesgruppen führten zu den Germanenkriegen. Rom versuchte, die germanischen Stämme wie die Chauken und Cherusker, von Norden her über Rhein, Ems, Weser und Elbe unter seine Herrschaft zu bringen. Die **Insel Burchana** lag strategisch günstig in der Emsmündung und wurde von den Römern 12 v. Chr. besetzt. Nach den Feldzügen des *Drusus* von 12 bis 8 v. Chr. führten andere römische Feldherren 9 n. Chr. die **Varusschlacht im Teutoburger Wald.** Die Römer erlitten dabei eine vernichtende Niederlage und die Eroberungszüge des Feldherren Germanicus (15 v. Chr. bis 19 n. Chr.) beendeten zwischen 14 bis 16 n. Chr. den römischen Expansionsdrang. Im Rheiderland am westlichen Ufer der Ems, südlich der Ortschaft Jemgum, befindet sich heute der **Fundplatz Bentumersiel.** Der Ort diente zur Zeit der Römer möglicherweise als Hafen und Versorgungsstützpunkt.

Borkum im Mittelalter

Besiedlung einer ehemaligen Sandbank

Halbwegs **lagestabile Dünen** waren die Voraussetzung für die Besiedlung einer jungen Insel. Neben der Gefahr durch **Sturmfluten** gefährdeten aber auch **Flugsand** und **Wanderdünen** die menschlichen Siedlungen. Im Hochmittelalter bildete sich der östliche Mündungsarm der Ems, die **Osterems.** Sie trennt bis heute Borkum und Juist. Die genaue Entwicklung der Ostfriesischen Inseln ist schwer nachzuweisen, denn entsprechende Quellen aus dem Mittelalter gibt es zu diesem Thema nicht und viele alte Überlieferungen sind widersprüchlich. Borkum war zu dieser Zeit wahrscheinlich noch deutlich kleiner als es heute ist, eine Besiedlung kann ab dem Mittelalter als sicher gelten. Fragmente alter Siedlungen konnten bei Ausgrabungen auf das 13. Jahrhundert datiert werden (→ Exkurs „Archäologische Grabungen“, S. 217). Schwere Sturmfluten wie die **Große Mandränke** im Jahr 1362 veränderten die Ostfriesischen Inseln sicher, sie haben auch die Entstehung des **Dollart** im Mündungsbereich der Ems zur Folge.

Vitalienbrüder

Durch seine Lage im Meer und unmittelbar vor der Mündung der Ems spielte Borkum auch eine Rolle bei der Begegnung mit den Vitalienbrüdern. So nannte sich im 13. und 14. Jahrhundert eine Gruppe von Seefahrern, die auf **Kaperfahrten** ging und **Handelsschiffe angriff.** Vitalienbrüder werden auch als **Likedeeler, Freibeuter** oder **Piraten** bezeichnet. Zunächst operierten sie vorwiegend im Raum der Ostsee, sie beherrschten dieses Binnenmeer sogar von 1395 bis 1398. Da die Situation für die Handel treibenden Städte der **Hanse** und viele der angrenzenden Länder untragbar wurde, vertrieb man die Seeräuber. Die Preußische und die Lübecker Flotte machten regelrecht **Jagd** auf sie, auch viele ihrer Stützpunkte an Land wurden zerstört. So verlagerten sich die Aktivitäten der Vitalienbrüder in den Bereich der Nordsee. Und in Ostfriesland waren sie bei einigen der Häuptlinge auch willkommen. Einer der legendärsten Freibeuterkapitäne, **Klaus Störtebeker,** soll sogar seinen Stützpunkt in Marienhafe gehabt haben – also gar nicht weit von Borkum am deutschen Festland. In der Marienkirche soll er Unterschlupf gefunden haben, deshalb wird der Turm der Kirche noch heute **Störtebekerturm** genannt. Da noch nicht einmal geklärt ist, ob es Klaus Störtebeker wirklich gegeben hat, sind Zweifel an der Geschichte durchaus angebracht. Die Zusammenarbeit zwischen den Freibeutern und den Ostfriesischen Häuptlingen war jedoch von beiderseitigem Vorteil: Die Vitalienbrüder galten als kampferfahren und fuhren auf eigene Rechnung, sie waren aber auch bereit, für die Häuptlinge zu kämpfen, die ihnen Unterschlupf boten. Auch Nordseeinseln wie Borkum boten den Freibeutern Rückzugsmöglichkeiten oder dienten ihnen als Versteck.

Störtebeker-Büste in der Kirche Marienhafe

b_317 mna

Archäologische Grabungen

1789 entdeckte Pastor *Diedrich Nicolai* nach einem schweren Sturm auf Borkum in Begleitung des Schulmeisters auf einer Außensandbank in west-nordwestlicher Richtung ein **weites Feld mit bestem Kleiboden** (entwässerter Schlick). Der Wasserstand war ungewöhnlich niedrig, wohl nur deshalb fanden sie **neun Brunnen,** die in gerader Linie angeordnet waren, darunter **drei Tonnenbrunnen.** Als sie sich nach Westen wandten, stießen sie auf einen **runden Platz,** an dessen östlicher Seite sich ein weiterer Brunnen befand. Dort fanden sich viele Stücke von zerbrochenen Urnen, Schafsknochen und Baumwurzeln. Die Fundstücke ließen auf eine **mittelalterliche Siedlung** schließen. Doch es wurden keine Fundstücke aufgehoben, nur der schriftliche Bericht *Nicolais* dient als Zeugnis.

1983 legte der Leiter des Inselmuseums *Dr. Helmer Zühlke* mit einigen Mitarbeitern im Strandbereich des Ostteils Borkums **alte Siedlungsreste** frei und barg sie, darunter ein **Holzfass aus Eiche,** das heute im Inselmuseum zu sehen ist. Die wissenschaftlichen Untersuchungen ergaben, dass das Holz und die ebenfalls gefundenen Kugeltöpfe aus dem **13. Jahrhundert** stammen. Bei diesen ältesten, sicher datierten archäologischen Artefakten handelt es sich zugleich um die **ältesten Siedlungsreste der Ostfriesischen Inseln.**

1953 und 1955 grub der Borkumer Studienrat *Dr. Johannes Linke* mit seinen Schülern auf der Suche nach alten Kirchenfundamenten auf dem **Friedhof am Alten Leuchtturm.** Leider gibt es keine Berichte darüber, sondern nur einige Fotos mit wenigen Bildunterschriften. 2008 nahm sich die Ostfriesische Landschaft, der Regionalverband für Kultur, Wissenschaft und Bildung, den Alten Friedhof erneut vor – es war die **erste offizielle archäologische Untersuchung** auf den Ostfriesischen Inseln. Neben verschiedenen alten Kirchenfundamenten fand man insgesamt **40 Skelette** – interessanterweise wurden einige in Bauch- oder Seitenlage bestattet, was man in Ostfriesland bisher noch nicht gesehen hatte. Als Ursache dafür, dass unter den gefundenen Toten viele, teilweise noch sehr junge Männer waren, vermutet man eine **Erbkrankheit.** Weitere Fundstücke aus unterschiedlichen Zeitepochen und entfernten Regionen wie Münzen, zahlreiche Knochen und Scherben, Keramikfliesen, Figürchen, Murmeln und Pfeifen, lassen vermuten, dass die Handelswege weit reichten. Die älteste gefundene Münze ist ein **„Long Cross Penny" von 1250,** weitere Münzen stammen aus der Walfängerzeit, darunter auch einige holländische Goldstücke.

Der Deutschen Hanse allerdings war das nicht recht, sie stattete erneut Schiffe aus, um die Seeräuberei zu bekämpfen. Im Kampf gegen die Freibeuter und um die Handelswege zu schützen, wurde eine **Flotte von elf Koggen** ab Hamburg in die Nordsee geschickt. Auf der Osterems in unmittelbarer Nähe zu Borkum gelang ein entscheidender Schlag gegen die Vitalienbrüder.

40 Seeräuber starben bei den Kämpfen, 73 weitere wurden gefangen genommen und später in Hamburg auf dem Grasbrook enthauptet. Ihre Köpfe wurden zur Abschreckung auf Pfähle gesteckt und an der Elbe aufgestellt. Damit gab es eine Atempause für die friedliche Handelsschifffahrt, die Piraterie war dadurch aber nicht beendet.

Unter Häuptlingen und Preußen

In einer **Lehensurkunde aus dem Jahr 1398** werden die Namen aller Ostfriesischen Inseln in der Sprache der Zeit überliefert: Borkyn, Just, Buise, Oesterende, Balteringe, Langoch, Spikeroch und Wangeroch." Erwähnt werden Bewohner auf Borkum 1406 in einem Friedensvertrag mit der Hanse. Im 14. Jahrhundert verfiel das Prinzip der **Friesischen Freiheit** (→ Kapitel „Menschen und Kultur/Die Friesische Freiheit") langsam. Die Rechte auf Eigentum, politische Mitbestimmung und persönliche Freiheit sowie das **Fehlen der Heerfolge** (Verpflichtung, für den jeweiligen Herrscher in den Krieg zu ziehen) waren den Friesen bereits Mitte des 9. Jahrhunderts zugestanden worden. Einflussreiche Familien in Ostfriesland machten sich diesen Umstand zunutze und schufen das **Herrschaftssystem der Häuptlinge.** Die Insel Borkum unterstand seit 1464 der Herrschaft der ostfriesischen Grafen, das Herrscherhaus der *Cirksena* aus Greetsiel hatte sich durchgesetzt. Natürlich ging es auch damals schon um Geld. Die neuen Herrscher schickten einen Vogt auf die Insel, dieser trieb dann Steuern und Pachtgelder für die Obrigkeit ein. Bis 1744 dauerte die Herrschaft der *Cirksena,* dann starb der letzte Vertreter der Familie und Ostfriesland fiel an das Königreich Preußen. Das stieg im 18. Jahrhundert unter Friedrich dem Großen zur europäischen Großmacht auf.

⊠ Holzstich vom Walfang im Packeis vor Grönland

Die Ära des Walfangs

Walfang im eisigen Nordmeer

Die Möglichkeit, Wale zu jagen, eröffnete den Insulanern eine Zeit des relativen Wohlstands. Ende des 16. Jahrhunderts entdeckten niederländische Seefahrer eine schier unermessliche Zahl an Walen und Robben im Europäischen Nordmeer. Die von Kaufleuten zu Beginn des 17. Jahrhunderts für den Walfang ausgerüsteten Schiffe benötigten erfahrene Seeleute. Diese Nachfrage erreichte auch die Männer auf der Insel Borkum. Die Seefahrer von der Insel waren wegen ihrer Erfahrung sehr begehrt, sie heuerten vorwiegend bei Unternehmern in Emden

b_315 WC

und den Niederlanden an. Oft fuhren Borkumer Jungen schon ab einem Alter von etwa zehn Jahren mit, auf diesen Fahrten lernten sie die Seefahrt von der Pike auf kennen. Häufig waren sie dann als junge Männer bereits mit etwa 20 Jahren in der Lage, ein Schiff zu befehligen oder als Steuermann anzuheuern.

Aber die sogenannten **Grönlandfahrten** waren lang und gefährlich. Im April liefen die Schiffe aus, die Fangplätze lagen an der Packeisgrenze bei der Inselgruppe Svålbard mit Spitzbergen oder bei Grönland. Nur in den Sommermonaten Juli, August und September befand sich der Wal in der Arktis und es konnte Jagd auf ihn gemacht werden. Begehrt war vor allem sein **Tran,** aus dem Fettgewebe der Tiere gewonnenes Öl, das als Lampenöl geschätzt war. Das Fleisch war jedoch beinahe ungenießbar. Aus den **Walbarten** – den Zahnkämmen zum Filtern des Wassers, um an die Walnahrung Krill zu kommen – wurden Schmuckstücke und Gebrauchsgegenstände wie Broschen und Kämme geschnitzt. Und **die Knochen erhielten die Kapitäne.** Da auf

▷ Niederländischer Grönlandfahrer Zaandam 1772, Gemälde von Jochem de Vries

▽ Boot neben einem erlegten Wal

b_316 smn

b_072 WC

den Inseln damals noch keine Bäume wuchsen, bekamen sie eine neue Bestimmung: Sie wurden als Sandfangzäune vor die Häuser gesetzt (→ Exkurs „Borkumer Waldpfad", S. 42). Die Knochen waren nur den Führungskräften an Bord vorbehalten. Meist erhielten die Walfänger **keine feste Heuer,** sondern einen Anteil von Fang und Erlös. Wer keinen Erfolg hatte, musste ohne Lohn nach Hause fahren. Wer viel Erfolg hatte, kam wohlhabend zurück. Mindestens fünf Wale mussten als Beute erlegt werden, damit eine Fangfahrt Gewinn brachte. Heute sind noch zwei alte Walknochenzäune auf der Insel Borkum nahezu vollständig erhalten. Als **Eingangstor steht vor dem Heimatmuseum Dykhus** eine Nachbildung der Kieferknochen eines Wals aus Kupfer.

Jagd gemacht wurde vor allem auf **Glattwale,** den **Grönlandwal** und den **Nordkaper.** Weil sie zu den langsamen Schwimmern gehören, konnten die Walfänger sie mit ihren Schaluppen, kleineren Ruderbooten, verfolgen. Nach ihrem Tod gingen diese Wale wegen ihrer dicken Speckschicht nicht unter, so waren sie gut zu bergen. Die Grönlandwale konnten mit einer Länge von 18 Metern **bis zu 100 Tonnen** wiegen, ihre Speckschicht hatte eine Stärke von bis zu 70 Zentimetern. Der mit dem Grönlandwal verwandte **Atlantische Nordkaper** ist von den Ausmaßen her etwas kleiner, heute gilt er als seltenster Wal der Erde. Von ursprünglich 15.000 Exemplaren leben heute nur noch ca. 300.

Borkums erfolgreichster Walfänger

Mit 311 erlegten Meeressäugern war *Roelof Gerrits Meyer* (1712–1798) der **erfolgreichste Borkumer Kommandeur.** Er fuhr bereits als Kind mit seinem Vater und seinem Onkel zur See und lernte das Handwerk von klein auf. 1736 übernahm er zum ersten Mal das Kommando auf einem Walfangschiff. Beinahe jeden Sommer fuhr er in die Fanggebiete bei Spitzbergen und Grönland. Die Beute seiner letzten Fahrt im Jahr 1786 waren 158 Fässer Tran sowie Barten und Knochen von acht erlegten Walen.

Die Gefahren im Nordmeer

Wurden die Walfangschiffe vom **Packeis** eingeschlossen, bedeutete das meistens den **Tod der Besatzung.** Auch das Erlegen der Wale barg viele Gefahren. Wenn vom höchsten Mast aus ein Wal gesichtet wurde, sprang die alarmierte Mannschaft rasch in die an Bord befindlichen Schaluppen. Von dort aus mussten die Harpuniere ihre Waffen in die Fettschicht der Beute werfen. Das getroffene Tier tauchte meist sofort in die Tiefe des Ozeans hinab. Dann war Reaktionsgeschwindigkeit gefragt, das Seil musste flink verlängert oder schlimmstenfalls gekappt werden. Leine um Leine wurde miteinander verbunden, damit der Wal die Boote nicht unter Wasser zog. Wenn der Wal wieder auftauchte, wiederholte sich dieser Vorgang, bis mehrere Schaluppen mit dem Wal verbunden waren. Erst wenn das Tier nach oft stundenlangem Kampf ermüdet war, konnte es getötet werden. Danach wurden die Wale ihrer Speckschicht entledigt, damit diese zu **Tran** verkocht werden konnte. Auch die Arbeit der **Speckschneider** auf dem glitschigen Beutetier war gefährlich. Während sie mit Spezialmessern die Fettschicht in handliche Blöcke schnitten, trugen sie eine Art **Steigeisen,** um überhaupt Halt auf dem Fett zu finden – schließlich wurde diese Tätigkeit oft in kalter und windiger See von einem schwankendem Schiff aus vorgenommen. Die Speckblöcke wurden meist an Land in Tranöfen erhitzt, so entstand das begehrte Öl bereits vor Ort. Es wurde zum späteren Verkauf in Fässer eingelagert und am Ende der Fangsaison in die Heimat transportiert. Zahllose Walfänger kehrten jedoch nicht mehr nach Hause zurück. Viele stürzten in die See, wurden zwischen Wal und Schiff zerquetscht, erfroren oder ertranken in den eisigen Fluten. Zu dieser Zeit gab es auf

[>] Walknochen aus dem 18. Jahrhundert

Borkum viele Witwen. Dazu bestand für die Seeleute die Gefahr, an **Skorbut** zu erkranken, eine Mangelerscheinung wegen fehlendem Vitamin C. Dagegen half nur der sogenannte **Grönlandsalat,** Scharbockskraut, das u. a. auf Spitzbergen wächst. Der Bordarzt *Johann Dietz* schrieb: „Vor Spitzbergen warfen wir die Anker aus und brachten die Schaluppen ins Meer. Das erste war, dass wir die Kranken an Land brachten, welche wie das Vieh zum Teil mit dem Maul Schlath, welches eine Art Kraut, fast wie Löffelkraut, von der Erde fraßen und in drei Tagen alle gesund wurden."

Ende einer Ära

Der **Englisch-Niederländische Seekrieg,** der von 1780 bis 1784 dauerte, war für die Borkumer Bevölkerung ein herber Rückschlag. Alle Borkumer Walfänger gerieten 1782 in **britische Gefangenschaft,** aus der sie ohne ihre Schiffe entlassen wurden. Im gleichen Jahr verunglückten drei Schiffe mit vorwiegend Borkumer Besatzung – mehr als 50 Witwen und Waisen mussten zukünftig ohne ihre Ernährer auskommen. Von diesen Schlägen hat sich der Borkumer Walfang nie mehr erholt, er wurde schließlich eingestellt. Dazu trug auch bei, dass sich das alljährliche ungezügelte Walschlachten um 1770 deutlich bemerkbar machte, **der Bestand der Wale ging spürbar zurück.** Damit sich die Fahrten weiter lohnten, wurden **zunehmend Robben geschlagen.** Auch deren Fett wurde zu Tran zerkocht und die Felle fanden ebenfalls Verwendung. Aber letztlich lohnte sich das aufwendige und risikoreiche Geschäft kaum noch.

b_388 mna

Die Franzosenzeit

Auswanderer

Durch das Ende des Walfangs begann auf Borkum eine Zeit der **Entbehrungen** und **Armut.** Teile der Inselbevölkerung verließen ihre Heimat für immer, viele von ihnen wanderten aus. Innerhalb von nur 30 Jahren verlor Borkum mehr als die Hälfte seiner Einwohner. 1806 lebten nur noch 406 Menschen auf der Insel. Zusätzlich zu den wirtschaftlichen Schwierigkeiten kamen noch **politisch unruhige Zeiten** in Europa. Auswirkungen davon waren auch auf Borkum zu spüren.

Borkum unter Napoleons Einfluss

1806 begann der französische **Kaiser Napoleon Bonaparte** den ein Jahr dauernden **Krieg gegen Preußen,** das eine Koalition mit dem russischen Kaiserreich eingegangen war. Nach dem Frieden von Tilsit 1807 wurde Europa in einen russischen und einen französischen Einflussbereich aufgeteilt. Borkum und Ostfriesland wies man dem damals zu Frankreich gehörenden Holland zu. Laut einer Verfügung mussten die Insulaner fortan **Niederländisch** sprechen. Am 21. November 1806 verhängte Napoleon eine Wirtschaftsblockade gegen Großbritannien, die sogenannte **Kontinentalsperre.** Dadurch blühte besonders auf den Inseln der **Schmuggel** auf. Im Dezember 1810 brachte Napoleon die ganze Nordseeküste in seine Gewalt. Da englische Schiffe vor der Emsmündung kreuzten, begannen die Franzosen damit, die bewohnten Inseln zu sichern. Borkum wurde daraufhin von 300 Soldaten besetzt. In den Jahren 1811 und 1812 entstand die **Befestigungsanlage Franzosenschanze,** die Einwohner der Insel wurden für die Arbeiten an der Anlage zwangsverpflichtet. Die Franzosenschanze lag damals direkt am Hopp, ein weit in das grüne Binnenland hineinreichender Priel, in dem die Borkumer Schiffe ankerten. Heute ist von der Franzosenschanze nicht mehr viel zu sehen, auf dem damaligen Wassergraben schwimmen jetzt Enten.

Zu der befürchteten Invasion der Engländer kam es zur Zeit der Fremdherrschaft aber nicht. 1813 erlitten die Franzosen unter Napoleon eine entscheidende Niederlage bei der **Völker-**

▷ Kolorierte Borkumkarte von 1807 – damals war Borkum zweigeteilt

schlacht von Leipzig, damit endete auch die Kontinentalsperre. 1814 wurden Borkum und Ostfriesland Teil des neu gegründeten **Königreichs Hannover.**

Westland und Ostland

Zwei Inselteile wachsen zusammen

Die Insel Borkum war bis ins 19. Jahrhundert **zweigeteilt,** wahrscheinlich die Folge einer der schweren Sturmfluten des Hoch- oder Spätmittelalters. Die älteste Karte von Borkum stammt vom Landingenieur *Tönnies,* 1713 hat er sie gezeichnet. Viele noch heute benutzte Begriffe sind auf der Karte vermerkt, zum Beispiel Großer Schlot, Alte Dünen und die Steren-Klippe. Zwischen der Hauptinsel und dem Ostland befand sich damals das **Mittelwatt,** auf dem sogenannten Bantjeweg konnten die Menschen damals vom östlichen zum westlichen Inselteil gelangen. Die kleinere **Nebeninsel Ostland** wurde auch erst 1752 besiedelt, schon damals konnten die Menschen dort Landwirtschaft betreiben.

b_315 WC

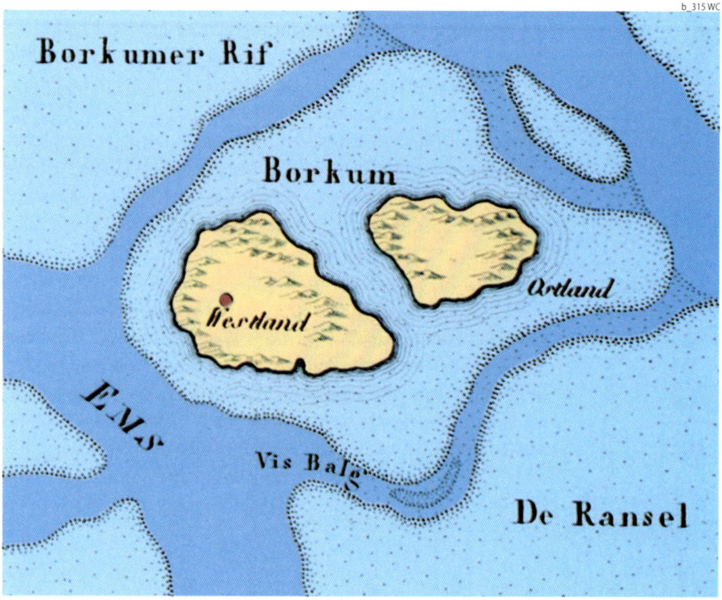

Der Priel zwischen den beiden Inselteilen hieß **Tüskendor,** was auf Hochdeutsch so viel wie *Zwischendurch* heißt. In der ersten Hälfte des 19. Jahrhunderts verengte er sich durch Sandablagerungen zusehends. Die Borkumer halfen der Natur nach und beschleunigten den natürlichen Prozess durch Anpflanzungen. 1863 und 1864 kamen zusätzliche Arbeitskräfte vom Festland, finanziert vom Königreich Hannover, und schlossen die Lücke mit dem Bau eines ersten Damms. 1930 wurde dieser durch den Bau des Hindenburg-Damms verstärkt (→ S. 235). Seitdem sind die beiden Inselteile zu einer großen Insel vereint.

Der Beginn des Badebetriebs

Vorbild England

Der britische Arzt *Richard Russell* (1687–1759) stellte die Theorie auf, dass **Meerwasser zu Therapiezwecken** eingesetzt, der Gesundheit zugute käme. In Brighton setzte er seine Theorien in die Praxis um und dort in England begann auch die Seebäderkultur. *Russell* trug maßgeblich dazu bei, dass Aufenthalte an der See in der zweiten Hälfte des 18. Jahrhunderts beliebt wurden. Es gab kaum mehr Zweifel daran, dass Meeresheilkunde und Thalasso-Therapie in Verbindung mit pollenarmer Luft den menschlichen Atemwegen zugute kommt. Dieses Wissen verbreitete sich daraufhin auch in Deutschland. Ein großer Befürworter der britischen Entwicklung war der Göttinger Mathematikprofessor *Georg Christoph Lichtenberg* (1742–1799). Er hatte den Badebetrieb bereits in England kennengelernt. In einer Streitschrift stellte er die Frage: „Warum hat Deutschland noch kein großes öffentliches Seebad?“

Das Seebad Borkum

1793 wurde mit **Heiligendamm** an der Ostsee der **erste deutsche Seebadeort** gegründet. 1797 folgte dann bereits die Ostfriesische **Insel Norderney** – und dort rollte schon bald im wahrsten Sinne des Wortes der Rubel, denn neben dem deutschen und europäischen Adel verbrachten bald auch Mitglieder des russischen Fürstenhauses Zeit im Seebad Norderney. Zusätzliche Attraktion war dort das 1820 eröffnete **Spielkasino.** Das spornte die Borkumer an, Ähnliches auf die Beine zu stellen. 1830 kamen

☒ Inselankunft mit Dampfer und Kutsche um 1887

dann die ersten Badegäste auf ihre Insel, aber die Zahlen stiegen zunächst nur langsam. In Emden wurde 1843 die **Dampfschifffahrtsgesellschaft Concordia** gegründet, sie richtete in den kommenden Jahren einen regelmäßigen Schiffsverkehr nach Borkum ein.

1850 wurde Borkum zum **staatlich anerkannten Seebad,** die offizielle Kurliste wies in diesem Jahr 255 Gäste aus. Aber von Jahr zu Jahr kamen mehr Gäste, 1865 waren es erstmals Eintausend. Zwischen 1863 und 1868 besuchte der deutsche Ornithologe *Ferdinand von Droste zu Hülshoff* (1841–1874) die Insel mehrfach. Internationale Beachtung fand sein daraufhin erschienenes Werk „Die Vogelwelt der Insel Borkum". Seiner Zeit war er schon damals weit voraus, denn er kritisierte bereits Monokulturen und den Rückgang vieler Vogelarten.

Neuer Hafen mit Kleinbahnanschluss

Die Anbindung Emdens an das neue Eisenbahnnetz bescherte der Stadt den lange ersehnten Wegfall der Isolation sowie den Beginn eines zaghaften Fremdenverkehrs. Am 23. Juni 1856 eröffnete die **Hannoversche Westbahn** die Strecke von Osnabrück über Leer nach Emden. So konnten erstmals viele Menschen Richtung Emden fahren, die nicht aus Ostfriesland kamen. Aber die **Schifffahrt zur Insel** war weiterhin **unbequem,** weil die Dampfschiffe **nicht direkt anlanden** konnten. Die Inselbesucher mussten zunächst in Boote und von diesen in hochrädrige Pferdekarren umsteigen. Das war kein Vergnügen, wenn das Wetter unruhig war. So erreichten die Gäste dann **per Kutsche** das Inseldorf, das sich zu dieser Zeit noch um den Alten Leuchtturm gruppierte. Die entscheidende Verbesserung kam erst mit dem **Bau einer Landungsbrücke** weit draußen an der Fischerbalje. Schon wegen der Entfernung war der **Bau der Inselbahn** eine

b_319 HvB

Borkums berühmte Gäste

Alle berühmten Besucher aufzulisten, die das Reizklima und die gute Luft auf der Insel zu schätzen wussten, ist gar nicht möglich – die Liste würde viel zu lang. Das Inselmuseum Dykhus würdigt jedoch einige berühmte Dichter mit Ausstellungsstücken.

Einer der wohl bekanntesten Dichter, der häufig auf Borkum weilte, war **Wilhelm Busch** (1851–1907). Er logierte in der Strandstraße in einem Hotel und seine Vermieterin bat ihn, etwas für sie zu reimen. So kam es zum nachfolgenden Gedicht:

Pieter Dorenkats Erfindung

Hermine sagte mir, sie wollte,
daß ich ihr mal was dichten sollte.
Ich sagte ja! Und also hüh!
Fährt jetzt mein Geist per Phantasie
nach Borkum, legt sich auf die Düne
und dichtet was für die Hermine.

Von einer Düne sieht man weit.
Das Meer ist voller Flüssigkeit.
Das Ostland ist an Möwen reich.
Die jungen Möwen hat man gleich;
die Eltern aber schrein und tüten
und schweben über unsern Hüten.
Hier ist der Entoucas zu loben,*
nicht alles Gute kommt von oben.

Zu Upholm wird das Schaf gemelkt.
Die Kuh will Futter, wenn sie bölkt.
Der Kuhhirt sammelt viele Kühe
durch lautes Tuten morgens frühe,
dies weckt den Fremden unvermutet,
so daß er fragt, wer da so tutet.

Am Strande aber geht man froh
erst so hin und dann wieder so:
man sieht ein Schiff, tritt in die Qualle,
hat Hunger, steigt in diesem Falle
zur Giftbutike kühn herauf,
erwirbt ein Butterbrot durch Kauf
und schlürft, wenn man es nötig hat,
*den vielberühmten „Dorenkat"**;*
ein Elixier, was notgedrungen,
durch ein Malör dazu gezwungen
vor hundert Jahren hierzuland
der Pieter Dorenkat erfand.

Es war 'ne schwüle, dunkle Nacht;
der Pieter hält am Strande Wacht.
Was ist das für ein heller Schein?
Das ist ein Schifflein, hübsch und klein.
Es leuchtet helle, segelt schnelle,
schwebt immer auf der höchsten Welle,
ist ganz von Rosenholz gezimmert,
sein Segel ganz von Seide flimmert;
hat eine Flagge aufgehißt,
worauf ein Herz zu sehen ist;
und lächelnd steht auf dem Verdeck
ein Knabe, lockig, blond und keck,
der durch ein Flügelpaar geziert
und Köcher, Pfeil und Bogen führt.
Da geht es kracks! – und an dem Riff
zerschellt das kleine Wunderschiff.
Pechschwarze Nacht. Bald blickt jedoch
der Mondschein durch ein Wolkenloch.
Herausgespült und hingestreckt,

*ein Taschenregenschirm [Anm. der Autoren]
**Anspielung auf den Korn der Firma Doornkaat aus Norden in Ostfriesland

wie tot, von Seetang überdeckt,
liegt da der Knabe auf dem Strand,
mit Pfeil und Bogen in der Hand.

Der Pieter, der ein guter Tropf,
frottiert ihn, stellt ihn auf den Kopf,
bläst ihm ins Mündchen, ja und richtig,
der Bursch wird wieder lebenstüchtig,
springt auf, ist schrecklich ungezogen,
nimmt seinen Pfeil, spannt seinen Bogen,
schießt Pietern durch die dicke Jacke,
wird eine Möwe, macht: gagacke!
Und ist verschwunden. Welche Schmerzen
fühlt Pieter Dorenkat im Herzen!!!
Er mag nicht gehn, er mag nicht ruhn,
er mag nicht essen, mag nichts tun;
er klagt dem Trientje seine Qual,
der aber ist es ganz egal.
Am liebsten möcht' er sich erhängen
und töten sich durch Halsverlängern,
doch Borkums Bäume sind zu niedrig,
was für den Zweck gar sehr zuwidrig.
So sammelt er denn schließlich Kräuter,
kocht, destilliert sie und so weiter,
bis eine Quintessenz zuletzt
sich aromatisch niedersetzt.
Hier wäscht er sich mit auß- und innen,
und schau! Die Schmerzen ziehn von hinnen.

Bald wird es weit im Reiche kund,
was dieser Dorenkat erfund.
Gar mancher will das Tränklein kosten,
bezieht es dann in großen Posten,
so daß der Pieter sich fortan
vor lauter Geld nicht bergen kann.
Jetzt fragt er Trientje: Wullt du mi?
„Ja gliek, Mynheer!" erwidert sie.
Drauf legt er sein Geschäft nach Emden,
trägt goldne Knöpfe in den Hemden,
und heute noch ist „Dorenkat"
für Leib- und Seelenschmerz probat. –
Ach ich war mal –
Wer klopft denn hier
grad jetzt an meine Stubentür?
Der Dichtung langer Faden reißt,
der Zug des Herzens ist entgleist,
mein Geist kehrt wieder von der Düne,
Adieu, Hermine!

Auch dem Zeichner, Maler und Dichter **Wilhelm Raabe** (1831–1910) – er benutzte das Pseudonym *Jakob Corvinus* – gefiel es auf Borkum, das er 1902 besuchte, ausnehmend gut. Leider hinterließ der große Chronist des damaligen Bürgertums der Nachwelt keine humorvollen Verse à la Wilhelm Busch.

Auf Borkum machte auch der in Berlin lebende Arzt und Lyriker **Gottfried Benn** (1886–1956) im August 1920 Ferien. Als das schöne Wetter allerdings umschlug, reiste er wieder ab. Nach eigener Aussage mochte er die Nordsee ohnehin nicht so sehr.

☐ Wilhelm Busch war ein gern gesehener Inselgast, der sogar im Urlaub humorvolle Reime verfasste

b_227 WCeh

der wesentlichen Verbesserungen der örtlichen Infrastruktur. Verkehrte sie zu Beginn 1885 noch als **Pferdebahn,** wurden die Züge ab Sommer 1888 mit einer kleinen **Dampflokomotive** angetrieben. Mehr als sieben Kilometer beträgt die Entfernung zwischen der Reede und dem Ortskern. Durch die nun stark vereinfachte Anreisemöglichkeit nahm der Seebäder-Tourismus auf Borkum richtig Schwung auf, denn deutlich mehr Menschen konnten die Nordseeinsel relativ bequem erreichen.

Das Ortsbild verändert sich

Mit dem Beginn des Badebetriebs veränderte sich auch der Ort. 1875 wurde eine erste **Warmbadeanstalt** eröffnet. Der 1876 errichtete Neue Leuchtturm führte zum Bau der **Strandstraße,** die vorher lediglich ein Fußweg vom Dorf zur See war. Das idyllische Inseldorf wurde zusehends größer und veränderte sich auch durch den Bau der **Kirchen.** Die Katholische Kirche wurde 1881 eingeweiht, die Reformierte Kirche folgte 1896. Neben öffentlichen Einrichtungen grub man 1891 eine **Kanalisation** und stattete die wichtigen Straßen anschließend mit Pflaster aus. In der zweiten Hälfte des 19. Jahrhunderts wurde zudem die **Strandmauer zum Schutz gegen die Nordsee** geplant und gebaut. Hinzu kamen die ersten Buhnen, um die Kraft der Wellen zu brechen. Direkt auf der Dünenkante entstanden nun **elegante Strandvillen** und 1884 das erste Hotel – das **Köhlersche Strandhotel.** Die Straße davor benannte man nach dem damaligen Staatsoberhaupt als Kaiserstraße. Hinter der Strandpromenade standen damals bereits die ersten **Strandzelte** im feinen Sand, diese sind bis heute eine echte Borkumer Eigenheit. Gebadet wurde damals natürlich streng nach Geschlechtern getrennt, es gab einen **Damen- und einen Herrenbadestrand.** Am Anfang des neuen Jahrhunderts war die Hotelzeile an der Kaiserstraße bereits beinahe vollständig gebaut, 1887 eröffnete das Hotel Kaiserhof seine Pforten, es folgten 1892 das Hotel Victoria und 1900 das Hotel Hohenzollern.

> Borkums Strandpromenade 1910

Das frühe 20. Jahrhundert

Militärische Aufrüstung

1902 erklärte Kaiser Wilhelm II. anlässlich eines Besuchs in der Garnisonsstadt Emden Borkum zur **Seefestung.** Der militärische Ausbau der Insel sollte dem Flottenstützpunkt Emden Schutz bieten. Nachdem zunächst nur Manöver stattfanden, stellte man 1908 acht Millionen Reichsmark zur Verfügung, um die Insel zur Seefestung auszubauen. So folgte der Bau zweier Kasernen für das fest auf Borkum stationierte Militär. Schweres Gerät wurde ebenfalls auf die Insel gebracht, darunter **Steilfeuerhaubitzen** mit einer Reichweite von elf Kilometern. Noch im selben Jahr richtete man eine **Dünenbatterie** ein. Für den Materialtransport entstanden Gleise für eine eigene Marinebahn. Diese wurde an das Schienennetz der Borkumer Kleinbahn angeschlossen. Auf die Entwicklung des Seebades hatte die militärische Aufrüstung aber zunächst wenig Einfluss.

Rege Bautätigkeit

Der Badebetrieb erlebte zu Beginn des 20. Jahrhunderts eine **erste Hochphase.** Nachdem weitere Hotels noch mehr Badegästen das Logieren erlaubten, zählte man 1906 über 21.000 Inselbesucher, 1913 waren es bereits 30.000. Entsprechend rege war auch die Bautätigkeit, 1910 wurde Borkums prächtiges **Rathaus** fertiggestellt. Im gleichen Jahr war **Baubeginn der Wandelhalle** zwischen Kaiserstraße und Strandpromenade, 1911 kam der

b_320 HvB

Borkums Milchbuden

1907 wurden direkt am Strand **kleine Bretterbuden** errichtet, in denen **Getränke** an die Badegäste verkauft wurden. Tatsächlich konnte man zu Beginn dort nur **Milch** kaufen, aber schon bald wurde die Produktpalette erweitert und es gab auch „Dicke Milch", Joghurt, Milchreis oder Buttermilch, etwas später wurden auch Bier und Wasser angeboten. Schließlich galt es, die Bädegäste vor Flüssigkeitsmangel und Hunger zu bewahren. Mit dem Anstieg der Gästezahlen wuchs auch die Größe der Buden, ihre Ausstattung wurde immer professioneller und das Angebot an Getränken und Speisen vielfältiger. Heute können die Inselgäste Kaffee und Kuchen in unmittelbarer Nähe zum eigenen Strandzelt genießen, oft mit Blick auf die See. Beliebt sind auch **Cocktails in den Abendstunden,** oft genug kann man die Getränke zu spektakulären Sonnenuntergängen genießen.

Die **Standplätze** der Milchbuden werden vom Nordseeheilbad Borkum bestimmt. Der Untergrund für die kleinen Bauwerke wird jedes Frühjahr entsprechend vorbereitet. Teilweise muss den Standorten am Strand Sand hinzugefügt werden, teilweise wird Flugsand auch entfernt. Dann ist die Zeit der großen Sandtransporte, denn auch aus Gründen des Küstenschutzes werden jedes Jahr rund 70.000 Kubikmeter Sand auf Borkum neu verteilt. Die Winterstürme wehen das Material oft auf unerwünschte Stellen, auch Teile der Promenade müssen dann von ihm befreit werden. Steht der Untergrund, werden die **voll ausgestatteten Gastronomiecontainer** auf einen **hölzernen Unterbau** gehoben. Das passiert in der Regel kurz vor Beginn der Saison, der mit den Osterferien zusammenfällt. Die Milchbuden sind dann bis zum Ende der Herbstferien in Betrieb, danach werden sie wieder abgebaut und über den Winter eingelagert.

Die **begehrten Plätze** werden von der Stadt Borkum jeweils für mehrere Jahre **per Pachtvertrag** an die Gastronomen vergeben. Schon wegen des Klimawandels müssen die Milchbuden sturmfest konstruiert sein und auch der steigende Meeresspiegel muss berücksichtigt werden. **Zehn Milchbuden** sind es insgesamt, verteilt auf den Südstrand, Nordstrand und den FKK-Strand. Nur das Dünenbudje beim FKK-Strand braucht für den Winter nicht demontiert zu werden, es liegt im Schutz der Dünen.

Die Tradition der Milchbuden wurde über die Jahre zu einem **Aushängeschild von Borkum,** Bauten dieser Art direkt auf dem Badestrand gab es es auf den Ostfriesischen Inseln lange Zeit nur auf Borkum.

> Milchbuden haben auf Borkum eine mehr als hundertjährige Tradition – die Konzessionen für die Saisonbauten werden jeweils nur für einige Jahre erteilt, und im Winter werden die Buden zum Schutz vor Sturmfluten abgebaut

b_234 mna

Musikpavillon hinzu. Die Wandelhalle wurde 1912 eröffnet und bot bis zu 2000 Menschen Platz. Für den Betrieb der Bogenlampen an der Strandpromenade baute die Badeverwaltung eigens eine Gleichstromzentrale mit Dampfbetrieb. Doch dann stoppte die positive Entwicklung plötzlich, denn im Sommer 1914 brach der Erste Weltkrieg aus.

Erster Weltkrieg

Am 1. August erklärte das Deutsche Reich Russland und am 3. August Frankreich den Krieg. **Alle Badegäste mussten unverzüglich die Insel verlassen,** die wehrfähigen Insulaner wurden zum Dienst an der Waffe einberufen. Die Hoteliers bekamen Kompensationszahlungen, schließlich hatten sie keine Einnahmen mehr. Etwa **1500 Soldaten** waren zur Zeit des Kriegs auf Borkum stationiert, ein Stacheldrahtzaun sicherte die Strandpromenade wegen erwarteter feindlicher Landungen. Aber glücklicherweise fiel während des Ersten Weltkriegs **kein Schuss** auf der Insel, sie überstand die schlimme Zeit **schadlos.** Im November 1918 schließlich unterschrieben Vertreter des Deutschen

b_321 HvB

Reichs die Kapitulationsschrift, der Erste Weltkrieg war zu Ende. Borkum behielt den Status Seefestung, es war aber nur noch ein Wachkommando der Marineartillerie stationiert.

Zwischen zwei Kriegen

Nach fünf Kriegsjahren kamen bereits **im Sommer 1919 die ersten Badegäste** zurück nach Borkum. Aber erst 1920 ging es wieder spürbar bergauf, 20.000 Gäste fuhren zur Erholung auf die Insel. Ein zeitgenössischer Werbeprospekt schwärmt: „Der hohe Dünenrand am Strande, der von Hotels und Logierhäusern wie von stolzen Palästen gekrönt wird, ist zur prachtvollen Kaiserstraße ausgebaut, die in Verbindung mit den Hotel-Veranden eine großartige Meeres-Terrasse bildet – eine Anlage, wie sie in dieser Ausdehnung und günstigen Lage kein anderes Nordseebad aufzuweisen hat." In einem Feuchtgebiet zwischen Deich und Dünen in der Nähe vom Südstrand begann 1923 eine **große Anpflanzung von Bäumen.** Der Rektor *Anton Scharphuis* setzte sich gemeinsam mit seinen Schülern dafür ein, mehr Lebensraum für Vögel und für Wild zu schaffen. Das Ergebnis ist die heute ungefähr 60 Hektar große **Greune Stee.**

An der Hindenburgstraße gedachten die Borkumer ihren im Ersten Weltkrieg gefallenen Soldaten – 1925 fand die **Einweihung des Kriegerdenkmals** statt. Verkehrstechnisch von großer Bedeutung war 1927 die **Errichtung des Flugplatzes.** Wegen der doch recht langen Anreise per Fähre war die Erschließung der Insel über den Luftweg wichtig. 1930 öffnete die **Jugendherberge** Borkum erstmals ihre Pforten. Im gleichen Jahr wurde der **Hindenburg-Damm** gebaut. Dieser künstlich geschaffene Dünengürtel verstärkte die Insel an der Stelle, an der sie ehemals geteilt war. So schützten die Insulaner das Hinterland vor Wassereinbruch. An der Seite zum Wattenmeer wurde ein neuer Seedeich errichtet. Durch den Aushub für den Deichbau entstand der **Tüskendörsee,** der heute eine wichtige Funktion als Rastgebiet für See- und Watvögel hat.

[<] Das Titelbild eines Urlaubsprospekts mit dem Charme von 1930

Der Seebäder-Antisemitismus

Das Phänomen des Antisemitismus war **seit Ende des 19. Jahrhunderts** in vielen deutschen Seebädern zu spüren. Borkum machte da keine Ausnahme, galt sogar als **Vorreiter** dieser Entwicklung. Allerdings gingen dessen Anfänge von den **Gästen** aus. Da diese aber eine wichtige Einnahmequelle für die Inselbevölkerung darstellten, wehrte man sich kaum und nahm die Strömung mehr oder weniger stillschweigend hin. Ab 1933 gab es erste **judenfeindliche Maßnahmen,** die von den Kurverwaltungen und Gemeindevertretungen ausgingen.

Der von **Richard Wagner** anlässlich der Gründung des Deutschen Reichs 1871 geschriebene und uraufgeführte **Kaisermarsch** war besonders unter den Kurgästen sehr beliebt und entwickelte sich zum Gassenhauer. Seine Melodie wurde mit einem auf Borkum gemünzten Text versehen, in dem man passagenweise das **Deutschtum verherrlichte** und gegen die Juden wetterte. *„... Doch wer dir naht mit platten Füßen, mit Nasen krumm und Haaren kraus, der soll nicht deinen Strand genießen, der muss hinaus! Der muss hinaus! Hinaus!"* Täglich sangen die Kurgäste das Borkum-Lied als Abschluss des Kurkonzerts lauthals zur Musik der Kapelle mit.

Während des Ersten Weltkriegs blieben die Gäste Borkum fern. Erst ab 1919 kamen sie wieder zurück und das Borkum-Lied ertönte erneut. Es gab mehrere Versuche, das zu unterbinden, aber offizielle Verbote wurden stets wieder zurückgenommen. Als besonders übler Agitator und Antisemit tat sich der evangelische Pastor *Ludwig Münchmeyer* hervor, der auf Borkum seinen Dienst verrichtete. Er wurde aufgrund seiner Hetzreden gegen Juden und später auch gegen Katholiken von seinem Amt entbunden.

1926 veröffentlichte *Dr. Albrecht Völklein* die erste Ausgabe des im Eigenverlag erscheinenden „Borkumer Beobachter". Er schrieb zum Geleit: *„... Was hier auf dieser Insel unter der Flagge des ‚Deutschtums' in der letzten Zeit vorgefallen ist, und noch immer vor sich geht, ist nichts anderes als eine furchtbare Versündigung am Wesen wahren und echten Deutschtums."* Erst dann, wenn eine aufrechte und vornehme Gesinnung wieder die Führung übernommen hätte, könne sich Borkum wieder eine deutsche Insel nennen, fasste er zusammen. Er ergriff Partei für Pastor *Münchmeyer.* Dieser geriet allerdings unter Druck und musste die Insel verlassen. Die nach dem Pastor benannte Münchmeyerstraße auf Borkum heißt heute Goethestraße. Ein neben dem Rathaus aufgestellter **Gedenkstein** erinnert seit einiger Zeit an die aufgrund ihres jüdischen Glaubens ausgegrenzten Opfer. Und im **Heimatmuseum** setzen sich einige Klapptafeln mit dem Seebäder-Antisemitismus auf Borkum auseinander.

Quelle: Unterlagen aus dem Archiv des Heimatvereins Borkum und Klapptafeln im Inselmuseum.

[>] Broschüre „Das ‚deutsche' Nordseebad" von 1926 – auf Borkum gingen die Anfänge der Judenfeindlichkeit leider schon sehr früh von den Gästen aus

Borkum
Das „Deutsche" Nordseebad

Doch trotz des ersehnten Aufschwungs und der allgemeinen positiven Entwicklung Borkums nach dem Ende des schrecklichen Weltkriegs mischten sich zunehmend fragwürdige Untertöne in die Unterhaltungen beim Spaziergang auf der Promenade oder beim abendlichen Aperitif. Borkum entwickelte sich zur **Hochburg des Seebäderantisemitismus.** Schon im auslaufenden 19. Jahrhundert war die Stimmung gegen Juden gerichtet, bereits 1897 warb Borkum damit, „judenfrei" zu sein. Der evangelische Inselpastor *Ludwig Münchmeyer* (1885–1947) fiel in den 1920er-Jahren durch besonders aggressive antisemitische Hetzreden auf. 1926 musste er sein Amt niederlegen, die Landeskirche hatte einen Prozess gegen ihn eingeleitet (→ Exkurs „Der Seebäder-Antisemitismus", S. 236).

Neues Unheil beginnt

Im Dezember 1934 wurden in den Steernklippdünen auf Borkum zu Versuchszwecken **zwei Raketen** vom Typ Aggregat 2 **gezündet,** der ersten flugfähigen Rakete überhaupt. Der Raketenexperte *Wernher von Braun* (1912–1977) war der leitende Ingenieur, nach dem Test in Borkums Dünen verlegte man die weiteren Forschungen schließlich nach **Peenemünde.** Einerseits war diese Entwicklung eine technische Glanzleistung, andererseits eine Vorahnung des düsteren Kapitels deutscher Geschichte, das folgte (→ Exkurs rechts).

Am 30. Januar 1933 wurde *Adolf Hitler* zum **Reichskanzler** ernannt. Auch mancher Insulaner liebäugelte mit den neuen Machthabern und hängte sein Fähnchen in den „braunen Wind", für viele Hotelbesitzer ging es dabei schließlich um ihre Existenz. Der Badebetrieb lief vorerst ungehindert weiter und in der Wandelhalle wurde 1936 die erste **Meerwasser- Trinkkur** angeboten. 39.000 Gäste wurden in diesem Sommer auf der Insel registriert. Der politische Wandel hatte auch eine rege Bautätigkeit zur Folge, ab 1935 wurde Borkums Ausbau zur Seefestung perfektioniert. Den Flughafen vergrößerte man für Jagdflugzeuge und Bomber. Die Straße zur Reede wurde betoniert, der Bahndamm der Kleinbahn durch Aufspülung verbreitert. 1938 erfolgte die **Grundsteinlegung für einen neuen Hafen,** den heutigen Schutzhafen. Im gleichen Jahr wurden an der Richthofenstraße und der Hindenburgstraße Wohngebäude für Marine und Luftwaffe fertiggestellt. Hinzu kam der Bau von **Bunkern,** etwa 300 waren es bis zum Ende des Krieges auf der Insel. Eine drei Kilometer lange Kaianlage umschloss schließlich den neuen Hafen, der groß genug war, um zahlreiche Minensuch- und Vorpostenboote aufzunehmen.

Max und Moritz

Der Raketenwissenschaftler und Ingenieur **Wernher von Braun** (1912–1977) wurde von der Wehrmacht beauftragt, neue Raketen zu entwickeln. Daraufhin entstanden zwei Versuchsraketen vom Typ **Aggregat 2,** von der Wehrmacht als sogenanntes Rauchspurgerät bezeichnet. Diese startete er auf Borkum. Im Unterschied zum Vorgängermodell waren diese etwa 1,6 Meter großen Raketen tatsächlich flugfähig und sie wurden auf die Namen *Max und Moritz* getauft. *Max* erhob sich am 19. Dezember 1934 in die Luft, *Moritz* hob einen Tag später vom Boden ab. Beide Flugkörper erreichten eine Flughöhe von **über zwei Kilometern.** Der Raketenpionier von Braun setzte seine Versuche daraufhin in **Peenemünde** an der Ostsee fort, das Aggregat 4 ging als **V2** in die Geschichte ein. Die gelenkte Vernichtungswaffe kam als „Wunderwaffe" der Nationalsozialisten gegen Ende des Zweiten Weltkriegs zum Einsatz, die erste traf London am 4. September 1944. Nach dem Krieg ging Wernher von Braun in die Vereinigten Staaten von Amerika und setzte dort seine Arbeit fort – ab 1959 bei der Raumfahrtbehörde **NASA**. Er war maßgeblich am **Apollo-Programm** beteiligt, das am 20. Juli 1969 die ersten Menschen mit der **Saturn-V-Rakete** auf den Mond brachte.

Der Raketenwissenschaftler Wernher von Braun vor den Triebwerken der Saturn V

b_240 NASA

Zweiter Weltkrieg

Bombardierungen und Verluste

Am 1. September 1939 überfiel die deutsche Wehrmacht Polen und mit dem Frieden war es wieder vorbei. Der **Badebetrieb** kam **sofort zum Erliegen,** viele männliche Insulaner wurden zum Militärdienst eingezogen – die Geschichte wiederholte sich. Das Leuchtfeuer des Neuen Leuchtturms wurde abgeschaltet, man wollte dem Feind die Orientierung erschweren. Die Insulaner lebten nun in ständiger Angst vor feindlicher **Bombardierung.** Denn die britischen Bomber flogen damals noch auf Sicht in Richtung des Deutschen Reichs. Dabei orientierten sie sich am Küstenverlauf. 1940 wurden die Ostfriesischen Inseln zum **militärischen Sicherheitsbereich** erklärt. Das Deutsche Reich stationierte noch mehr Soldaten auf Borkum.

1940 wurden erstmals Bomben auf Gebäude der Ortschaft abgeworfen. 1941 folgte ein Luftangriff auf den Fliegerhorst, doch die feindlichen Bomber trafen ihr Ziel nicht. Im gleichen Jahr **evakuierten** alle Borkumer ihre **Kinder ins Salzburger Land.** Erst gegen Ende des Kriegs häuften sich die kriegerischen Ereignisse. 1944 wurde der Bahnhof getroffen und dabei eine Lok zerstört. Auf dem Nordstrand musste ein amerikanischer Bomber vom Typ B 17 G Flying Fortress notlanden. Vorerst wurde die sieben Mann starke Besatzung gefangen genommen, dann schwer misshandelt und schließlich umgebracht. Dieses Kriegsverbrechen ging unter der Bezeichnung **Fliegermorde** in die Inselgeschichte ein. Heute erinnert eine Gedenktafel am Kriegerdenkmal an diese Tat. Im Herbst 1944 wurde Borkums Hafenanlage von den Seestreitkräften verstärkt angelaufen, bei der Heimlichen Liebe eine „Horchstation" eingerichtet. Der Krieg neigte sich dem Ende und Borkum hatte Glück, denn **die Insel entging einer größeren Bombardierung.** Die am 7. Mai 1945 unterzeichnete bedingungslose Kapitulation des Deutschen Reichs trat am 8. Mai in Kraft. Ostfriesland wurde **Teil der britischen Besatzungszone.** Auf Borkum kamen während des Krieges nur vier Menschen ums Leben, insgesamt beklagte man aber 322 Gefallene und Vermisste.

> Betonbunker in den Dünen im Osten der Insel als steinerne Zeugen des Zweiten Weltkriegs

Kriegsende und Nachkriegsjahre

Nach dem Ende der Kriegshandlungen schleiften alliierte Besatzer die zahlreichen **Bunkeranlagen** auf der Insel. Das militärische Gerät wurde zerstört. Als **Kriegsentschädigung** beanspruchten die Niederlande das Gebiet der gesamten **Emsmündung inklusive der Insel Borkum**. Dieser Wunsch scheiterte jedoch am Einspruch der Westalliierten. Der genaue Grenzverlauf zwischen der Bundesrepublik Deutschland und den Niederlanden im Küstenbereich vom Dollart bis zur Außenems ist bis heute ungeklärt, aber der Umgang damit ist in einem Abkommen geregelt.

Da es auf Borkum **kaum Kriegszerstörungen** gab, nahm die Insel viele **Vertriebene** aus den ehemaligen deutschen Ostgebieten auf. Diese meist aus Schlesien kommenden Flüchtlinge blieben aber nur vorübergehend. 1946 wurde die Insel Teil des neu gegründeten Bundeslandes **Niedersachsen,** der erste Ministerpräsident war *Hinrich Wilhelm Kopf* (1893–1961). 1947 fand die **erste Badesaison nach dem Krieg** statt, die Gäste bezahlten ihren Aufenthalt meist **in Naturalien.** So gab es frische Seeluft für Obst, Gemüse und Fleisch, das änderte sich nach der Währungsreform 1948 aber wieder. 1949 wurde die Bundesrepublik Deutschland gegründet, **Konrad Adenauer** zum ersten Kanzler und **Theodor Heuss** zum ersten Bundespräsidenten des neuen westdeutschen Staates. Die Insel Borkum bekam in diesem Jahr die **staatliche Anerkennung als Meeresheilbad.** 1950 erhielt die Ortschaft Borkum das **Stadtrecht.**

b_323 mna

Küstenfunk

1897 gelang dem erst 23-jährigen italienischen Radiopionier *Guglielmo Marconi* die **erste drahtlose Nachrichtenübermittlung.** Drei Jahre später, am 15. Mai 1900, wurde der **weltweit erste amtliche Funkdienst** von der deutschen Reichs-Post- und Telegraphenverwaltung eingerichtet. Das Wasser- und Schifffahrtsamt (WSA) Emden richtete den regelmäßigen Funkdienst zwischen dem Kleinen Leuchtturm auf Borkum und dem auf See liegenden Feuerschiff „Borkumriff" ein. Das erste bekannte Rufzeichen der Funkstation war KBM, das stand für die Küstenfunkstelle Borkum. Schon im Januar 1901 bewährte sich die Technik und erwies sich bei einem Notruf als **lebenswichtig.** Während eines Sturms hatte sich das Feuerschiff losgerissen und konnte mit dem Funksender Hilfe herbeiholen. Die Kaiserliche Marine führte 1904 das **Morsezeichen SOS** (kurz, kurz, kurz; lang, lang, lang; kurz, kurz, kurz) für Notfälle ein.

Heute arbeitet die Küstenfunkstelle Borkum für die Funkdienste des WSA und dient der **Verkehrssicherung des Emsfahrwassers.** Dabei kommt der ursprünglich 55 Meter hohe Antennenträger zum Einsatz, der 1966 neben dem Kleinen Leuchtturm in den Dünen am Südbad errichtet wurde. Dieser Stahlfachwerkmast wurde 1988 auf 67 Meter erhöht und 2011 dann gegen einen neuen Funkmast ausgetauscht. Dieser ragt heute **knapp 100 Meter** in Borkums Himmel und ist damit das höchste Bauwerk der Insel. Der leistungsfähige Antennenträger funkt die Daten für den Schiffsverkehr mit dem UKW-Kanal 18 an die Verkehrsleitstelle Knock. Dort wachen die Mitarbeiter des WSA 24 Stunden am Tag und 365 Tage im Jahr über alle Schiffsbewegungen auf der Ems.

b_233 mna

[>] Funkmast auf Borkum – heute sichert unter anderem die Küstenfunkstelle Borkum den Schiffsverkehr des Emsfahrwassers für das Wasser- und Schifffahrtsamt

Wiederaufbau und Wirtschaftswunder

Sehnsucht nach Zerstreuung

Wie überall in Deutschland war die unmittelbare Nachkriegszeit auch auf Borkum eine **Phase der Neuordnung.** Langsam begannen wieder Renovierungen und Verschönerungen, das Seebad putzte sich für die Badegäste heraus. Das beginnende Wirtschaftswunder machte sich bald auch an der Nordseeküste bemerkbar. Der 1951 veröffentlichte Schlager „Pack die Badehose ein", den Kinderstar *Cornelia Froboess* sang, war das Produkt einer Zeit, in der die Menschen in Deutschland nach einer Phase schrecklicher Kriegserlebnisse und Entbehrungen begierig nach Zerstreuung und Ablenkung vom Alltag waren. So lag das Baden voll im Trend und auch der Traum von einer Reise ans Meer war plötzlich nicht mehr ganz unmöglich. Wo sonst konnten die Deutschen dunkle Kriegsereignisse besser vergessen als an der See?

Badegäste bleiben Borkum treu

In den frühen 1950er-Jahren lebten gut 6000 Menschen auf der Insel, pro Saison kamen rund **35.000 Badegäste.** Damals noch fast ausschließlich im Hochsommer. Dem Trend der Nachkriegszeit folgend, wurde 1950 der **Campingplatz** eröffnet. Schnell mussten weitere Übernachtungsmöglichkeiten eingerichtet werden. Fast jeder Borkumer vermietete Zimmer und es entstanden auch zahlreiche neue Gebäude. An ein **einheitliches Stadtbild** dachte damals niemand, deshalb stehen in der Ortschaft historische Villen aus der Gründerzeit, schlichte Zweckbauten aus der Nachkriegszeit und Betonklötze aus den 1970er-Jahren nebeneinander. Die Zahl der Badegäste stieg schnell, **1960** kamen schon mehr als **70.000 Besucher** auf die Insel. Auch siedelten sich zahlreiche **Rehabilitationskliniken** auf Borkum an. Das Reizklima der Nordsee ist besonders bei Erkrankungen der Atemwege zu empfehlen, aber auch psychosomatische Erkrankungen und Hautkrankheiten werden bis heute auf der Insel behandelt.

Marine zieht ab

Auch die Militärgeschichte auf Borkum fand eine Fortsetzung. Von 1957 bis 1996 gab es hier einen **bedeutenden Marinestützpunkt der Bundeswehr.** Nach seiner Auflösung 1996 wurden die Soldaten abgezogen, ein wichtiger Arbeitgeber fehlte damit, die Marinepiers im Hafen gingen in zivile Nutzung über. In den ehemaligen Gebäuden der Bundeswehr ist die **Jugendherberge „Am Wattenmeer“** untergebracht. Sie zählt zu den größten Einrichtungen dieser Art in Europa.

Borkum im 21. Jahrhundert

Borkum investiert in Tourismus und Umweltschutz

Das Nordseeheilbad Borkum hat in den letzten Jahren umfangreiche **Investitionen** getätigt, um den Besuchern viel bieten zu können. So eröffnete unter anderem 2005 das **Meerwasserschwimmbad Gezeitenland.** Als einzige Insel in Deutschland ist Borkum mit dem **ECARF-Siegel für besondere Allergikerfreundlichkeit** ausgezeichnet. Weil die Insel im Hochseeklima viele gesundheitliche Vorteile bietet, setzt man bewusst auf das Thema **Nachhaltigkeit.** So strebt Borkum an, bis 2030 **vollständig klimaneutral** zu sein. Dazu passt gut, dass der Fährverkehr zunehmend umweltfreundlicher gestaltet wird, die Schiffe der AG Ems sind bereits oder werden nach und nach auf einen **Antrieb mit Flüssiggas** umgebaut. Borkum hat jährlich über 320.000 Gästen, darunter viele Tagesgäste aus den benachbarten Niederlanden, und gut 2,5 Millionen Übernachtungen. Auch in den Wintermonaten und der Nebensaison soll die Insel für Gäste ein attraktives Reiseziel sein. Mit hochwertigen Wellness- und Thalasso-Angeboten und einem erstklassigen kulturellen Rahmenprogramm ist man bereits auf einem guten Weg. In der Gesamtstrategie Borkum 2030 ist auch die **Belebung des Reede- und Hafengebietes** vorgesehen. So entstand im Zuge der Deichertüchtigung nahe der Jugendherberge beispielsweise eine neue **Promenade** am Wattenmeer, ein schöner Platz zum Beobachten der Sonnenuntergänge. Im Hafengebiet wurden Unterkünfte für die Mitarbeiter der Offshore-Firmen errichtet und ein neues **Auflugsrestaurant** direkt an der Hafenkante. Und mit dem **Loopdeelenweg** südwestlich der Greunen Stee ist eine weitere Attraktion hinzugekommen. Das nächste Ziel der Stadtentwicklung ist eine Aufwertung der Innenstadt, so sollen unter anderem die Kulturinsel und das Gezeitenland neu gestaltet werden. Es gibt also viele Gründe für einen Urlaub auf Borkum.

Nutzung erneuerbarer Energien

Bereits in den 1980er-Jahren begannen die Stadtwerke mit dem **Ausbau erneuerbarer Energien.** Es entstanden mehrere Windkraftanlagen, ein Solarpark sowie Photovoltaik-Anlagen. Am Hafen befinden sich große **Windräder,** auf zahlreichen Hausdächern sind **Solarpanels** installiert. Diese und ein moderner **Solarpark** auf der rekultivierten Müllanlage sorgen dafür, dass hier viel erneuerbare Energie erzeugt wird. Bald kann sich Borkum autark mit Energie versorgen. Schon jetzt ist es möglich, mit der lokalen Produktion rund **4600 Dreipersonenhaushalte** komplett mit Strom zu versorgen.

Elektromobilität

Auch die **Elektromobilität** möchte Borkum forcieren. Im eigenen Fuhrpark gibt es entsprechende Fahrzeuge und die Polizei nutzt ein **elektrisch betriebenes Motorrad.** Der Busverkehr der Borkumer Kleinbahn stellt ebenfalls und nach auf **Elektroantrieb** um. Der Elektromobilität gehört hier die Zukunft. Deshalb gibt es ein Carsharing und damit werden in den kommenden Jahren mehr und mehr E-Mobile auf den Straßen verkehren. Mit **Schnellladesäulen im öffentlichen Raum** setzt die Gemeinde Signale für eine weitere klimafreundliche Gestaltung der Insel. 2015 wurde auf Borkum die erste Schnellladesäule errichtet und zwar zu diesem Zeitpunkt die erste auf den Ostfriesischen Inseln. Inzwischen gibt es auf Borkum drei Stück, jeweils eine pro Inselparkplatz.

Einsames Fahrrad am Strand – auch wenn es nicht danach aussieht: Ab hier kann man zu Fuß noch viele Kilometer weiter am Strand in Richtung Osten gehen

b_324 mna

b_087 mna

5 Die Nordsee

Wissenswertes und Nützliches zu den Themen Nordsee, Klima und Wetter, Gezeiten, Gesundheit und Sicherheit sind hier zu erfahren. Eine Tabelle zeigt die Beaufort-Skala und lässt sich gut zur ungefähren Einschätzung der Windgeschwindigkeiten nutzen.

< Betonbuhne vor glänzender Nordsee

Land und Meer

Die Geschichte der Nordsee begann im Erdmittelalter *Mesozoikum,* also vor rund **250 Millionen Jahren.** In dieser Zeit fanden die wichtigsten gesteinsbildenden Prozesse statt. Heute ist es kaum noch vorstellbar, aber während dieser Zeit lebten im Bereich der heutigen Nordsee Tiere wie beispielsweise Dinosaurier. Alles war dicht bewachsen und es herrschte ein für Verwitterungsprozesse ideales **tropisches** und **subtropisches Klima.**

Eiszeiten und Erderwärmung

Während der drei Eiszeiten im **Quartär** – dem vor 2,1 Millionen Jahren beginnenden jüngsten Zeitabschnitt der Erdgeschichte – lag das Gebiet der heutigen Nordsee **oberhalb des Meeresspiegels.** Durch die Bildung kontinentaler Eismassen und Gletscher wurde den Ozeanen viel Wasser entzogen. Deshalb lag der Meeresspiegel in der Vergangenheit um mehr als 100 Meter tiefer als

Nordseewasser an einem Wellenbrecher

heute. Damals erstreckten sich **große Eismassen** über die Arktis und Antarktis und auf der nördlichen Halbkugel bildeten sich auch auf den kontinentalen Landmassen **weite Eisschilde.** Durch die Erwärmung des Erdklimas tauten die Eismassen nach der Eiszeit in Schüben wieder ab und der Meeresspiegel stieg.

Auf dem Höhepunkt der **Weichseleiszeit** in der Zeitspanne vor etwa 60.000 bis 15.000 Jahren – es war die letzte im nördlichen Mitteleuropa – lag das **Niveau des Meeresspiegels** weltweit rund **120 Meter niedriger als heute.** Durch das Schmelzen der mächtigen Eispanzer stieg er in den letzten 10.000 Jahren gewaltig an. Die riesigen **Schuttmassen,** die die Gletscher mit sich führten, blieben nach dem Auftauen als Moränen aus Sand, Lehm und Gesteinsschutt zurück. Diese Ablagerungen bilden heute die **Geestrücken** der Landschaft in Norddeutschland, im Gegensatz zum flachen Schwemmland der Marsch liegt die Geest höher. Oft sind die Böden der Geest sandig und unfruchtbar.

b_389 mna

Küstenschutz ist Inselschutz

Die Ostfriesischen Inseln und das Wattenmeer entstanden durch **Meeresablagerungen** und das **Zusammenspiel von Wind und Strömungen.** Im Gegensatz zu den Nordfriesischen Inseln basieren sie nicht auf einem **Geestkern,** also einer glazialen Ablagerung aus der Eiszeit. Vielmehr bestehen sie aus einem **Gemisch von Sand und Watt,** das sich im Laufe der Jahrhunderte durch Pflanzenbewuchs verfestigte. Nach wie vor verändert sich seine Form. Ursache dafür ist die sogenannte **Ostdrift,** die dazu führt, dass sich die Inseln jedes Jahr um einige Meter nach Osten bewegen: Der Gezeiten-Hauptstrom nagt regelmäßig am westlichen Ufer und dieser Sand lagert sich am Ostende ab. Besonders große Auswirkungen haben **schwere Sturmfluten.**

Um die Insel vor **Überflutung** und **Landverlust** zu schützen, wird insbesondere die Westseite Borkums systematisch durch Deckwerke, Buhnen sowie die Strandpromenade geschützt. Auch die empfindlichen Dünengürtel dürfen nicht betreten werden, um die Gräser, die den Sandabtrag durch Wind und Wasser schützen sollen, nicht zu zerstören.

Von 2011 bis 2013 wurde in Borkum die **Wandelbahn** in drei Bauabschnitten im Bereich zwischen Viktoriastraße und der „Heimlichen Liebe" aufwendig erneuert. Der Grund dafür war eine **Überprüfung der Standsicherheit** der vorherigen Strandschutzmauer durch das Wasser- und Schifffahrtsamt in Emden. Sie hatte erge-

b_134 mna

b_231 mna

ben, dass das Bauwerk regelmäßig zu stark überströmt worden war. Durch den zu großen Wellenüberlauf waren auch die dahinter gelegenen rückwärtigen Schutzdünen geschädigt und Teile der Strandschutzmauer gefährdet worden. Zur Sicherheit durfte wegen Sturmflutgefahr nicht zwischen Oktober und Mitte April gebaut werden, da sonst aufgrund der abgerissenen Bauwerksteile die Gefahr von **Wassereinbrüchen** bestanden hätte. Sämtliche baulichen Maßnahmen dienten dazu, die Krafteinwirkungen des Meeres auf die Strandschutzmauer sicher abzufangen und die Wasserüberlaufmengen deutlich reduzieren zu können.

Zusätzlich sichert eine im Frühjahr 2017 erfolgte **Sandaufspülung** den Sockel der Strandschutzmauer. Dazu wurden 500.000 Kubikmeter Sand, die bei notwendigen Baggerarbeiten in der Fahrrinne der Außenems vor dem niederländischen Eemshaven anfielen, mit einem **Saugbagger** über eine Rohrleitung an Borkums Strand gespült.

⌃ Bagger befüllen Laster mit Sand, der vor der Strandschutzmauer ausgebracht wird, um Unterspülungen zu verhindern

‹ Transport eines Rohres, mit dem Sandvorspülungen an Borkums Westkopf durchgeführt wurden

Das Wasser des Atlantischen Ozeans drang durch den Anstieg des Meeresspiegels immer weiter nach Süden vor und überspülte große Landmassen, so entstand die Nordsee. Dabei verschob sich die Küstenlinie mehrere hundert Kilometer landeinwärts. Das im Herzen der Nordsee befindliche **Doggerland** wurde überspült. Die ursprüngliche Landbrücke nach England ging verloren, als vor etwa 9000 Jahren der Ärmelkanal entstand. Zwischen 7000 v. Chr. und 5000 v. Chr. verlangsamte sich der Anstieg des Meeresspiegels wieder.

Anschließend entwickelte sich die Küstenlinie der Nordsee im Großen und Ganzen so, wie wir sie heute kennen: mit ihren **Watten, Marschen** und oft **bewaldeten Geestkuppen.** Die Gezeiten und Strömungen transportierten Sedimente und lagerten diese an Untiefen und Sandbänken ab. Nach und nach wuchsen diese zur **Kette der vorgelagerten Ostfriesischen und Westfriesischen Inseln** heran. Die Nordfriesischen Inseln dagegen sind anderen Ursprungs. Sie bestehen zum Teil aus Geest und zum Teil aus Marschen. Ursprünglich zum Festland gehörend, wurden sie erst durch heftige Sturmfluten im Mittelalter zu Inseln und Halligen.

▷ Regenwolke vor untergehender Sonne

▽ Regenbögen sind an der Nordsee keine Seltenheit, da der stetig wehende Wind oftmals für eine schnelle Wetterabfolge sorgt

b_149 mna

Das **Wattenmeer an der Nordsee** ist eines der dynamischsten Systeme der Welt. Dadurch verändern sich die Inseln selbst und auch die Tiefen und Untiefen ständig, wie man an der stetigen **Ost-Drift der Ostfriesischen Inseln** erkennen kann. Der momentane Anstieg des Meeresspiegels durch die Erwärmung des Klimas trägt ebenfalls seinen Teil dazu bei. Langzeitdatenreihen belegen, dass sich die **Nordsee deutlich stärker erwärmt als die Weltozeane** im Mittel. Sie ist in den vergangenen 50 Jahren um **1,7 °C** wärmer geworden. Damit ist die Deutsche Bucht eines der sich am schnellsten erwärmenden Küstenmeere überhaupt. Dadurch verändern sich auch Flora und Fauna. Kälte liebende Arten werden seltener oder verschwinden, Meeresströmungen werden beeinflusst und neue Arten aus wärmeren Gefilden wandern ein.

Dünen schützen die Insel

Dünenschutz ist Inselschutz – der Schutz der Dünenkette vor allem im Norden und Westen der Insel ist enorm wichtig (→ Exkurs „Küstenschutz ist Inselschutz“, S. 250). Die Dünen sind als ein **natürlicher Küstenschutz** von großer Bedeutung. Sie dürfen deshalb außerhalb der bezeichneten Übergänge und Wege **nicht betreten** werden. Leider fehlt bei manchen Besuchern das Bewusstsein dafür, dass mit jedem Schritt außerhalb der Wege der Bewuchs zerstört wird. Dieser befestigt den Sand und schützt vor Erosion und Verwehungen. Ist die Vegetation erst einmal zerstört, haben Wind und Wetter einen guten Angriffspunkt für ihre zerstörerische Wirkung. Um der Natur Respekt zu erweisen, ist es ratsam, **auf den ausgezeichneten Wegen zu bleiben** und das Verbot des Betretens der Dünen einzuhalten.

b_287 mna

Wind und Wetter

Klimatische Bedingungen

Borkum liegt in der **Westwindzone der gemäßigten Breiten,** die durch den Golfstrom beeinflusst sind. Der besonders milde **Golfstrom** ist eine der größten und schnellsten Meeresströmungen der Erde. Er führt Wärme heran, lässt aber auch Tiefdruckgebiete mit überwiegend westlichen Starkwinden entstehen. In Nordeuropa ist es deshalb im Durchschnitt 5 bis 10 °C wärmer oder, andersherum gesagt, es wäre 5 bis 10 °C kälter, wenn es ihn nicht geben würde. So herrscht auf Borkum ein **ausgeprägt maritimes Klima** mit mehr Sonnenstunden als auf dem Festland. Besonders im Frühjahr gibt es regelmäßig mehr davon, weil das kühle Meerwasser die Bildung von Wolken unterdrückt. Mit rund **2500 Sonnenstunden** steht Borkum auf einem der vorderen Plätze der sonnigsten Orte Deutschlands. Im Herbst kann das Pendel umschlagen, es bilden sich unter den entsprechenden Umständen mehr Wolken als über dem Festland. Auf Borkum herrscht ein **warm- und feuchtgemäßigtes Klima** mit warmen Sommern. Die Temperatur des Meerwassers verändert sich nicht so schnell wie die der Luft, deshalb sind die Temperaturunterschiede auf den Nordseeinseln generell geringer, dafür ist aber die Luftfeuchtigkeit höher. Auf Borkum herrscht eine **mittlere Jahrestemperatur von 8,7 °C** (8,2 °C in Deutschland), im Winter fällt das Thermometer nur ganz selten unter 0 °C – und wenn, dann im Januar und Februar. Die **Luftfeuchtigkeit** beträgt durchschnittlich **77 Prozent.** Mit einer Durchschnittstemperatur von 1,3 °C sind Januar und Februar die kältesten Monate (in Deutschland -0,5 °C). Wärmste Monate sind Juli und August mit durchschnittlich 16,3 °C (16,5 °C in Deutschland). Die **mittlere Jahresniederschlagsmenge** auf Borkum liegt bei rund **805 mm** und ist damit nur leicht höher als die Deutschlands mit 789 mm. Trockenster Monat ist der Februar mit 450 mm an durchschnittlich neun Tagen. Der **nasseste Monat** ist mit 840 mm **der November.** Im Winterhalbjahr bläst der Wind mit durchschnittlich 30 Stundenkilometern über die Insel, im Sommerhalbjahr sinkt dieser Wert auf 20 Stundenkilometer. Übers ganze Jahr betrachtet scheint auf Borkum **6,8 Stunden pro Tag die Sonne** und an **monatlich 11,5 Tagen regnet es.** Die **Wassertemperatur** der Nordsee liegt im Jahresmittel bei 11 °C. Am wärmsten ist das Wasser im August mit 18 °C, am kältesten von Januar bis März mit 4,9 °C. Am 1. Juli geht die Sonne am frühes-

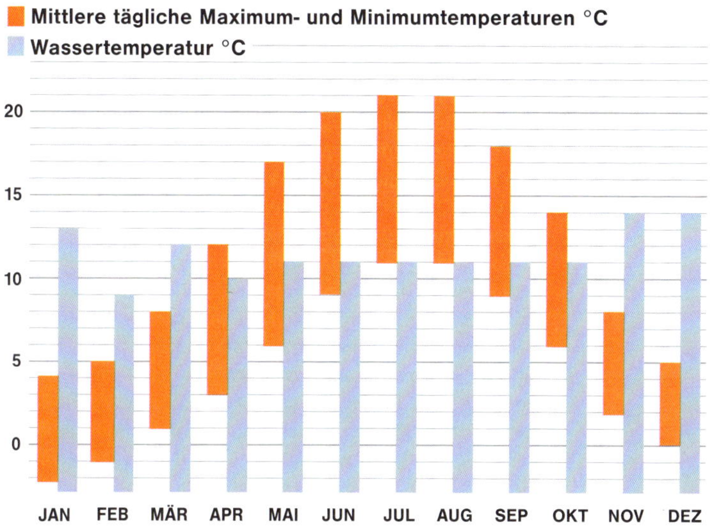

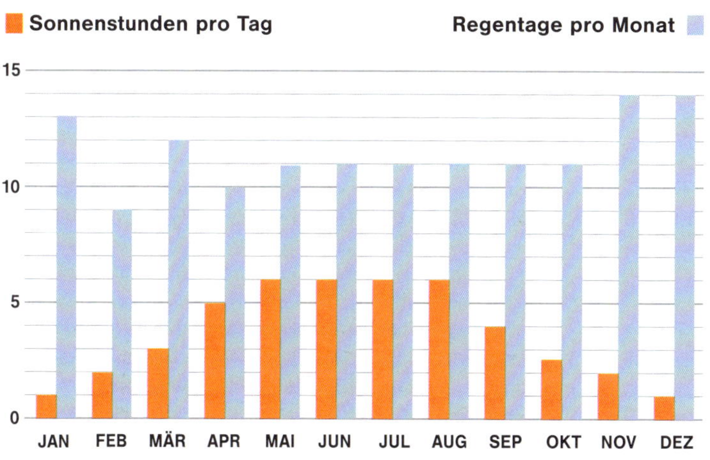

ten auf, dann ist es gerade 5.02 Uhr, und der späteste Sonnenaufgang ist am 29. Dezember um 8.49 Uhr. Dann geht die Sonne aber auch schon am 16.13 Uhr unter, während der späteste Sonnenuntergang tatsächlich nicht am 21. Juni, sondern am 24. Juni um 22.07 Uhr ist.

Deutschland liegt in einer **Zone wechselhaften Wetters.** Die mit dem Klimawandel verbundene **Erderwärmung** führt auch an der Nordsee zu **extremeren Situationen.** Im Verlauf des Golfstroms steigt erhitzte Luft auf, wird durch die Erdrotation in drehende Bewegung versetzt und Tiefdruckgebiete entstehen. Auf dem Rücken eines mächtigen Azorenhochs gelangen sie nach Nordeuropa und manche erreichen erst hier vor der Küste ihre volle Kraft. Je länger ihr Weg über dem Wasser ist, desto stärker werden sie. Die **Stürme der Nordsee** haben immer wieder die Küstengeografie verändert, sie tun es noch heute und werden es auch in Zukunft tun. Borkum liegt an der südlichen Nordseeküste etwa zwölf Kilometer von der niederländischen Küste und rund 20 Kilometer vom deutschen Festland entfernt. Die Insel ist den meist aus Westen kommenden Stürmen deshalb stark ausgesetzt. Die Sturmfluten der letzten Jahrhunderte haben immer wieder Schäden angerichtet. Die Strandpromenade und die Buhnen sind zwar wichtige Schutzbauten, aber es ist zu vermuten, dass die **Wetterextreme zukünftig weiter zunehmen,** sofern die Klimaerwärmung nicht verlangsamt oder gestoppt werden kann. Das zumindest ist die heutige Einschätzung der meisten Experten.

Wetterabfolge

In der Deutschen Bucht gibt es **selten Windstille.** Meist kommt der Wind aus westlicher Richtung. Herrscht Tiefdruck, dreht sich der Wind auf der Nordhalbkugel gegen den Uhrzeigersinn. Jedem Borkumer ist bekannt, dass Wind aus südlichen bis südwestlichen Richtungen **schlechtes Wetter** bringt. Denn dann bewegt sich ein Tief auf den Nordseebereich zu und bald bekommt man auch dessen Ausläufer zu spüren: den mehr oder minder satten Regen einer Warmfront. Dann, nach einem wahrscheinlichen Windsprung auf westliche Richtungen, kommen Schauer und manchmal auch Gewitter im Gefolge einer Kaltfront. Danach weht es normalerweise kräftiger als zuvor aus Nordwest bis Nord – es ist das **typische Rückseitenwetter der Nordsee.** Mit Wetterglück läutet der Nordwind ein nachfolgendes Hoch ein, um das sich der Wind im Uhrzeigersinn dreht und schönes Wetter mitbringt.

Passende Kleidung

Es ist empfehlenswert, sich bei einem Inselaufenthalt mit seiner Kleidung auf Wetterwechsel einzustellen. In der Regel ist es an

▷ Sturmflut an Borkums Promenade

der Wasserkante auch deutlich windiger als im geschützteren Inselinneren oder auf dem Festland. **Windfeste Kleidung** und eine **Regenjacke** sollten deshalb immer mit dabei sein – auch im Hochsommer. Die **Sonnenstrahlung** ist auf den Inseln ebenfalls intensiver, weil das Licht vom Wasser reflektiert und dadurch verstärkt wird. Deshalb sind geeigneter Sonnenschutz wie **Sonnencreme** und eine **Kopfbedeckung** auch bei bedecktem Himmel ganzjährig zu empfehlen.

UNSER TIPP: Durch den sogenannten **Windchill-Faktor** fühlen sich am Strand die Temperaturen immer ein paar Grad kühler an als im Inselinneren. Besonders bewährt hat sich in allen Jahreszeiten bei der Kleidung das sogenannte **„Zwiebelprinzip"**, bei dem man mehrere Schichten verschiedener Kleidung übereinander trägt. Beispielsweise beginnt man mit dünner Unterbekleidung wie T-Shirt und „Zipp-off-Hose", bei der sich der untere Teil der Hose mittels Reißverschluss abtrennen lässt. Darüber kommt eine windfeste, wärmere Kleidungsschicht. Den Abschluss bildet die dritte Schicht aus **regenfester Jacke und Hose.** Ein Loopschal rundet das Ganze ab, er kann flexibel als Mütze oder um den Hals getragen werden, und schon ist man auf alle Wetter bestens vorbereitet.

Kräftige Stürme

Die **Beaufort-Skala,** die nach einem britischen Admiral benannt ist (→ Info-Kasten „Sturm und Wellen", S. 258), beschreibt die Windstärken anhand einer Skala von null bis zwölf Beaufort (Bft). Sie ist eine praktische Messlatte, um die **Windverhältnisse vor Ort** auch ohne Windmesser annähernd **einschätzen zu können.** Sie hat deshalb auch im Computer-Zeitalter weiterhin Be-

b_286 jz

Sturm und Wellen

Im Folgenden werden die Windstärken nach der **Beaufort-Skala** (0–12) mit den jeweils charakteristischen Bewegungen der See aufgelistet. Sie ist nach dem irischen Hydrografen *Sir Francis Beaufort* benannt, aber erfunden hat dieser sie nicht. Der englische Ingenieur *John Smaeton* veröffentlichte 1759 erstmals eine Tabelle mit elf Windstärken.

Bft	km/h	Wind	Zustand der See
0	< 1	Stille	Spiegelglatt
1	1–5	Leichter Zug	Leichte Kräuselwellen
2	6–11	Leichte Brise	Kleine, kurze Wellen mit glasigen Kämmen
3	12–19	Schwache Brise	Anfänge der Schaumbildung
4	20–28	Mäßige Brise	Kleine, länger werdende Wellen, überall Schaumköpfe
5	29–38	Frische Brise/Wind	Mäßige Wellen von großer Länge, überall Schaumköpfe
6	39–49	Starker Wind	Größere Wellen mit brechenden Köpfen, überall weiße Schaumflecken
7	50–61	Steifer Wind	Weißer Schaum von den brechenden Wellenköpfen legt sich in Schaumstreifen in die Windrichtung
8	62–74	Stürmischer Wind	Ziemlich hohe Wellenberge, deren Köpfe verweht werden, überall Schaumstreifen
9	75–88	Sturm	Hohe Wellen mit verwehter Gischt, es beginnen sich Brecher zu bilden
10	89–102	Schwerer Sturm	Sehr hohe Wellen, weiße Flecken auf dem Wasser, lange und überbrechende Kämme, schwere Brecher
11	103–117	Orkanartiger Sturm	Brüllende See, Wasser wird waagerecht weggeweht, starke Sichtverminderung
12	118–133	Orkan	See vollkommen weiß, Luft mit Schaum und Gischt angefüllt, keine Sicht mehr

stand. Obwohl es als zeitgemäß gilt, den Wind heutzutage in km/h anzugeben, ist die metrische Methode weitaus weniger aussagefähig. Wer kann sich schon vorstellen, wie die See bei 50 km/h aussieht? Man erhält über die Angabe 7 Bft und die dazugehörige visuelle Beschreibung hingegen einen guten Eindruck, was diese Geschwindigkeit, die einem im Auto ziemlich langsam vorkommt, bereits anzurichten vermag.

Anreise bei stürmischem Wind und Sturm

Bei Süd- und Ostwind wird vor der Emsmündung das Wasser Richtung offene See gedrückt, dann fällt es tiefer als üblich. Bei Westwind kann die Situation umgekehrt sein und die See führt mehr Wasser als sonst. Ist der **Wind stärker als 8 Bft,** was besonders im Winterhalbjahr passieren kann, werden **viele Schiffsverbindungen eingestellt,** wobei aber nicht die Fahrt an sich, sondern **das Anlegen** der gefährliche Augenblick ist. Einen Passus über Ausfälle wegen höherer Gewalt, zum Beispiel durch extremes Hoch- oder Niedrigwasser, enthalten nahezu alle Transportverträge. In solchen Momenten sollte man **Verständnis für die Situation** haben, auch wenn vielleicht die Urlaubsplanung durch andere Abfahrts- und Ankunftszeiten oder ausfallende Verbindungen durcheinandergerät. Bei **Sturmvorhersage,** die in der Hauptsaison selten vorkommt, ist es ratsam, Kontakt mit der Reederei zu halten und sich auf der Webseite oder am Kundentelefon über die Lage vor Ort zu informieren. Auf der Webseite wird auch über Fahrplanänderungen und Zusatzfahrten hingewiesen. So besteht die Möglichkeit, seine Pläne an die Situation anzupassen. Aber die Sturmsaison in den Herbst- und Wintermonaten für eine Reise völlig auszuschließen, wäre nicht richtig. Denn an Sturmtagen zeigen Küste, Wattenmeer und Inseln eine ihrer faszinierendsten Seiten. Wer sich dem Wetter stellt, kann prächtige Panoramen unter dramatisch bewölktem Himmel und schäumender See erleben – **ein großartiges Naturerlebnis.** Wetterfeste Kleidung sollte dann allerdings immer dabei sein.

Wetterdienst

Um sich über die **Wetterentwicklung** zu informieren, gibt es heutzutage jede Menge darauf spezialisierte **Webseiten und Apps für Mobilgeräte.** Auf Borkum hängt die Wettervorhersage für die nächsten Tage auch an vielen Stellen aus.

■ Die Insel hält auf ihrer Homepage unter **www.borkum.de** Informationen über das aktuelle Wetter bzw. die Prognose, Temperaturen, Windgeschwindigkeiten und die Gezeiten bereit.

Die Seenotretter – rausfahren, wenn andere reinkommen

Die Schifffahrtswege durch die Nordsee waren schon immer gefährlich, und die **Deutsche Bucht** ist heute eines der **weltweit am stärksten befahrenen Seegebiete.** Entlang der gesamten deutschen Küste und auf fast allen Inseln an der Nordseeküste gibt es **leistungsstarke Rettungseinheiten der Deutschen Gesellschaft zur Rettung Schiffbrüchiger** (DGzRS).

Das Borkumer Wassersportrevier bietet zwar traumhafte Bedingungen für Wassersportler, bedeutet aber **extrem schwieriges Navigieren** in den bisweilen sehr flachen Gewässern des Wattenmeeres. Die Schönheit und die Schwierigkeiten: Das eine ist vor Borkum nicht ohne das andere zu haben. Die Seenotretter wissen das besser als viele andere – sie fahren auch dann raus, wenn andere reinkommen und Schutz im Hafen suchen. Doch im Kernrevier der Seenotretter von Borkum, zwischen der Insel, der Nachbarinsel Juist und dem Festland, sind nicht nur Freizeitkapitäne zu finden. Auch viele Kutter, Fähren, Ausflugs- und Frachtschiffe sind hier in schwierigem Fahrwasser unterwegs. Die Fahrrinnen und Sandbänke **verändern sich laufend,** das Wattenmeer ist sehr dynamisch. Wo es gestern noch tief war, kann ein Schiff heute auf Grund laufen. Man muss sich das Revier täglich neu erarbeiten, die gedruckten Seekarten müssen ständig aktualisiert werden. „Sehr veränderlich" steht an einigen Stellen in den Karten zu lesen. Wie real diese Problematik ist, zeigen die Einsätze der Borkumer Seenotretter. Die ganz besonderen Bedingungen ihres Reviers kennen die meisten Freiwilligen von Kindesbeinen an. „Viele andere werden nervös, wenn das Echolot eine Tiefe von 30 Zentimetern anzeigt", sagt einer. „Hier bei uns im Wattenmeer ist das ganz normal."

Der größte deutsche Seenotrettungskreuzer ist die auf Helgoland stationierte **„Hermann Marwede".** Seenotkreuzer verfügen zusätzlich quasi huckepack über ein motorisiertes **Tochter- oder Arbeitsboot.** Die Mannschaft besteht aus festangestellten Seenotrettern und ist in ständiger Bereitschaft. Die Flotte der Seenotrettungskreuzer wird in Niedersachsen durch **Seenotrettungsboote** ergänzt, deren Besatzung sich, wie auch auf Borkum, aus Freiwilligen zusammensetzt. Auf der Insel ist seit 2020 der **Seenotrettungskreuzer „Hamburg"** im Einsatz. Er gehört zur 28-Meter-Klasse und wurde in Berne an der Unterweser gebaut, das Tochterboot ist nach dem Hamburger Stadtteil St. Pauli benannt. Durch ihren Tiefgang von knapp zwei Metern ist sie für das anspruchsvolle Fahrwasser ideal geeignet. Selbst bei Grundsee und Brandung lässt sich die „Hamburg" wegen ihrer guten Fahreigenschaften noch gut manövrieren. Alle Seenotrettungsboote der neuesten Generation sind als sogenannte **Selbstaufrichter** konstruiert und **vollständig aus Aluminium.** Ein rundumlaufendes Fendersystem ermöglicht es, auch unter erschwerten Bedingungen bei Havaristen längsseits zu gehen.

Sturmtiefs, meist aus nordwestlicher Richtung kommend, haben früher viele Segelschiffe stranden lassen. Mitte des 19. Jahrhunderts verunglückten in der Deutschen Bucht jährlich rund 50 Schiffe. Oft hatte die Besatzung keine Chance, lebend an Land zu kommen. Daher wurden verschiedene Techniken entwickelt, um den Seeleuten helfen zu können, zum Beispiel die **„Hosenbojen"**, das sind Rettungsringe mit angenähten Hosen.

1861 gründeten sich unter anderem in Hamburg, Bremerhaven, Emden und 1862 auch auf Borkum die ersten Rettungsvereine, um Menschen in Seenot zu helfen. Einer der maßgeblichen Anstöße zur Gründung der DGzRS war die Strandung der Brigg Alliance 1860 vor Borkum, bei der rund zehn Seeleute ums Leben kamen. Das **Rettungsboot Otto Hass** steht als stiller Zeitzeuge im Inselmuseum und erinnert daran, unter welchen Bedingungen die Seenotretter damals ihre Arbeit verrichten mussten. Aus dem 1865 vollzogenen Zusammenschluss der Rettungsvereine entstand schließlich die DGzRS.

Anfangs eilten die Retter noch in **offenen Ruderrettungsbooten** zu Hilfe, ab 1911 kamen die ersten **Motorrettungsboote** zum Einsatz. Heute umfasst die Flotte rund 60 Seenotrettungskreuzer und -boote. Die Stationen auf Juist und Langeoog zählen zu den ältesten deutschen Nordsee-Stationen.

Die DGzRS ist zuständig für den **maritimen Such- und Rettungsdienst in den deutschen Gebieten von Nord- und Ostsee.** 2020 hatten die Seenotretter insgesamt 1720 Einsätz. Sie leisteten dabei fast 3500 Menschen Hilfe, 360 von ihnen wurden aus Seenot gerettet oder aus Gefahr befreit. **Schirmherr** der DGzRS ist der jeweils amtierende **Bundespräsident.** Zudem werben Prominente als „Bootschafter" für die Seenotretter, beispielsweise die NDR-Moderatoren *Yared Dibaba, Bettina Tietjen* und *Heike Götz* sowie die Schauspieler *Till Demtrøder* (sein Foto hängt im Cockpit der St. Pauli und so begleitet er jeden Einsatz der Borkumer Seenotretter) und der 2019 verstorbene *Jan Fedder.* Überall an der Küste und auf den Inseln sind in vielen Einrichtungen die typischen **Sammelschiffchen** der Seenotretter zu finden. Sie warten darauf, mit Geld „gefüttert" zu werden, denn die DGzRS finanziert sich als gemeinnützige Hilfsorganisation ausschließlich über **Spenden.** Mehr Informationen auch zu regelmäßigen Spendenmöglichkeiten gibt es im Internet unter **www.seenotretter.de.**

Seenotrettungskreuzer Hamburg im Hafen von Borkum

b_390 jz

- Hilfreich ist auch **www.dwd.de** mit punktgenauen Angaben für den Standort Borkum.
- Segler und Surfer finden auf **www.windfinder.com/forecast** Informationen zur Windprognose.
- zusätzliche Infos für Segler und Surfer: Die **niederlädische Wetter-App** www.buienradar.nl liefert eine verlässlichere Vorhersage auch für Borkum.
- Die kostenpflichtige Wetterapp **WeatherPro** bietet umfangreiche und detaillierte Inhalte zur Wettervorhersage.

Ebbe und Flut

Gezeiten

Die **Gezeiten bestimmen den Rhythmus des Insellebens** und sind neben Sturm und Wellen die treibenden Kräfte der stetigen Veränderung aller Nordseeinseln, auch der Borkums. Zweimal täglich fließen große Gezeitenströme durch unzählige große und kleine **Priele** auf und anschließend wieder ab. Sie fallen, abhängig von der Position der Gestirne, Windrichtung und dem Seegang, sehr unterschiedlich aus. Die Gezeiten des Meeres, **Tiden** genannt, setzen sich aus dem ablaufenden Wasser (Ebbe) und dem auflaufenden Wasser (Flut) zusammen. Die Wechselpunkte zwischen Ebbe und Flut nennt man Niedrigwasser bzw. Hochwasser. Die Gezeiten werden von den **Anziehungskräften des Mondes und der Sonne** bestimmt. Stehen Sonne und Mond im rechten Winkel zueinander, gibt es eine **Nipptide,** der Höchststand des Wassers fällt dann niedriger als gewöhnlich aus. Stehen Sonne und Mond auf einer Linie, entsteht das Gegenteil, eine **Springtide,** weil ihre gemeinsame Kraft am Flutberg zieht. Nipptiden gibt es nur bei Halbmond, Springtiden nur bei Neu- und Vollmond.

Je nach geografischer Konstellation verändert sich der **Tidenhub** zusätzlich, das ist die Differenz der Wasserhöhe zwischen Niedrig- und Hochwasser. Der Tidenhub fällt auf der ganzen Welt sehr unterschiedlich aus. In der Nordsee wird er von den **Schwingungswellen der Gezeitenströme im Atlantik** bestimmt. In den Flussmündungen an der deutschen Nordseeküste kann er bis zu vier Meter betragen. Auf Borkum fällt der mittlere Tidenhub mit 2,40 Metern deutlich niedriger aus als zum Beispiel in Wilhelmshaven, wo er bei 3,7 Metern liegt. In den trichterförmigen Buchten der Flussmündungen ist er viel höher, weil sich hier das Wasser aufstaut. Das **Mittelmeer** ist annähernd **ge-**

Mit dem Fahrrad auf der Sandbank

Es ist ein herrlicher Sommertag auf Borkum. Die Gäste vergnügen sich an den Stränden und in der Natur. Vor drei Tagen war Neumond. Seefahrer wissen, das sind die **Tage der Springtide** und der Wasserstand bei Ebbe ist besonders niedrig. Es herrscht leichter Wind aus Ost – ein idealer Tag für **Radwanderer.** Hunderte sind unterwegs, vorbei an Dünen und Wiesen. Und scheinbar auch noch ganz woanders.

Kapitän *Gert Förtsch* steuert wie jeden Tag seine Borkumfähre sicher zwischen Borkum und Emden. Als erfahrener Seemann hält er auch immer Ausschau in seinem Revier. Doch was er da sieht, scheint er nicht wirklich zu glauben. Ein **Radfahrer** steht **auf der** riesigen **Sandbank Randzel,** die sich südöstlich zwischen Borkum und dem Festland ausbreitet. Bei Niedrigwasser fällt sie an vielen Stellen trocken. Aber ein Fahrradfahrer auf der Sandbank? *Gert Förtsch* greift zum Funk und ruft *Fritz Brückner* auf der „Alfried Krupp".

Gert Förtsch: „Fritz, auf dem Randzel steht ein Radfahrer und winkt." *Fritz Brückner,* der das für einen Scherz seines Kollegen hält, antwortet lachend: „Hat er denn auch Licht an?" *Gert Förtsch:* „He, da steht wirklich ein Mensch", bekräftigt er. „Das Wasser läuft auf und er kommt da nicht mehr weg."

Fritz weiß, dass sein Freund und Kapitänskollege nicht scherzt und setzt zwei seiner Rettungsmänner mit dem Tochterboot in Marsch zum Randzel. Nach 15 Minuten erreichen sie die sich langsam wieder mit Wasser füllende Sandbank. Tatsächlich steht dort ein Mann mit Fahrrad, Rucksack und Sandalen (Licht hatte er keines an, es war ja Tag!). Schnell wuchten die Rettungsmänner Mann und Fahrrad auf das Tochterboot und bringen ihn in Sicherheit. Die Erklärung für seinen Leichtsinn oder sein Missverständnis ist einfach. Springtide und Ostwind führen zu **besonders niedrigen Wasserständen** bei Niedrigwasser. Es gibt zu dieser Zeit eine Stelle im Wattfahrwasser südöstlich von Borkum, die komplett trockenfällt und den normalerweise versperrten Zugang zum Randzel für kurze Zeit öffnet. Der Radfahrer – übrigens ein gottesfürchtiger Pastor und Naturliebhaber – ist genau zu der Zeit unterwegs, verlässt Deich und Strand und wagt sich auf die scheinbar sichere Fläche. Er radelt Richtung Emden und bemerkt seinen Irrtum, als er plötzlich von verschiedenen Seiten das Wasser auf sich zukommen sieht. Die Borkumfähre schickte ihm sicherlich sein himmlischer Vater zur rechten Zeit. Und er winkt und winkt und winkt.

Borkumer Bootjefahrer nennen diese trockenfallende Stelle im Watt übrigens **„Pastor".** Nicht wegen des radelnden Gottesdieners, sondern wegen des Dieners, den der Bug der Boote nach vorne macht, wenn sie Grundberührung haben: eben „die Verbeugung vor dem Pastor".

Quelle: Wolf E. Schneider/Friedrich Brückner/Klaus-D. Wybrands: *Die kochenden Seenotretter* (nach einer wahren Begebenheit und einer Rettungsaktion der DGzRS; → Literaturverzeichnis).

b_288 mna

zeitenfrei, umso gewaltiger ist im Vergleich dazu der Tidenhub am Atlantik. Im englischen **Bristol** und im französischen **St. Malo** beträgt er durchschnittlich **12 Meter,** bei Springtiden kann er auch noch höher ausfallen. An der kanadischen **Bay of Fundy** ist er mit **15 Metern** am höchsten, dort sind die Gezeitenunterschiede weltweit am stärksten ausgeprägt. Übrigens sind auch die Ozeane außerhalb des Atlantiks von den Gezeitenwellen nicht ausgenommen.

Da, wie bereits erwähnt, die Tide abhängig von der geografischen Lage an der Nordseeküste von Ort zu Ort unterschiedlich ist, gibt es viele Tidenkalender bzw. **Gezeitentabellen,** so auch für Borkum. Diese lassen sich auch auf der Webseite des Bundesamtes für Seeschifffahrt und Hydrografie unter www.bsh.de einsehen. Die Vorausberechnungen sind nötig, weil sich die Tiden nicht ständig zur selben Zeit wiederholen, sondern pro Tag um etwa 50 Minuten versetzt sind. Von einem Hochwasser bis zum nächsten ergibt sich mithin zweimal am Tag eine Verschiebung von 25 Minuten; **eine Tide** (oder Gezeiteneinheit) **dauert also sechs Stunden und 12 ½ Minuten.** Der Tidenkalender für

⌃ Die Gezeiten bestimmen den Rhythmus der Natur

Borkum wird an verschiedenen Stellen ausgehängt und ist auch in der Tourist-Information auf Borkum erhältlich bzw. über die Webseite www.borkum.de.

Aufzeichnungen über die **Wasserstände der Nordsee** gibt es seit 1840. Erst ab 1880, nach der Einführung automatischer Pegelschreiber, wurden sie systematisch aufgezeichnet. Man spricht von einer **Sturmflut,** wenn das Wasser den mittleren Hochwasserstand um mehr als 1,50 Meter übersteigt. Ab 2,50 Meter darüber bezeichnet man sie als **schwere Sturmflut** und ab 3,50 Meter als **sehr schwere Sturmflut.** Bei ihrer Entstehung spielen sowohl die Stärke als auch die Dauer des Sturms eine Rolle. Wenn arktische Kaltluftströme auf subtropische Warmluftmassen treffen, entstehen Sturmwirbel über der Nordsee. Besonders im Winterhalbjahr zwischen November und Januar treten Sturmfluten häufig auf, dann sind sie in der Regel auch am höchsten. Durch diese Ereignisse werden die Inseln häufig arg in Mitleidenschaft gezogen, besonders betroffen sind die Westseiten der Ostfriesischen Inseln. Deshalb gibt es an den Westköpfen auch die stärksten Küstenschutzmaßnahmen.

An manchen stürmischen Tagen schiebt der Spülsaum jede Menge **Schaum** an den Strand, was fast wie Schnee aussieht. Der Wind trennt dann gern einzelne „Schneebälle“ ab und treibt sie über den Strand. Der Schaum entsteht, weil gestorbene Algentierchen Eiweiß und Fett absondern. Wird das Meer aufgewühlt, mischt sich beides und wird zu Schaum.

Gefahren beim Baden

Gezeitenströmungen

Beim Baden unabsichtlich in Gefahr zu geraten, ist leider ziemlich leicht. Denn das Meer mit seinen Strömungen wird gern **unterschätzt.** Auch wenn das Wasser ruhig erscheint, tut sich unter der Oberfläche eine Menge. Deshalb ist es wichtig, die aktuellen Tidenzeiten zu kennen. Es ist (überlebens)wichtig, die örtlichen Verhältnisse genau abschätzen zu können, um gar nicht erst in eine Gefahrensituation zu kommen. Wer nicht schwimmen kann, geht am besten nur bis zum Bauch ins Wasser. Aber auch wenn man schwimmen kann und zu weit hinaus gerät, besteht die Gefahr, in den **Sog der Gezeiten** zu kommen. Dann ist es aber in der Regel zu spät, denn gegen die starken Strömungen im Wattenmeer lässt sich nicht mehr anschwimmen. Man wird un-

Signale am Strand

Von Mai/Juni bis Oktober werden die Badestrände generell von der DLRG bewacht. Auf den Stationen der Wächter sind dann die folgenden Flaggensignale zu sehen:

b_399 mna

weigerlich mitgetragen und kann **weit auf das offene Meer** gelangen. Dort ist die Überlebenschance gering, selbst an warmen Tagen beträgt die Überlebenszeit maximal sechs bis zwölf Stunden.

DLRG-bewachte Strände

Schwimmen geht der Urlauber am besten an einem der **bewachten Abschnitte** der ausgewiesenen Badestrände. Die **Rettungsschwimmer der DLRG** halten während der Saison Wache und beobachten die Badenden. Auf Gefahrensituationen machen sie nicht selten mit dem Megafon aufmerksam. Diese Ansagen sollten immer ernst genommen werden.

Die **Flaggen,** die am Badestrand gehisst sind, setzen ebenfalls Signale. Weht die **rot-gelbe Flagge,** bedeutet das, dass dieser Strand gerade von Rettungsschwimmern bewacht wird. Badegäste werden also beobachtet und bei Gefahr in Sicherheit gebracht. Wenn diese Fahnen direkt an der Strandlinie stehen, grenzen sie die Badezone ab, außerhalb dieses Gebiets ist Baden verboten. Die **gelbe Flagge** signalisiert, dass keine guten Badebedingungen herrschen und das Schwimmen sehr anstrengend werden kann. Kinder, Senioren und ungeübte Schwimmer sollten dann zu ihrer eigenen Sicherheit besser an Land bleiben. Die **rote Flagge** bedeutet, dass Schwimmen und Baden verboten sind. Sie weht bei starkem Wind oder starker Strömung. Die **schwarz-weiß-karierte Flagge** markiert spezielle Zonen für Wassersportgeräte wie Kites oder Surfboards. Dort darf natürlich auch nicht gebadet werden. Weht eine **blaue Flagge,** hat das mit dem eigentlichen Baden nichts zu tun. Sie ist das Gütesiegel für besonders umweltgerechte Gewässer. Es wird vergeben, wenn eine hohe Wasserqualität vorhanden ist, hohe Sicherheitsanforderungen erfüllt werden und viele Besucherinformationen vor Ort zu finden sind.

Krämpfe

Eine nicht zu unterschätzende Gefahr sind **Krämpfe** in Füßen oder Beinen, die einen überall und in jedem Moment ereilen können, das passiert auch durchtrainierten Menschen. Das beste Mittel in einer solchen Situation ist die **Rückenlage,** aus der versucht werden kann, das betroffene Bein auszustrecken und durchzudrücken. Wenn man es schafft, die Zehen mit den Fingern in Richtung Kopf heranzuziehen, ist der Krampf schnell vorbei. Falls das nicht gelingt, hilft nur **Winken und Rufen,** um auf sich aufmerksam zu machen und Hilfe herbeizuholen.

Quallen

Auch in der Nordsee gibt es **Quallen.** Einige von ihnen verursachen juckende Ausschläge, sofern man mit ihren Nesselfäden in Berührung kommt. Diese sind im Wasser kaum zu sehen, und selbst wenn die Quallen tot am Strand liegen, können sie bei der Berührung noch einen brennenden Hautausschlag auslösen. Deshalb sollte am besten jeder Hautkontakt vermieden werden. Besonders aggressiv reagiert die Haut auf das **Sekret der Kompassqualle** sowie der **Gelben und Blauen Haarqualle,** auch Nesselqualle genannt. Die Quallen haben einen Durchmesser von 30 bis 50 Zentimetern, aber ihre Nesselfäden sind deutlich länger. Also besser um Quallen einen weiten Bogen machen, Abstand halten und keinesfalls anfassen!

UNSER TIPP: Kommt es doch einmal zu einer schmerzlichen Begegnung, sollte das **Wasser umgehend verlassen** und die Stelle mit reichlich **nassem Sand** abgerieben werden, dann passiert meist nicht so viel. Notfalls lässt sich Seewasser nehmen, um den Sand nass zu machen, jedoch **keinesfalls Süßwasser.** Ausgezeichnete Abhilfe schafft **Essig,** ein Fläschchen im Strandgepäck schadet nicht, ansonsten findet sich hoffentlich eines bei der Badeaufsicht. Wenn nichts anderes zur Hand ist, lässt sich im Notfall auch der **eigene Urin** einsetzen. Wer vorbeugen will, kann auch **Rasierschaum** im Badegepäck mit sich tragen. Dick auf die betroffene Stelle aufgetragen, hilft er dabei, die Schmerzen zu lindern.

Auskühlung

Ein zu langer Aufenthalt im Wasser kühlt aus – erkennbar ist das an blauen Lippen. Aber auch ein langer Winterspaziergang bei Minustemperaturen oder viel Wind kann zur Auskühlung führen. Dagegen hilft nur, sich in eine **warme Decke** zu kuscheln und von innen Wärme zu erzeugen. Alkohol ist in diesen Momenten jedoch kein gutes Rezept. Beim Trinken wird zwar zunächst ein wärmendes Gefühl erzeugt, der Schein trügt jedoch. Durch den Alkoholgenuss öffnen sich die Hautporen, was zu weiteren Wärmeverlusten führt. Innere Wärme wird am besten mit einem **Heißgetränk** erzielt.

Meer und Gesundheit

Gesundheitsförderne Seeluft

Durch die besonderen klimatischen Bedingungen in Verbindung von Sonne, Salzwasser und Wind entsteht auf Borkum ein **das Immunsystem anregendes Reizklima.** Bei einem Spaziergang in der Brandungszone des Meeres ist die Luft voller Aerosole, das sind mikroskopisch kleine Meerwassertröpfchen, die reichlich Jod, Magnesium und Salz enthalten. Die Gischt wirkt wie eine Inhalation, die Atemwege werden frei, und man kann richtig tief durchatmen. Viele Erkrankungen, besonders im Bereich der Atemwege und der Haut, lassen sich durch einen Inselaufenthalt spürbar lindern. Aber natürlich wissen auch Gäste ohne Vorerkrankungen dieses spezielle Klima an der Nordsee sehr zu schätzen.

Die **Luft auf Borkum** ist aufgrund der Lage 20 bis 30 Kilometer vom deutschen Festland entfernt pollenarm und aerosolhaltig. Dank des ständigen Seewinds und der Inselposition ist die Luft reiner als die am Festland und **besonders für Pollenallergiker gesund.** Auch der rhythmische Wechsel von Aktivität im

b_076 HvB

Freien und Ruhephasen hilft erschöpften Menschen dabei, wieder Kraft für den Alltag zu gewinnen. Der positive Einfluss der Seeluft kann zur **Steigerung der Leistungsfähigkeit** beitragen. Meist ist der Nachtschlaf durch das gesunde Klima auch besser und länger. Diese gesundheitsfördernden Aspekte sind durch wissenschaftliche Studien belegt.

Borkum ist eine Insel, die mit ihren abwechslungsreichen Naturlandschaften zu ausgedehnten **Spaziergängen** einlädt, sei es im Wald, auf dem Deich oder natürlich am Strand. Sie ist aber auch ein Eiland, auf dem sich gut **Fahrrad fahren** lässt. Durch die vielen E-Bikes ist das inzwischen auch bei Gegenwind kein Problem mehr. Die meisten Fahrradverleihe haben diese jetzt im Angebot. Bewegung an der frischen Luft, sei es zu Fuß oder mit dem Fahrrad, hat einen nachgewiesenen gesundheitsfördernden Aspekt. Dieser wird auch für Thalasso-Kuren genutzt (→ Exkurs „Thalasso – die Heilkraft aus dem Meer", S. 110).

Schon zu Beginn des 20. Jahrhunderts wussten viele die gute Luft zu schätzen (Postkarte von 1910)

Licht und Schatten

Wer an die See fährt, will in den meisten Fällen **Sonne tanken.** Natürlich lassen sich auch bei sonnenlosem Wetter schöne Inselferien machen. Aber mehr Spaß macht es schon, wenn die Sonne scheint. Es ist kein Geheimnis, dass das **UV-Licht** die Haut altern lässt. Das ist bei notorischen Sonnenanbetern gut zu erkennen, aber auch bei Menschen, die täglich schwere Arbeit im Freien verrichten. Früher sprach man von „vornehmer Blässe" bei Personen, die nicht im Freien arbeiten mussten. Schon ein **schlichter Sonnenbrand** bewirkt innerhalb von drei Tagen eine **Alterung der Haut um ein halbes Jahr.** Wer sich regelmäßig zu viel Sonne aussetzt, hat auch ein höheres Risiko, an **Hautkrebs** zu erkranken. Besonders Sonnenbrand ist ein echter Risikofaktor. Für die Haut ist es besser, sich häufiger, aber nur kurz in der Sonne aufzuhalten, als über einen längeren Zeitraum. Gerade Kinder und junge Menschen haben eine sehr empfindliche Haut, die UV-Strahlen stärker durchlässt und sie dadurch langfristig schädigen kann.

Sonnenbaden gut dosieren

Auch wenn die Freude am Sonnenschein bei vielen Menschen groß ist, raten Mediziner dazu, **das Sonnenbaden behutsam anzugehen,** damit sich die Haut an das Licht gewöhnen kann. Insbesondere in den ersten Tagen des Sommerurlaubs ist es empfehlenswert, sich nur **vor 11** und **nach 15 Uhr** in der Sonne zu tummeln. Am frühen Vor- und späten Nachmittag ist die Strahlung der schädlichsten UV-Variante nämlich wegen des längeren Wegs durch die Erdatmosphäre entscheidend geschwächt. Die übrige Zeit sollte man möglichst im Schatten verbringen. Schatten ist überhaupt das beste prophylaktische Mittel. Ein bedeckter Himmel reicht allerdings nicht aus: Er lässt trotz Wolkenschicht immer noch bis zu 80 Prozent der UV-Strahlung durch.

Immer gut vorsorgen

Sonnenschutzmittel mit möglichst hohem Lichtschutzfaktor (LSF) sind ein guter Schutz, sofern sie eine halbe bis dreiviertel Stunde vor dem Sonnenbad gründlich aufgetragen wurden. An ihnen sollte auch nicht gespart werden. Beim Eincremen ist es wichtig, auch die besonders exponierten **Ohren** und den **Haaransatz** nicht zu vergessen. Nach einer Empfehlung der EU werden für den richtigen Schutz von Kopf bis Fuß pro Person etwa

36 Gramm benötigt. Mit anderen Worten braucht eine vierköpfige Familie an jedem Strandtag fast eine ganze Flasche Sonnenschutzcreme. **Wasserfeste Sonnenmilch** gibt es sogar noch mit LSF 50. Allerdings sollte diese nach dem Baden oder starkem Schwitzen erneut aufgetragen werden, denn auch wenn „wasserfest" auf der Packung steht, verschwindet durch die Feuchtigkeit ein Teil des Schutzes. Interessant ist, dass der LSF nicht linear, sondern exponentiell mit der Auftragsmenge abnimmt. Wer also nur die Hälfte der empfohlenen Menge verwendet, ist nicht etwa halb so gut geschützt, wie auf der Packung steht, sondern deutlich schlechter. Nach acht Stunden ist der Schutz nur noch zu gut 40 Prozent gewährleistet. Für die **Lippen** gibt es zusätzlich spezielle **Pflegestifte mit Sonnenschutz,** ebenso **Schutzsprays** für die Haare, damit diese nicht austrocknen. Will man den ganzen Tag draußen verbringen, kann es je nach Sonnenintensität sinnvoll sein, **passende Kleidung** – diese ist inzwischen sogar mit Lichtschutzfaktor erhältlich – und eine **Kopfbedeckung** zu tragen, um einem Sonnenbrand oder einem Sonnenstich vorzubeugen. Das gilt nicht nur für Glatzenträger. Die UV-Strahlen sind nämlich am und im Wasser durch die Reflektion deutlich stärker als anderswo.

Sonnenbrand – Was tun?

Sollte dennoch einmal ein **Sonnenbrand** entstanden sein, hilft es am besten, die betroffenen Hautpartien zu **kühlen.** Ein leichter Sonnenbrand lässt sich gut selbst behandeln, zum Beispiel mit kühlenden Umschlägen wie Quarkwickeln, feuchtigkeitsspendenden Lotionen und Kompressen mit kaltem Wasser. Die Sonne sollte danach jedoch erst einmal für längere Zeit gemieden werden. Ein **starker Sonnenbrand** sollte auf jeden Fall vom **Arzt** behandelt werden. Kommt es nach einem Aufenthalt im Freien zu Symptomen wie Kopfschmerzen, Schwindelgefühlen, Übelkeit oder sogar Erbrechen, könnte es sich auch um einen **Sonnenstich** handeln. Darum ist es ratsam, dass besonders Menschen mit wenig, keinem, dünnem oder dunklem Haupthaar zur Vorbeugung in der Sonne eine **Kopfbedeckung** tragen.

Wenn die Tipps zum Schutz vor der Sonne berücksichtigt werden, steht einem entspannten und sonnigen Urlaub auf Borkum nichts im Weg.

Bernstein – die Tränen der Sonnentöchter ...

... So nannte der römische Dichter *Ovid* (43 v. Chr.–17 n. Chr.) den Bernstein, der auch unter der Bezeichnung **„Gold des Nordens"** bekannt ist. Nach einer alten griechischen Sage weinten die Töchter des Sonnengotts *Helios* um ihren Bruder *Phaeton.* Er hatte sich mit ihrer Hilfe unerlaubt den Sonnenwagen des Vaters ausgeliehen und war damit tödlich verunglückt. Die weinenden Töchter wurden zur Strafe in Bäume und ihre Tränen in Bernstein verwandelt, so die Sage.

Die Römer nannten den Bernstein „Saft" *(succinum),* daraus leitet sich auch der wissenschaftliche Begriff für Bernstein *Succinit* ab. Es ist kein richtiger Stein, wie man angesichts des Namens vermuten könnte, sondern es handelt sich um **fossiles Baumharz** aus der Bernsteinkiefer *(Pinus succinifera).* Sie wuchs vor etwa 30 bis 50 Millionen Jahren (Alttertiär) im südlichen Skandinavien, als dort, wie auch in Mitteleuropa, **subtropisches Klima** herrschte und Pflanzen wie Mammutbäume, Lorbeerbüsche und Stechpalmen prächtig gediehen.

Über einen Zeitraum von etwa zehn Millionen Jahren produzierten Bernsteinkiefern Harz, aus dem dann Bernstein wurde. Es gibt ihn auf der ganzen Welt und nicht nur an der Nord- und Ostsee. Bei einer Verletzung der Rinde trat das Harz aus der Wunde aus. Durch die glänzende Oberfläche angelockt, blieben oft kleine Tiere oder Insekten an der Masse kleben und wurden so in den Bernstein eingeschlossen. Die sogenannten Inklusen sind besonders bei der Schmuckverarbeitung sehr beliebt. Leicht flüchtige Bestandteile verdunsteten und das Harz härtete an der Luft schnell aus. Die eigentliche „Versteinerung" dauerte allerdings rund 1000 Jahre und wurde durch Luftabschluss und Druck bewerkstelligt.

Für die heutige Verbreitung des Bernsteins sorgten die letzten **Eiszeiten.** Bei geologischen Veränderungen wurde das Harz mit Wasser überspült und kam so durch Überlagerungen mit Eis in tiefere Sedimentschichten. Insgesamt drei Mal sorgten gewaltige Eismassen aus Skandinavien für den Bodenabrieb. Sie erreichten auch Norddeutschland und lagerten sich am Festland und auf den Inseln ab. An den Strand der Meere gelangt der Bernstein, weil das Wasser den Meeresboden durch die ständige Bewegung abträgt und so immer wieder **neue Schichten** freigespült werden.

Bernstein gibt es in vielen unterschiedlichen Größen, die meisten Stücke sind etwa so groß wie ein **Kieselstein,** größere Funde sind heute selten. Früher barg man auch mächtigere Stücke, der größte bisher bekannte Fund wog 11,5 Kilogramm. Er wurde 1969 aus der Ostsee gefischt. Bernstein ist nur geringfügig dichter als Wasser und sehr viel **leichter als Gestein.** Deshalb geht er in Süßwasser unter, während er in salzhaltigem Wasser schwimmt und sich erst in ruhigerem Wasser ablagert. Am Strand ist Bernstein meist nach Stürmen aus östlicher Richtung zu finden und zwar im Spülsaum, wo kleine schwarz-braune und krümelige Holzreste liegen, die ein ähnliches Gewicht wie Bernstein haben. Nicht selten sieht man dann bereits am frü-

b_391 mna

hen Morgen die Sammler bei der Suche am Strand.

Die deutsche Bezeichnung „Bernstein" geht auf das mittelniederdeutsche *bernen* (brennen) zurück, denn das Harz ist **leicht entzündbar.** Deshalb wurde es auf den Nordseeinseln früher auch als Brennmaterial genutzt. Seine Verwendung als Schmuckstein hat eine lange Tradition. Besonders in den Mittelmeerländern waren Schmuckstücke aus dem „Gold des Nordens" schon in der Zeit der römischen Vorherrschaft sehr begehrt und erzielten so hohe Preise, dass man im alten Rom davon sogar einen Sklaven kaufen konnte.

Ob man einen **echten Bernstein** gefunden hat, lässt sich einfach nachprüfen: Glatter, trockener Bernstein **lädt sich elektrostatisch auf** und zieht wie ein Magnet Papierschnipsel und Wollfussel an. Der Test funktioniert aber nicht bei sehr kleinen Funden. Oder man löst einen Teelöffel Salz in einem Glas Wasser auf. Schwimmt der Stein darin, ist er echt. Bernsteine sollten in Wasser aufbewahrt werden, denn an der Luft verwittern sie im Lauf der Zeit.

⌃ Zu Schmuck geschliffener Bernstein

b_292 BAab

6

Menschen und Kultur

»Warum sind Insulaner ein besonderer Menschenschlag? Welche teilweise sehr alten Traditionen und Bräuche werden gepflegt und was hat es damit auf sich? Was wird gegessen und getrunken? In welcher Sprache unterhält man sich? All diese Fragen beantworten die nachfolgenden Seiten.

< Der Maibaum wird auf Borkum erst zu Pfingsten aufgestellt, dann tanzt traditionell die Trachtengruppe den Tanz in den Mai

Wappen und Stadtflagge der Insel Borkum

Die deutschen Nordseeinseln bekamen ihre Wappen und Flaggen fast alle erst **im 20. Jahrhundert.** Vorher gab es lediglich einige Kirchensiegel, so auch auf Borkum. Der Grund dafür könnte die politische Situation gewesen sein, denn sowohl das Großherzogtum Oldenburg als auch das Königreich Preußen, zu denen die Inseln früher gehörten, waren zentralistisch organisiert. **Eine Eigenständigkeit** der einzelnen Gemeinden, die durch eigene Wappen und Flaggen symbolisiert worden wäre, **hätte man nicht toleriert.** Vielmehr gab es entsprechende Vorschriften, die den Gemeinden verbot, eigene Flaggen und Wappen zu führen. Eine **eigene Inselflagge** wurde auf Borkum erstmals **am 31. Juli 1930** gehisst. Diese war vom Lehrer *Jakob Everts Teerling* entworfen worden und diente später als Grundlage für die Entwicklung des künftigen Inselwappens.

Die Farben und ihre Bedeutung

Die wichtigsten Farben und wesentlichen Elemente sind sowohl beim Wappen als auch bei der Fahne gleich. **Die Farbe Grün** steht für die grüne Insel, so wurde Borkum zur Zeit der Entwicklung der Flagge genannt. **Die Farben Schwarz, Rot und Blau** sind die Farben Ostfrieslands – das **Schwarz** steht heute für den Ernst, das **Rot** für die Liebe und das **Blau** für Treue. Historisch betrachtet war Schwarz die Farbe der ostfriesischen **Häuptlingsfamilie Cirksena,** Rot die der **Häuptlingsfamilie tom Brook** und das Blau ist die Farbe des **Harlingerlands.** In Anlehnung an das alte Kirchensiegel hielt auch der **Leuchtturm** auf Stadtflagge und Wappen Einzug. Die **Bake** auf dem Leuchtturm ist ein Symbol dafür, dass der Leuchtturm als Seezeichen der Schifffahrt zur Orientierung dient. Die Stadtflagge basiert auf einem **weißen Kreuz,** das für die grüne Insel und den weißen Sandstrand steht. In der linken Ecke sind in einem Rechteck die **Farben Ostfrieslands** abgebildet, in den drei anderen befinden sich grüne Flächen. Auf dem Schnittpunkt des Kreuzes befindet sich, in Anlehnung an das alte Kirchensiegel, ein Kreis mit einem in der See auf einer grünen Insel stehenden roten Leuchtturm, dessen Laterne nach links und rechts Lichtkegel sendet. Der Kreis ist von einem Spruchband mit dem Wahlspruch Borkums umgeben. Der Spruch **„Mediis tranquillus in undis“**, was „ruhig inmitten der See“ bedeutet, geht auf das alte Kirchensiegel zurück. Noch heute ist es an der Kirchenmauer der evangelisch-reformierten Kirche zu sehen, denn es ist in die Steinmauer gemeißelt worden.

Endlich eigenes Inselwappen

Erst nach dem Zweiten Weltkrieg konnte Borkum über die verschiedenen Entwürfe für ein eigenes Wappen abstimmen. **Am 16. und 23. Oktober 1949** konnte die Bevölkerung darüber entscheiden, wie das **zukünftige Stadtwappen** aussehen sollte. Die Wahl fiel eindeutig aus. Offiziell wurde das Inselwappen dann im Jahr 1951 verliehen. Das Wappen selbst zeigt heute in einem gelben Spruchband den besagten Spruch. Darunter ist es zweigeteilt, links sind auf grünem Grund zwei silberne Wale zu sehen, die an die für Borkum wichtige Ära des Walfangs erinnern, auf der rechten Seite steht, in Anlehnung an die aus Ziegeln gemauerten Leuchttürme der Insel, ein roter Leuchtturm auf blauen und silbernen Wellen. Das Wappen ist ein **hoheitliches Wahrzeichen** und unterliegt deshalb erhöhtem Schutz. Es dient der Stadt Borkum zur **Außendarstellung** und kennzeichnet die Kommune. Das Wappen darf nur mit ausdrücklicher Genehmigung der Stadt verwendet werden.

b_325 WC

Die Inselbewohner

Wer ist ein echter Borkumer?

Wie nennen sich die Menschen, die auf Borkum leben? Ein **echter Borkumer** ist, wer Börkumer Platt spricht, dessen Vorfahren von Borkum stammen und wer seinen Lebensmittelpunkt und seine Familie auf der Insel hat. Früher musste man auch auf Borkum geboren sein, aber da es auf der Insel zwar ein Krankenhaus gibt, aber keine Geburtshilfe, werden die Kinder in der Regel **auf dem Festland** geboren, meist in Emden, Aurich oder Leer. Deshalb ist das Geborensein auf Borkum heute nicht mehr Bedingung, um sich als Borkumer zu bezeichnen. **Die zugezogenen** ständigen Bewohner hingegen sind **„Insulaner“.** Wer auf Borkum wohnt, hat sich bewusst für das Leben abseits des Festlands entschieden – mit allen Vor- und Nachteilen, die das mit sich bringt. Der Raum auf einer Insel ist begrenzt, und die Lage in der Nordsee bedeutet auch, dass man für vieles wie beispielsweise für Besuche beim Facharzt **zum Festland reisen** muss. Fragt man die Einheimischen, wird eines schnell deutlich: Man muss mit sich selbst im Reinen sein und mit den anderen zurechtkommen. Gibt es Streit, kann man sich nur schlecht aus dem Weg gehen, dafür ist Borkum zu klein. Man begegnet sich regelmäßig, oft mehrmals täglich. Deshalb müssen **Konflikte** und **Missverständnisse** ausgetragen und **geklärt werden.** Das ist nicht immer einfach, aber für die Gemeinschaft besser, denn Klarheit tut gut. Nur Menschen, die sich bewusst auf das Inselleben einlassen und den Willen zeigen, die Sprache verstehen zu wollen und vielleicht auch zu sprechen oder in einem der vielen Vereine mitwirken, sind auf Borkum wirklich zu Hause. Die Einheimischen erwarten, dass man sich mit der Inselsprache, also dem **Börkumer Platt,** auseinandersetzt und auch am gesellschaftlichen Leben teilnimmt. Sind diese Voraussetzungen jedoch erfüllt, wird man schnell in der Gemeinschaft der Inselbewohner aufgenommen.

Das Leben auf einer Insel prägt den Menschen

Die auf den ersten Blick oft eigenwillig und wortkarg erscheinenden Insulaner sind oftmals sehr nett, freundlich und hilfsbereit, auch wenn sie sich nicht gleich mit jedem anfreunden. Das liegt daran, dass sie seit eh und je auf sich gestellt waren und im Notfall zusammenhalten mussten. Das eigene Dorf war der **Nabel der Welt,** man bekam dort alles, was für das tägliche Leben benötigt wurde. Nur in der **Gemeinschaft** ließen und lassen sich

b_326 BAab

die teilweise großen Herausforderungen meistern, die Wind, Wetter und die abgeschiedene Lage mit sich bringen. Außerdem kennt man sich und seine Nachbarn meist sehr gut, viele Einheimische sind miteinander verwandt. Das ist der Grund dafür, warum die Borkumer meist nicht viele Worte machen. Sie kommen schnell auf den Punkt und reden nicht lang herum, in der Regel wird nach einer pragmatischen Lösung für Probleme gesucht. Die Menschen hier sind die **besten Improvisateure,** wenn es um schnelle Reparaturen geht. Schließlich gibt es Ersatz oft nur auf dem Festland.

Der **Wohnraum** auf einer Insel ist naturgemäß begrenzt. Aber viele Menschen vom Festland sind auf der Suche nach einer wertstabilen Immobilie. **Die Preise für Häuser und Grundstücke** sind in den letzten Jahren durch Investoren und den Touris-

Akrobatische Tanzdarbietung der Borkumer Trachtengruppe

mus **sehr stark angestiegen.** Insbesondere im **Erbfall** führt das zu Problemen, wenn sich die Erben nicht mehr gegenseitig auszahlen können und die Häuser dann oft an betuchte Menschen oder Gesellschaften vom Festland verkauft werden müssen. Die meiste Zeit des Jahres stehen diese Objekte – also Häuser und Ferienwohnungen – dann leer, was besonders im Winter gut zu sehen ist, wenn viele Fenster dunkel bleiben. Diese Entwicklung macht es den Inselbewohnern nicht leicht, bezahlbaren Wohnraum zu finden und sie schadet leider auch dem dörflichen Miteinander. Für die örtlichen Betriebe ist es inzwischen sehr schwer, **bezahlbaren Wohnraum** für ihre Mitarbeiter zu finden, wenn sie keine Dienstwohnungen oder Zimmer zur Verfügung stellen können. Die Gemeinde plant bis 2030 deshalb den Bau von neuen Wohnungen für die Insulaner.

UNSER TIPP: Die Einheimischen auf Borkum **geben sich** untereinander **meist nicht die Hand.** Dafür kennen sie sich zu gut. Wenn jemand zu einer Runde dazustößt, **klopft er auf den Tisch,** die anderen klopfen zurück und damit sind alle begrüßt. Grundsätzlich werden deutlich weniger Hände geschüttelt als auf dem Festland.

Die Pflege des Brauchtums bewahrt die eigene Identität

Traditionen, Trachten, Tanz und **das gemeinsame Singen** haben im Dorfleben der Insulaner einen festen Platz – besonders im Winter, wenn nur wenige Gäste auf der Insel sind und die Bewohner wieder mehr Zeit für sich und das Vereinsleben haben. Dann trifft man sich, probt, tanzt, spielt Theater und feiert gemeinsam. **45 Vereine** gibt es auf Borkum, von den Börkumer Bootje-Fahrern bis hin zum Watertoorn Börkum, der sich um den Erhalt des Wasserturms kümmert. Der älteste Verein ist der Verein **Borkumer Jungens e.V. von 1830.** Er wurde mit dem Ziel gegründet, Sitten und Gebräuche zu bewahren, das Börkumer Platt und den Gesang zu pflegen. Aufgenommen werden nur **unverheiratete Männer,** die aus dem Verein austreten müssen, sobald sie heiraten. Der Vereinsvorsitz, über den durch jährliche Wahl entschieden wird, ist ein hochgestelltes Ehrenamt. Der Verein hat verschiedene Sparten, unter anderem einen Männerchor und die **Trachtengruppe,** für die eine Ausnahme gilt: Hier dürfen **auch Frauen** Mitglied sein. Die Trachtengruppe führt neben Tanzdarbietungen mehrmals jährlich das Musical „Up de Walvis" auf, den Schlachtruf der Walfänger. Die Darsteller kommen aus allen Altersgruppen, auch Kinder sind dabei, wenn es um viele Borkumer Geschichten rund um den Walfang geht. Selbstverständlich gibt es auch auf Borkum einen **Heimatverein;** er hat eine rund 100-jährige Vereinsgeschichte. Der Heimatverein betreibt das **Inselmuseum Dykhus** und ein umfangreiches **Archiv,** das im Toornhus neben dem Alten Leuchtturm gepflegt wird. Das Toornhus und der Alte Leuchtturm gehören dem Verein, der sich um deren Instandhaltung kümmert. Mit verschiedenen Veranstaltungen und Ausstellungen im Museum wird den Besuchern die Inselgeschichte nahegebracht. Einmal wöchentlich veranstaltet der Heimatverein im Toornhus eine **ostfriesische Teezeremonie.** Der größte Verein auf der Insel ist der **Turn- und Sportverein Borkum von 1890,** dem rund 800 Mitglieder angehören. Alle Vereine und auch die Freiwillige Feuerwehr haben durch zahlreiche Auftritte und ehrenamtliche Tätigkeiten einen wesentlichen Anteil am gemeinschaftlichen Inselleben der Einwohner und Gäste. Viele Veranstaltungen könnten ohne ihren Einsatz nicht stattfinden.

Die Borkum-Stiftung

Die Bürgerstiftung setzt sich seit ihrer Gründung im Jahr 2006 für die **Planung und Durchführung eigener Ideen für die Insel Borkum** ein. Sie unterstützt auch andere Organisationen, die sich für die Belange der Insel einsetzen und fördert deren Projekte finanziell. Ferner hilft sie Borkumer Insulanern, die die Unterstützung der Insel brauchen. Jeder kann dabei mitmachen und Zeit, Geld und Ideen spenden. Es gibt verschiedene Projekte und Ziele. Von ihr gegründet wurde unter anderem die **Hospizgemeinschaft „Augen-Blick“,** die Menschen auf ihrem letzten Lebensabschnitt begleitet, die **Installation des „Borkumer Walpfads“,** die **Stiftung des Denkmals für die Seebestatteten** sowie das **Notfall-Orientierungs-System** (→ Exkurs „Das Notfall-Orientierungs-System“). Auch kleine Geldspenden, die steuerlich geltend gemacht werden können, sind willkommen. Spenden-Konto: Volksbank Esens, IBAN DE57 2829 1551 1205 5565 00, BIC GENODEF1ESE.

■ **Borkum-Stiftung:** Süderreihe 34a, 26745 Borkum, Tel. 04922 8739043, www.borkum-stiftung.de

Von Borkumern für Borkumer – der Brauch „Klaasohm"

Was tun Menschen auf einer Insel, besonders im Kampf gegen die Naturgewalten? **Sie halten zusammen.** Um das zu zeigen, kommt zuverlässig jedes Jahr am Vorabend des Nikolaustags, am 5. Dezember, **Klaasohm.** Wörtlich übersetzt heißt das „Onkel Klaus". Es ist ein Fest der Borkumer ausschließlich für Borkumer und *Butenbörkumer.* Letztere sind auf Borkum Geborene, die meist der Arbeit wegen auf dem Festland wohnen, und häufig extra zu diesem Fest anreisen. Klaasohm ist **das wichtigste Fest** auf der Insel, es läuft sogar Weihnachten den Rang ab. Aber die Borkumer wollen diesen Brauch **ausschließlich unter sich feiern.** Jeder Besucher sollte das respektieren und deshalb bitte fernbleiben.

Der Legende nach lag Klaasohm ein Jahr lang vor dem Großen Kaap im Sand, bevor er ausgebuddelt wurde und sich mit wilder Zottelmähne und langen Hörnern auf die Jagd nach Beute und Respekt begab. Seit wann es diese Tradition gibt, ist nicht genau überliefert, aber man vermutet, dass sie während der **Walfängerzeit** entstanden ist. Während die Borkumer Männer früher auf niederländischen und deutschen Flotten unterwegs waren, blieben die Frauen allein zurück und führten das Regiment. Kehrten die Männer nach Hause zurück, wurde es Brauch, den Frauen zu zeigen, wer der „Herr im Hause" ist. Diese Aufgabe übernimmt die Fantasiefigur Klaasohm symbolisch einmal im Jahr für wenige Stunden während des Festes. Auch auf einigen niederländischen Inseln wird Klaasohm gefeiert, allerdings in abgewandelter Form und dort läuft es in der Regel etwas freundlicher ab.

Das Fest wird heute vom Verein „Borkumer Jungens e.V." organisiert. Jedes Jahr am Abend vor Nikolaus machen sich sechs Borkumer des Vereins in drei Altersklassen jagdbereit („lüttje" 14 bis 16, „middel" 16 bis 18, „grote" über 18 Jahren): **„Hey, hey, hey, der Ohm ist los".** Sie sind zuvor vom Verein ausgewählt worden und jagen nun durch die Straßen. Alle sind verkleidet, die sechs Jäger stecken in schweren Kostümen. Die Masken haben nur kleine Schlitze, durch die sie kaum etwas sehen können. Deshalb werden die vermummten Klaasohme geführt. *Biloper* nennt man ihre Begleiter. Das „Wievke" („Weibchen"), ein als Frau verkleideter Mann, gehört zum großen Klaasohm. Eins muss das Wievke vor allem sein: wendig und schnell, denn es versucht, durch Häuser, Straßen und auf Nebenwegen zu entkommen. Dabei kann es gelegentlich etwas derb zugehen. Wer gut vorbereitet sein will, trägt ein **Kissen in der Hose,** um den Allerwertesten zu schützen. Aber auch wenn sich die Klaasohme untereinander begegnen, setzt es Schläge. Nur im eigenen Haus ist man einigermaßen sicher.

Klaasohm ist zwar eine Furcht einflößende Respektsperson und hat für einen Abend auf der Insel das Sagen, aber er ist **liebevoll zu den Kindern** und beschenkt sie, wenn sie ein Gedicht aufsagen, mit dem Sirupgebäck *Moppe.* Auch die **älteren Leute warten auf den Klaasohm** und zu diesen ist er ebenfalls sehr nett. Eine Stunde dauert die Hetzjagd, bevor das Ende naht. Sie endet an einer gemauerten ehemaligen Litfaßsäule auf dem Platz am Kreuzpunkt von Quer- und Westerstraße mitten im Zentrum – von den Einheimischen „De D" genannt wegen der einem großen *D* ähnelnden Grundstücksform. Die in ihren martialischen, viele Kilo schweren Kostümen inzwischen völlig verschwitzten und entkräfteten Männer werden von der Menge, die sie begleitet hat, auf die Säule geschoben und gebärden sich vor der tobenden Masse. Es ist laut und der Platz voller Menschen. Ein finaler Sprung ins auffangende Menschenbad – und schon ist alles vorbei.

UNSER TIPP: Wer sich dennoch als Gast auf die Straßen wagt, kann zum Ziel der verkleideten wilden Männer werden, **besonders Fotografen und Frauen sind nicht willkommen.** Deshalb gilt: **Fernbleiben bitte!** Die Borkumer möchten dieses Fest unter sich feiern, und das sei ihnen gegönnt.

Steinerne Säule auf dem Platz „De D"

b_222 mna

b_327 mna

Tourismus bis zur Erschöpfung

Viele Inselbewohner arbeiten gerade in den Sommermonaten ohne Unterbrechung und freie Wochenenden für ihre Gäste. Um Eltern zu entlasten, gilt für Borkum eine **Sonderregelung für die Schulferien:** Die Sommerferien sind nur vier Wochen lang, die Herbstferien dafür zwei Wochen länger. Spätestens gegen Ende der Saison macht sich die ununterbrochene Arbeit der Inselbewohner immer stärker bemerkbar, die Menschen sind dann in der Regel schlichtweg **erschöpft.** Wenn man dann als Gast eher unfreundlich ist, kommt das Echo gelegentlich sehr deutlich zurück. Begegnet man als Gast den Menschen aber freundlich auf Augenhöhe und behandelt sie mit dem gebotenen **Respekt,** stößt man in der Regel auf offene Ohren und große Hilfsbereitschaft.

Die Friesische Freiheit

Sonderrechte für die Friesen

Die Borkumer sind stolz darauf, **echte Ostfriesen** zu sein. Der Wahlspruch „*Eala Freya Fresena*", was so viel heißt wie „Seid gegrüßt, ihr freien Friesen", ist ihnen auch heute noch wichtig. Und sie legen Wert auf ihre mit der Friesischen Freiheit verliehenen **Rechte auf Eigentum, politische Mitbestimmung** und **persönliche Freiheit.** Diese waren den Friesen bereits Mitte des 9. Jahrhunderts zugestanden worden. Für den Deichbau und die Verteidigung gegen fremde Mächte organisierten sich die Friesen schon im Mittelalter in **selbstständigen Landesgemeinden** mit einem **eigenen Rechtssystem** und freien Vertretern. Diese trafen sich einmal im Jahr am Dienstag nach Pfingsten mit dem Ziel, Recht und Freiheit für alle Friesen sicherzustellen. Auf den Treffen wurde auch das Zusammenleben innerhalb der Landesgemeinden geregelt und der „Bund der Freien Friesen" politisch nach außen vertreten. Ein wie sonst in Europa flächendeckendes feudales Gesellschaftssystem konnte sich hier nicht etablieren, denn die Friesen verteidigten ihren Sonderstatus vehement.

[<] Die Strandpromenade dient dem Küstenschutz – hier führt eine stattliche Treppe zu Milchbuden und Badestrand

Die Borkumer Tracht

Sinnbild des Wohlstands

Im 18. Jahrhundert als die Borkumer während der Walfang-Ära zu gewissem Reichtum kamen, überlegten sich die Borkumer Männer, was sie tun könnten, um ihre Frauen zu schmücken und noch schöner zu machen. Inspiration holten sie sich von der **holländischen Tracht,** und zwar besonders vom Kopfschmuck, der von sogenannten **Ohreisen** gehalten wurde. Die holländischen Friesinnen trugen diese seit dem Ende des 16. Jahrhunderts. Anfangs dienten sie lediglich dazu, eine Mütze festzuhalten, entwickelten sich aber im Laufe der Zeit zu einem Schmuckstück, das abhängig vom finanziellen Status der Trägerin aus **Kupfer, Silber** oder **Gold** gefertigt war. Durch den Walfang waren auch die Borkumer Seeleute finanziell in der Lage, ihren Frauen Schmuck in Form von Ohrgeschmeide, Halsketten, Filigranschmuck und eben Ohreisen zu schenken. Auch das **weiße Spitzenhäubchen,** das Letztere festhielten, wurde durch die Trachten des Nachbarlands inspiriert. Doch mit dem Ende der Walfang-Ära mussten viele ihre Wertsachen veräußern und die Ohreisen aus Edelmetall wurden weitgehend verkauft. Als Ersatz diente nun Messing, aus dem der Kopfschmuck dann gefertigt wurde. Oft stellten ihn die Männer selbst her – die strahlenförmigen Muster symbolisierten die Sonnenstrahlen über dem Meer, das gleiche Muster fand sich auf Broschen wieder, die das Brusttuch zusammenhielten. Die Schmuckstücke wiesen zwar Ähnlichkeiten auf, aber sie waren immer individuelle Anfertigungen.

Eine neue Tracht muss her

Irgendwann kam die Borkumer Tracht aus der Mode, niemand trug sie mehr. Doch im Jahr 1927 gab es einen feierlichen Anlass, als die neu gebaute Strandpromenade eingeweiht werden sollte. So fand sich eine Initiative mit dem Ziel, eigens dafür eine **Trachtengruppe** zu gründen. Um die Tracht wiederzubeleben, überlegten sich die Initiatoren, wie die alte Tracht wohl hätte ausgesehen haben können, denn **Originaltrachten gab es nicht mehr.** Die Kleiderschränke der Großmütter wurden zu Rate gezogen und man entwarf eine Tracht, die das Ziel hatte, einerseits die Tradition wiederzubeleben, andererseits aber auch für ein

[>] Ostfriesische Goldtracht einer Adeligen um 1580 – diese Tracht ging mit den schweren Sturmfluten zwischen dem 13. und 16. Jahrhundert verloren

105j GIKR

einheitliches Bild bei Auftritten zu sorgen. Die neue Borkumer Tracht ist inzwischen gar nicht mehr so neu, sondern wird von den Borkumer Insulanern mittlerweile seit fast 100 Jahren mit Stolz getragen und auch von der **Ostfriesischen Landschaft,** dem Höheren Kommunalverband mit Sitz in Aurich, **offiziell als Borkumer Tracht anerkannt.** Im Gegensatz zu den Nordfriesischen Inseln, auf denen nur die Frauen eine Tracht tragen, gibt es heute auf Borkum eine Frauen- und eine Männertracht.

Bei den Frauentrachten gibt es wegen der optischen Wirkung bei den Tanzvorführungen heute **streng einheitliche Regeln** für Tücher und Schürzen, während in der Vergangenheit vielfältige

Muster getragen wurden. Die Trachten sind heute schwarz mit weißen Hauben und Schürzen, alle Tücher rotgrundig und mit roten Fransen verziert. Die Tücher werden über der Brust gekreuzt getragen, ihre Enden sind unter dem Schürzenbund festgesteckt. Für einen besseren optischen Eindruck müssen die Schürzen vier Zentimeter schmaler sein, als die Taillenweite der Trägerin ist. Es gibt sogar Maßeinheiten für die Abstände von Rock und Schürzenende zum Boden. Schwarze Schuhe und weiße Strümpfe ergänzen das Bild – unter dem Rocksaum zeigen sich an den Beinen der Trägerin weiße Rüschen. Auf ihrer rechten Körperseite tragen die Frauen ein kleines schwarzes Samtsäckchen, im Winter komplettiert ein schwarzes, gefüttertes Cape mit Kapuze die Tracht. Nach wie vor werden die weißen Spitzenhauben mit prächtig verzierten Ohreisen aus Messing am Kopf fixiert.

Trachten auch für Männer

Männer trugen früher keine Tracht. Mit den sogenannten **Pilothosen** gab es eine erste Form einer einheitlichen Kleidung für Männer. Anfangs stellte man sie aus Leinen her, später waren die Hosen aus **Wolltuch** oder **Baumwolle** gefertigt. Darunter komplettierte die Kleidung eine im Winter wie im Sommer getragene wollene Unterjacke, *Bostrock* genannt, darüber trug man eine Weste. Das sogenannte *Pikjäkert,* eine Dreivierteljacke, die anhand ihrer Ausführung zeigte, aus welcher gesellschaftlichen Schicht der Träger kam, wurde nur zu besonderen Festtagen getragen. Abgerundet wurde das Ganze durch eine kleine Schirmmütze, die *Päd.* Zu besonderen Anlässen wurde diese durch einen **breitkrempigen schwarzen Hut** ersetzt, den die Männer der Trachtengruppe heute auch bei ihren Auftritten tragen. Schuhe und Strümpfe sind ebenfalls schwarz, die Westen und Hosen nachtblau. Ähnlich wie bei den Frauentrachten kommen aber auch die Farben Rot und Weiß ins Spiel. Das Stehkragenhemd, das durch einen schmalen schwarzen Binder am Hals zusammengehalten wird, ist blütenweiß und passt optisch zu den Schürzen und Hauben der Frauentrachten. In der linken Hosentasche wird die Ecke eines rot gemusterten Tuchs festgesteckt, das im Wind und bei den Tänzen herumflattern darf. An kalten Tagen tragen die Männer einen dunkelblauen Gehrock mit einem weinroten Schal. Doch auch hier darf es glitzern und blitzen: Am Revers der Westen sorgen zahlreiche **Tauschnadeln,** die beim Besuch anderer Trachtengruppen die Besitzer wechseln, für kleine optische Aufheller.

Bräuche und Traditionen

Dass sich in abgelegenen Regionen eigene Sitten und Gebräuche entwickeln können, ist kein Geheimnis. Fast jede Region weist Besonderheiten auf. Die wichtigsten, denen man auf seiner Reise nach Borkum begegnen kann, werden hier kurz erklärt.

Martinssingen

Wie vielerorts ziehen am frühen Abend des **10. November** die **Kinder mit Laternen von Haus zu Haus** durch die Straßen und singen den Bewohnern ein **Martinslied.** Auf Borkum werden sie dann für ihre Sangesdarbietung mit Süßigkeiten belohnt. Wenn Sankt Martin auf einen Sonntag fällt, findet das Martinssingen einen Tag später statt, denn dann haben die Geschäfte geöffnet und die Kinder werden dort ebenfalls mit kleinen Leckereien beschenkt. Das Lied **„Mien lüttje Lateern"** von *Greta Schoon* ist dabei sozusagen der Gassenhauer des Martinssingens.

Meerjungfrau auf dem Musikpavillon

b_328 mna

Die ostfriesische Teezeremonie – ein UNESCO-Weltkulturerbe

Nachdem sich um das Jahr 1720 in Ostfriesland ein nennenswerter **Teehandel** etabliert hatte, kam durch den Handel mit dem Fernen Osten auch **Porzellan** nach Europa, das sich besonders zur Zubereitung von Tee und als Trinkgefäß eignete. Besonders berühmt ist das Teegeschirr mit dem Muster „Ostfriesische Rose", ein dünnwandiges und geripptes Porzellan, das man in dieser Region überall sieht. Es bestand früher aus Teebüss, Treckpott und Kopkes (Teedose, Kanne und Tassen).

„Teetrinken heißt, den Lärm der Welt zu vergessen", so lautet ein wahrer Satz. Die mit *Teetied* bezeichnete **ostfriesische Teekultur** gehört vielerorts zum festen Bestandteil des Tagesablaufs. Der Tee wird mit losen Teeblättern zubereitet, dann kommt ein großes „Kluntje", ein Stück brauner oder weißer Kandiszucker, in die Tasse, erst dann wird eingeschenkt. Dann knackt das Kluntje in der Hitze des Tees ganz leise. Mit einem **speziell geformten Löffel,** der wie eine Miniatursuppenkelle aussieht, wird entgegen dem Uhrzeigersinn Sahne am Rand der Tasse entlang eingetröpfelt – man will schließlich die Zeit anhalten. Die Sahne sinkt ab und steigt in einer kleinen Wolke, dem „Wulkje", wieder nach oben. Der Tee wird nicht umgerührt, damit mit jedem Schluck ein anderer Geschmack entsteht: Erst kommt als „Vorspeise" die milde Sahne, dann kräftiger Tee als „Hauptspeise" und zum Schluss die süße Neige des Kandiszuckers als „Dessert" – ein **ostfriesisches Drei-Gänge-Menü.**

Ein Tee mit „Wölkchen" hält die Zeit an: Die Sahne wird gegen den Uhrzeigersinn in die Tasse geträufelt

106j mna

Teetrinken ist gesund, seine anregende und wohltuende Wirkung ist bekannt. Die Aminosäuren im Tee stimulieren das menschliche Immunsystem. Da sich die Teezeremonie in Ostfriesland als „identitätsstiftende Kulturpraxis" etabliert hat, gehört sie seit 2016 zum **immateriellen UNESCO-Weltkulturerbe.** Wohin auch immer man kommt, dem Besucher wird sofort Tee angeboten. Er gehört einfach überall in Ostfriesland als Selbstverständlichkeit zum täglichen Leben. Es wird so lange nachgeschenkt, bis der Gast seinen Teelöffel in die Tasse stellt und damit signalisiert, dass er keinen weiteren Tee mehr möchte. Das ist auch der einzige Verwendungszweck des Teelöffels, denn umgerührt wird der Tee ja bekanntlich nicht, um die süße Neige beim letzten Schluck zu erhalten (zum Thema *Tee* → Exkurs S. 301).

Sünnerklaas

In Ostfriesland wird der **Nikolaus** *Sünnerklaas* genannt. Der Heilige Nikolaus ist der **Schutzpatron der Seefahrer** und war daher in den Hafen- und Seefahrergemeinden von großer Bedeutung. Fast überall in Deutschland stellen die Kinder am Vorabend zum 6. Dezember einen **Stiefel vor die Tür** und hoffen darauf, dass der Nikolaus diesen mit Leckereien und kleinen Geschenken füllt. Aber nicht so auf Borkum. Dort stellen die Kinder einen **Teller auf die Fensterbank mit einer Scheibe Schwarzbrot** für das Pferd des Nikolaus. Als Dankeschön finden sie am nächsten Morgen das traditionelle Gebäck *Moppe* auf dem Teller, ein Plätzchen aus Lebkuchenteig.

Klaasohm

Die Erwachsenen pflegen einen völlig anderen Brauch. Dann erhebt sich jedes Jahr *Klaasohm* **aus dem Sand** und verbreitet für eine Nacht auf der Insel Angst und Schrecken, bevor er sich am Ende der Sage nach wieder in den Dünensand gräbt (→ Exkurs „Von Borkumern für Borkumer – der Brauch ‚Klaasohm'", S. 282). Dieser Brauch wird zum Teil in anderer Form auch auf den niederländischen Westfriesischen Inseln gepflegt. Es ist nicht verwunderlich, dass es die Tradition auch auf Borkum gibt, denn die politische Grenze ist zwar die Westerems, die kulturelle Grenze jedoch erst die Osterems. Bei dieser Tradition wird das ganz deutlich und auch das Gebäck *Moppe* kommt ursprünglich aus den Niederlanden. *Klaasohm* ist ein Fest **nur für Borkumer. Fremde sind nicht willkommen,** es ist besser, sich als Gast daran zu halten und den Borkumern diese Tradition ungestört zu gönnen.

Weihnachten

Das **Weihnachtsfest** wird auf Borkum nicht anders als auf dem deutschen Festland gefeiert. Meist kommt die Familie zusammen, man besucht den Gottesdienst, der Weihnachtsbaum ist geschmückt und festlich erleuchtet, Geschenke werden ausgepackt, und an Feiertagen ist das **gemeinsame Essen** für viele der Höhepunkt des Tages.

Advent

In vielen ostfriesischen Familien werden in der Adventszeit und zum neuen Jahr die sogenannten *Neeijahrskoken* (Neujahrskuchen), auch *Rullerkes* genannt, gebacken. Auf Borkum heißt das Gebäck aber *Waweltjes*. Ihr typischer Geschmack kommt von Kardamom, Anis und Kandiszucker, der aufgelöst dem Teig zugemischt wird und das Gebäck beim Verzehr knuspern lässt. In noch warmem Zustand wird die runde Waffel über eine spezielle Form, die wie eine Miniatur-Zuckertüte aussieht, gerollt und dann ausgekühlt. Das Ergebnis ähnelt einer **Eiswaffel.** In manchem Haushalt wird der *Neeijahrskoken* auch kurz vor dem Essen mit **Sahne** gefüllt oder eben einfach so als süßes Gebäck zum Tee geknabbert. Dazu wird *Bohntjesopp* (Bohnensuppe) gereicht. Aber wer eine „friesische Bohnensuppe“ bekommt, erhält keinen Eintopf, wie mancher vielleicht jetzt denken mag. Vielmehr handelt es sich bei *Sinbohntjesopp* um einen **Likör** aus Rosinen, Zucker, Kandiszucker und **„Ostfreeske Branntwien“**, einer Art Weinbrand, der in einem Tongefäß angesetzt und in Miniaturtassen oder Gläsern mit kleinen Löffeln serviert wird, mit denen die eingelegten Rosinen gegessen werden.

Kinnertöön

Der Tradition nach setzte man die *Sinbohntjesopp* anlässlich der bevorstehenden **Geburt eines Kindes** an, der sogenannten *Puppvisiet.* Freunde und Nachbarn kommen bis heute nach der Geburt zum *Kinnertöön,* also zu Besuch. Man stieß mit der *Sinbohntjesopp* gemeinsam auf das freudige Ereignis an und begrüßte damit den neuen Erdenbürger. Heute wird das Getränk auch auf Richtfesten oder Hochzeiten gereicht und ist auch in dem ein oder anderen regionalen Eisbecher zu finden.

Silvester

Am **Silvesterabend** wird auf Borkum „das Jahr ausgesungen“. Das „*Olljahrssingen*“ ist quasi ein Abschied und zugleich der Startschuss für das neue Jahr. Die Borkumer kommen dann auf dem **Schulhof der Grundschule** zusammen. Im Fackelschein singt der Männerchor der Borkumer Jungens, Tanzpaare der Trachtengruppe zieren die Besuchergruppen. Der Bürgermeister oder die Bürgermeisterin erzählt, was im Laufe des Jahres alles so passiert und was für das nächste Jahr geplant ist – alles natürlich **auf Börkumer Platt.**

Neujahr

Auf vielen Inseln und den Orten an der Küste wird das **Neujahrsschwimmen** zum Anlass genommen, sich ins eiskalte Wasser zu werfen. An kalten Tagen ist das Wasser oft wärmer als die Außentemperatur, dennoch erfordert es von den Teilnehmerinnen und Teilnehmern viel Mut, sich im leichten Badeanzug ins „kühle Nass“ zu stürzen. Auf Borkum nehmen unter Aufsicht der DLRG **mehrere Hundert Menschen** an diesem Ereignis teil.

[>] Dünengras vor der Sandbank Borkum Riff

Nach dem Countdown durch einen Lautsprecher laufen die Unerschrockenen los, werfen sich ins Wasser und schwimmen ein paar Züge. Einige wenige sind sogar kostümiert. Am **2. Januar** ist **„Lüttje Neeijahr“**, dann wird im Ostland im Restaurant in netter Gemeinschaft **geknobelt.**

Ostern

Ostern wird *Paaske* genannt, die drei Tage von Karfreitag bis Ostersonntag sind die höchsten Feiertage im christlichen Jahresverlauf. Traditionell wird in der Dämmerung am Ostersonnabend das *Paaskefüür* (**Osterfeuer**) entzündet. Schon kurz nach Neujahr sucht man fleißig nach abgeschmückten Weihnachtsbäumen und weiterem Holz und sammelt es an drei Plätzen: In der Reedestraße an der Haltestelle Jakob-van-Dyken-Weg, am Großen Kaap vor der Knappschaftsklinik Borkum und in der Julianenstraße in den Dünen hinter dem Supermarkt. Am **Karfreitag** wird das Brennholz dann jeweils zu einem **hohen Haufen**

b_392 mna

aufgetürmt, der zum Zweck der Stabilität an seinen vier Ecken durch sogenannte *Stöner* gestützt wird. Im Zentrum des Holzhaufens sorgt ein eigens für den Zweck konstruierter **Schlot** dafür, dass ein Sog entsteht und später die Flammen auflodern lässt. Anschließend wird Wache gehalten, weil die einzelnen Osterfeuer miteinander konkurrieren und gelegentlich so mancher der meterhohen Haufen bereits vor der Zeit von „bösen Buben" angezündet wurde. Am Samstagabend versammeln sich Dorfgemeinschaft und Gäste um die Osterfeuer. Kurz bevor die Holzhaufen in Brand gesetzt werden, krönen die Borkumer ihre Haufen mit **bunten Fahnen** und einer **Puppe aus Stroh und Stoff,** die stellvertretend für den **Winter** steht und mit dem Feuer verbrennt. Die Osterfeuer sollten früher auch die **Fruchtbarkeit,** das **Wachstum** und die **Ernte** sichern, indem ihre Asche verteilt wurde. Gemeinsam verbringen die Menschen heutzutage den Abend mit Bier, Glühwein und Softgetränken, dazu gibt es Gegrilltes.

Am Ostersonntag steht dann das **Eiertrüllern** auf dem Programm. Hartgekochte Eier werden von Kindern und Erwachsenen vom Deich oder von Steigungen gerollt mit dem Ziel, die Eier möglichst weit und unversehrt nach unten zu befördern. Das gleiche Ziel wird auch beim **Eiersmieten** (Eierweitwurf) verfolgt, nur findet dieses auf einer Wiese statt.

Pfingsten

Weil der **Frühling** auf Borkum etwa drei bis vier Wochen später einzieht als auf dem Festland, wird der **Maibaum** zu Pfingsten aufgestellt und ist damit eigentlich ein Pfingstbaum. Pfingstsamstag errichtet ihn der Verein Borkumer Jungens e.V. **in der Süderstraße** und kündigt mit diesem Ritual den herannahenden Sommer an. Der Baum hat die Form eines **Mastes mit Rahsegeln;** mit viel Blattgrün wird die Fläche der Segel symbolisiert. In Anlehnung an den Mastkorb als Ausguck auf einem Segelschiff ziert ihn traditionell ein **Korb,** in dem sich ein **lebender Hahn** befindet, der natürlich mit Futter und Wasser versorgt ist. Er wurde zuvor einem Borkumer entwendet, der ihn nach einer Woche wieder auslösen muss. Als Zeichen, gegen was die Auslöse erfolgt, hängt sichtbar eine Flasche im Baum. Ebenfalls im Baum hängt ein deutlicher Hinweis auf den „Vogelspender", ein Band mit dem Hinweis, „Ik krai för ..." und dann folgt der Name des Eigentümers. Wenn der Hahn Pfingstmontag wie gewohnt kräht, bedeutet das eine gute Saison, falls nicht, wird dennoch eine gute Saison erwartet. Die **Zeremonie des Aufstellens** wird von den Auftritten der Borkumer Trachtengruppe und ab 18.30

Uhr vom Gesang des Männerchors der Borkumer Jungens begleitet.

Kränzen

Die Ostfriesen sind **Meister im Flechten von Bögen,** die zu besonderen Anlässen wie Trauung, Silberne oder Goldene Hochzeit, zum beginnenden Ruhestand, an runden Geburtstagen oder auch bei Geburten den Jubilaren zum Schmuck ihres Heims überreicht werden. Auch die neuen Nachbarn werden manchmal mit einem dieser aufwendig geschmückten Bogen willkommen geheißen. In gemeinschaftlicher Arbeit im Freundeskreis, mit der Familie oder den Nachbarn werden die Bögen hergestellt und geschmückt. Die meisten Bögen basieren auf einem **hölzernen Grundrahmen** oder einem dicken Seil, an dem Tannengrün befestigt ist. Als Zierde folgen Papierblumen und weitere Symbole wie Eheringe oder die Jahreszahl des Jubiläums. Wenn der Bogen befestigt wird (in der Regel an der Haustür), bekommen alle einen Schnaps und anschließend wird im Haus oder im Garten gefeiert. Allerdings sieht man auf Borkum diese Bögen nicht so häufig wie auf dem Festland, sondern nur gelegentlich und in anderen Größen.

25./30. Geburtstag

Wer mit **25 Jahren** immer noch **nicht verheiratet** ist, soll traditionell daran erinnert werden, dass es höchste Zeit wird, eine Familie zu gründen, um nicht als „alte Schachtel“ oder „alte Socke“ zu enden. Freunde und Verwandte einer **Frau** verzieren zu diesem Anlass am 25. Geburtstag den Gartenzaun mit einer **Girlande** oder **flechten einen Bogen,** Zigarettenschachteln dienen als aussagekräftiges Symbol. Bei Männern werden **alte Socken** und **leere Flaschen** verwendet. Muss dann auch noch der 30. Geburtstag ledig gefeiert werden, heißt es für Männer, dass sie zum großen Vergnügen der Freunde zur Strafe **eine Treppe fegen müssen,** auf der zahlreiche Korken oder Kronkorken liegen. Dazu gibt es Getränke und jede Menge Spaß. Frauen hingegen müssen häufiger **Türklinken eines öffentlichen Gebäudes putzen,** die sie so lange polieren müssen, bis ein junger Mann sie freiküsst.

Trauerfeier

Ist jemand verstorben, wird nach der Trauerfeier nicht zum Leichenschmaus, sondern zur **Teetafel** gebeten. Dazu werden **„Beerdigungskauke“,** ein trockener Butterkuchen, Rosinenbrot oder Bienenstich gereicht, oft auch belegte Brote. Zum Abschluss wird im Gedenken an den Verstorbenen allen ein Schnaps ausgegeben, angestoßen wird damit aber nicht.

Regionale Sportarten

Das **Boßeln** ist Ende des 19. Jahrhunderts aus dem **Klootschießen** hervorgegangen. Klootschießen ist die älteste Disziplin im Friesensport, in Ostfriesland auch *Klootscheten* genannt. Seine Ursprünge liegen vermutlich in einer alten **Verteidigungstechnik,** bei der man die Gegner mit **Kluten** (Lehmklumpen) bewarf. Die friesischen Kämpfer waren dafür bekannt und gefürchtet. Das Sportgerät ist die **Holzkugel** „Kloot“, deren Kern mit **Blei** gefüllt ist. Ziel ist es, eine Kugel aus Hartholz, Kunststoff oder Gummi möglichst weit und mit so wenigen Würfen wie möglich über eine vorher festgelegte Strecke zu werfen. Es treten immer zwei Mannschaften mit vier, acht oder 16 Werfern gegeneinander an. Ein guter Wurf kann über 300 Meter reichen, denn hier wird das Ausrollen der Kugel mit zur Weite gezählt. Voraussetzung für die Ausübung des Boßelns sind **befestigte Straßen,** und die gibt es natürlich auch auf Borkum. Da im Norden beidseits der Straßen häufig **Entwässerungsgräben** verlaufen, die sogenannten *Sloote,* kann eine Kugel auch schon mal im Wasser landen. Sie wird dann mit dem *Söker,* einer Art Fangkorb für Boßelkugeln, aus dem Wasser gefischt. Zwar entspricht die Spielweise der Borkumer dem traditionellen Boßeln, auf der Insel wird es aber missverständlich als „Klootschieten“ bezeichnet, wobei es kein Vereins- oder Turniersport ist wie auf dem Festland, sondern es treten kleine *Boßelklöttjes* gegeneinander an, also kleine Gruppen, die sich eigens dafür gebildet haben. In verschiedenen Varianten wird Boßeln in ganz Europa oder weltweit in Regionen ausgeübt, in denen sich **Auswanderer** niedergelassen und diesen Sport mitgebracht haben. Rund 40.000 Menschen in Ostfriesland und im Oldenburger Land üben diese Sportart heute aktiv aus.

[>] Matjes ist eine Delikatesse,
die aus jungen Heringen hergestellt wird

b_339 mna

Speisen und Getränke

Bodenständige Kost

Kulinarisch geht es in der Borkumer Küche wie auch sonst in Ostfriesland meist **bodenständig** zu, und es werden die Lebensmittel der Region sowie der jeweiligen Saison bevorzugt. Deftig und reichlich waren die Speisen früher, schließlich sollten sie die Menschen nach schwerer körperlicher Arbeit satt machen. Sättigende Eintöpfe mit einem Stück Speck als Einlage waren üblich. Milch und Kartoffeln standen das ganze Jahr zur Verfügung, ansonsten variierten die Speisen und hingen früher davon ab, was Garten und Meer so hergaben. Für die **langen Wintermonate** legte man **Vorräte** an, die auf verschiedenste Art und Weise haltbar gemacht worden waren. Es gab Eingekochtes und Getrocknetes, Kohl und Wurzelgemüse hielten sich ohnehin bei richtiger Lagerung recht lang, vor allem natürlich, wenn sie **fer-**

Das Silber der Meere

Im Norden Deutschlands ist **Matjes** nicht wegzudenken und wird überall angeboten, ob im Restaurant oder am Imbiss im Brötchen. Für viele gehört er zum Urlaub einfach dazu. In Deutschland werden jährlich rund **eine Million Filets** verzehrt. Doch was ist Matjes überhaupt?

Um Matjes herzustellen, benötigt man **frischen Hering,** der noch nicht geschlechtsreif, also maximal drei Jahre alt ist. Er wird im Mai/Juni gefangen, die Fische müssen sich mit tierischem Plankton das nötige Fett angefressen haben, dann ist das Fischfleisch an den Bauchseiten **rötlich gefärbt.** Wann der richtige Zeitpunkt ist, entscheiden das Wetter und Probefänge. Ist es kalt, beginnt die Fangsaison später. Noch an Bord werden die Heringe eingesalzen und für fünf Tage eingelegt. Die Enzyme der Bauchspeicheldrüse und das Salz setzen einen **Fermentierungsprozess** in Gang, der Fisch „reift" in dieser Zeit und wird dann tiefgefroren nach Holland verschifft.

In den dortigen Fischfabriken werden die Heringe filetiert, Köpfe, Organe und die Haut entfernt. Anschließend erfolgen die Portionierung und das Verpacken der Ware. Die anschließende Weiterverarbeitung nach eigenen Rezepten übernehmen der Fischhändler oder der Konservenproduzent. Es gibt unzählige Zubereitungsme-

thoden. **Im Restaurant** wird Matjes meist **„nach Hausfrauenart“,** also in einer Apfel-Zwiebel-Gurken-Sahne-Marinade mit Kartoffeln, oder **„klassisch“** als warme Mahlzeit mit Speckbohnen, Kartoffeln und Zwiebelmatjes angeboten. Besonders lecker dazu sind Kartoffeln der Sorte „Allians“, der Nachfolgerin der „Linda“ und „Belana“. Wer den Fisch lieber kalt mag, genießt ihn auf Schwarzbrot oder im Brötchen mit Zwiebeln oder eingelegt als Sherry- oder Kräutermatjes. **Im Fischfeinkostgeschäft** gibt es verschiedene Matjessalate, fast jeder Betrieb hat sein eigenes „Geheim“-Rezept. Man kann aber auch einfach mal selbst herumexperimentieren. Weil der Fisch einen guten Grundgeschmack hat, lässt sich nicht viel falsch machen, wenn der Matjes kleingeschnitten mit Roten Beten, Zwiebeln und Mayonnaise oder mit Tomaten-, Gewürzgurken- und Zwiebelwürfeln in Essig-Öl-Marinade angemacht wird.

Matjes in Zahlen

- Nur etwa **0,1 % der Heringslarven** wachsen heran, bei 50.000 Eiern eines Weibchens pro Saison sind das gerade mal 50
- **14 %** des jährlichen Pro-Kopf-Verbrauchs an Fisch in Deutschland entfallen auf **Heringskonserven und marinierte Heringe,** das sind etwa zwei Kilogramm pro Person
- **15–20 % Fettgehalt** muss der Hering für den Matjes enthalten
- **90 %** der deutschen Hering-Quote werden mit **Schiffen aus Bremerhaven** gefangen

Ausgenommene Heringe

am122 mna

mentiert waren. Täglich gab es **Schwarzbrot mit Butter,** selten Graubrot und nur sonntags manchmal Weißbrot. **Fisch und Krabben,** *Granat* genannt, kamen häufiger auf den Tisch, Fleisch gab es selten, Zucker und Süßigkeiten ebenfalls. Heute ist durch das ganzjährige Angebot im Supermarkt die Küstenküche natürlich vielfältiger geworden. In vielen Restaurants stehen die **traditionellen Rezepte** jedoch nach wie vor auf der Speisekarte, auch wenn sie oft modern interpretiert werden. Das hat auch seinen Grund: Sie sind richtig lecker. Traditionelle Gerichte, die zur Inselküche Borkums gehören, sind *Snirtjebraa,* ein kräftig gebratener Schweinebraten, und das Borkumer/niederländische Pökelgericht *Soltfleiss* (Salzfleisch).

Was das Meer bietet

An der Küste wurde schon immer **Fisch in allen Formen** gegessen. Die Fänge stammten in der Vergangenheit meist aus Reusen oder Fischgärten, die im Wattenmeer ausgelegt und aufgestellt waren. Im Frühjahr und Herbst gab es Schollen, im Sommer Lachs, Butt, Rochen, im Herbst Granat und Aal, im Winter Miesmuscheln und auch getrockneten Fisch, Klippfisch genannt. Dazu wurden Schollen, Scharben, Schellfisch und Kabeljau ausgenommen, gesäubert und im Freien auf Holzgestellen getrocknet. So war der Fisch lange haltbar. Zur Zubereitung musste man den Trockenfisch über Nacht einweichen und ließ ihn nach dem Abgießen in etwas Wasser garziehen. Heute ist Fisch nach wie vor fester Bestandteil des Speiseplans, auch wenn er teuer geworden ist und die Fangquoten begrenzt sind. Wer seinen Fisch guten Gewissens genießen möchte, sollte auf Sorten zurückgreifen, **die nicht gefährdet** sind. Der **WWF** veröffentlicht regelmäßig einen **Fischratgeber,** der sich auch als **App** aufs Handy laden lässt.

Von Krabben …

Im Frühjahr beginnt die Saison für **Krabben,** die eigentlich Nordseegarnelen heißen. Die frisch gefangenen Tiere werden noch an Bord der Fangschiffe **in Meerwasser gekocht,** erst dadurch bekommen sie ihre charakteristische Rotfärbung. Man kann frische Garnelen fertig gepult oder mit Schale kaufen (1 kg ergibt gepult etwa 400 g Krabbenfleisch). Zum Pulen nimmt man den Garnelenkopf zwischen Daumen und Zeigefinger der einen Hand, fasst das Ende mit der anderen Hand und dreht beide Enden vorsichtig wie bei einem Bonbon so lange gegeneinander, bis die Schale bricht und man die eine Schalenhälfte abziehen kann. Die andere Hälfte lässt sich dann leicht aus dem Rest herausziehen. Am besten schmecken **frisch gepulte Krabben**

Wie der Tee nach Ostfriesland kam

Die Kultivierung des Teestrauchs hat eine etwa 5000-jährige Tradition. Die Geschichte des Tees begann also lange vor unserer Zeitrechnung und beschränkte sich zunächst auf den asiatischen Raum. Es waren **holländische Kaufleute,** die **1610** den ersten Tee aus Asien nach Amsterdam mitbrachten. Doch das neue Getränk war noch umstritten. Zu dieser Zeit wurde in Ostfriesland als Hauptnahrungsmittel **Bier** getrunken. Der niederländische Arzt *Dr. Cornelius Bontekoe* (1647–1685) schwärmte jedoch in einem seiner Bücher über die positive Wirkung der aufgebrühten Blätter: „Tee kann einen Menschen, der beinahe am Ende seiner Kräfte ist und gleichsam den einen Fuß bereits im Grabe hat, neue Kraft und neues Leben geben". So setzten sich die Teebefürworter schließlich durch und der **Siegeszug des Tees** begann dank einer erfolgreichen Marketing-Kampagne. Denn inzwischen weiß man, dass *Bontekoe* für seine Aussagen von der **Niederländischen Ostindien-Kompanie** bezahlt wurde.

Das Leben der Ostfriesen richtete sich traditionell schon immer **nach Westen** aus, denn im Norden lag die Nordsee und im Süden und Osten erschwerten die Moore das Reisen. Von den Niederlanden aus machte der Tee dann schnell den Sprung über die Ems nach Ostfriesland. Es bestanden ja traditionell gute Handelsbeziehungen zwischen beiden Regionen. So kam er dann auch auf die Ostfriesischen Inseln.

Damals wurde eine Menge von **50 Tassen pro Tag** empfohlen – pro Person, versteht sich. Für die körperlich sehr anstrengende Arbeit brauchten die Menschen jede Menge Energie. Sie spürten die **anregende Wirkung** des Tees schnell und nahmen diese Empfehlung deshalb sehr ernst. Der preußische *König Friedrich II.* wollte den Tee verbieten lassen, aber er konnte sich damit nicht durchsetzen. Die Adelige *Katharina von Braganza* dagegen verbreitete die Teekultur am englischen Hof und in Adelskreisen.

Seit Ende des 17. Jahrhunderts ist der **Ostfriesentee** das **ostfriesische Nationalgetränk** und zählt heute ähnlich wie Brot zu den Grundnahrungsmitteln. Der Moment des Teetrinkens war und ist für die Menschen ein ganz besonderer. Man kann kurz innehalten, eine kleine Pause machen und damit „die Zeit anhalten". So entwickelte sich die Kultur der **Teezeremonie,** denn „Tee trinken heißt, die Seele baden".

Am 1. Mai 1806 eröffnete *Johann Bünting* aus Edewecht in Leer einen kleinen Laden, in dem er Tee mischte, den er im Hafen gekauft hatte. Die Stadt war damals ein wichtiger Handelsplatz für Waren aus Übersee wie Tabak, Gewürze und eben Tee. Der Ostfriesentee wurde schon damals aus verschiedenen Sorten gemischt, um eine möglichst gleichbleibende Qualität zu erreichen. Hauptbestandteil der Mischungen sind Tees aus dem indischen Anbaugebiet **Assam.** Heute gibt es drei große Hersteller des traditionellen Ostfriesentees: **Bünting** aus Leer mit dem „Original Ostfriesentee" (auch wenn der berühmte „Grünpack" häufiger verkauft wird), **Thiele** aus Emden mit „Echter Ostfriesentee" und **Onno Behrends** aus Norden mit „Schwarzer Friese".

Die Ostfriesen haben mit **drei Kilo Tee im Jahr** weltweit den größten Pro-Kopf-Verbrauch – das entspricht etwa 300 Litern fertig zubereitetem Getränk. Deutschlandweit sind es im Durchschnitt nur 28 Liter. Die Teetrinkweltmeister stehen damit sogar im **Guinness-Buch der Rekorde** – vor allen anderen Nationen, in denen der Tee ebenfalls zur Kultur gehört.

Borkumer Fasanenbrause

Eine Borkumer Spezialität ist die sogenannte Fasanenbrause. Es handelt sich um einen **Sanddorn-Likör,** der aus 38-prozentigem Doppelkorn, 100-prozentigem Bio-Sanddornsaft und Zucker hergestellt wird. Das Ergebnis hat gut 20 Prozent Alkohol. Er wird kalt getrunken, meist aus **geeisten Schnapsgläsern.** Der Likör schmeckt auch sehr gut mit Sekt oder in verschiedenen Cocktails. Wer auf der Insel ist, sollte Fasanenbrause unbedingt probieren, sie wird in einigen Lokalen angeboten. Es gibt sie aber auch zu kaufen. Die echte von Hand gemachte Fasanenbrause erkennt man daran, dass sich Schnaps und Saft in der Flasche **voneinander trennen** und sich der orangefarbene Saft in der Flasche oben befindet. Vor dem Verzehr muss die Mischung gut **durchgeschüttelt** werden. Bei industriell hergestellten Produkten kommen weitere Zusatzstoffe zum Einsatz, die das Absetzen verhindern. Doch warum heißt das Getränk eigentlich Fasanenbrause? Wenn die reifen Früchte von den Büschen fallen, gären sie und werden gern von den auf Borkum lebenden Fasanen aufgepickt. Wenn ein Vogel zu viel von den Früchten gefressen hat, kann es vielleicht passieren, dass sich ein torkelnder Fasan durch das Gelände bewegt.

Borkumer Fasanenbrause – nur das Original setzt sich ab und muss vor dem Verzehr kräftig geschüttelt werden

b_237_mna

auf einer Scheibe Schwarzbrot mit Butter oder einem Butterbrötchen. Leider sind die Krabbenbestände seit Jahren rückläufig und es gibt sehr viel Beifang beim Fischen. Man sollte Krabben als **Delikatesse** betrachten und selten essen, aber auf jeden Fall **frische Krabben.** Von abgepackter Ware sollte man aus ökologischer Sicht lieber Abstand nehmen. Krabben werden häufig in Nordafrika gepult und haben bereits eine lange Reise im Lkw hinter sich. Regional ist das Produkt dann nicht mehr und **unter Umweltaspekten keinesfalls sinnvoll.**

… zu Matjes

Besonders **im Frühsommer** ist für **Matjes** Hochsaison, am berühmtesten ist wohl der **Emder Matjes.** Ende Mai bis Anfang Juni werden noch nicht geschlechtsreife Heringe gefangen, ausgenommen und in Salzlake durch Fermentierung gereift. So entsteht ihre besonders zarte Konsistenz. Die Spezialität Matjes wird im Norden **in verschiedenen Variationen** auf den Speisekarten angeboten, sei es als **kalter Heringsstipp** „nach Hausfrauenart" mit einer klassischen Sahnesoße mit Äpfeln, Zwiebeln und Gewürzgurken zu heißen Pellkartoffeln oder mit Bohnen, Kartoffeln und Zwiebelringen. Das gestaltet sich auf Borkum nicht anders als auf den Nachbarinseln und an der gesamten Küste. Im traditionellen Gericht **Labskaus** wird Matjes zusammen mit Kartoffelstampf, Roter Bete, Fleisch und Petersilie mit Spiegelei und Gewürzgurke serviert. Auch als **Salat** gibt es zahlreiche abwechslungsreiche Zubereitungen mit Roter Bete und Mayonnaise oder mit Tomaten, Gurken und Zwiebeln – fast jeder hat sein eigenes Familienrezept.

Lamm in unzähligen Varianten

Da die Deiche an der niedersächsischen Küste und auch auf Borkum von **Schafen** gepflegt werden, gibt es auf der Insel auch viele Rezepte für die Zubereitung von **Lammfleisch.** Die klassische Variante wird **im Ofen geschmort** und mit Bohnen und Kartoffeln serviert. Aber auch hier existieren **unzählige Familienrezepte** und unterschiedliche Variationen mit verschiedenen Gemüsesorten.

Gemüse

Das Wintergemüse **Grünkohl** wird in der gesamten Region angeboten, meist mit einer Beilage aus Schweinefleisch, geräucherter Mettwurst und Kartoffeln. Dazu werden **scharfer Senf** gereicht und **Bier** sowie der ein oder andere **Schnaps** ausgeschenkt, denn das Gericht ist deftig und fettreich. Grünkohl wird normalerweise erst nach den ersten Frösten und dann den ganzen Winter über geerntet. Der Volksmund bezeichnet ihn

Lot jo dat schmecken – lasst es Euch schmecken

Den Urlaub mit nach Hause nehmen? Das geht mit diesen Inselrezepten. **Panntje-Fiss,** eine Fischpfanne aus Resten, und **Dröge Bohntjes,** ein Eintopf aus getrockneten Bohnen, das sind typische Gerichte der Inselküche. Aber auch **Grünkohl** steht im Winter als Traditionsgericht gern auf dem Speiseplan vieler Haushalte und Restaurants. Das *Kookklöttje* des Heimatvereins hat ein Kochbuch mit Rezepten herausgegeben, zu kaufen ist es im Inselmuseum Dykhus.

Panntje-Fiss

Zutaten

- Fisch vom Vortag, gekocht oder gebraten
- gekochte Kartoffeln
- geräucherter Speck
- pro Person ein Ei
- Salz, Pfeffer
- Petersilie, frisch gehackt

Zubereitung

Den Speck würfeln und in der Pfanne auslassen. In Scheiben geschnittene Kartoffeln hinzufügen und braten. Fisch in grobe Stücke zerteilen, zufügen, heiß werden lassen, mit Salz abschmecken. Die Eier verquirlen, über den Panntje-Fiss gießen und bei kleiner Hitze stocken lassen, mit Petersilie bestreuen und in der Pfanne servieren.

Dröge Bohntjes

Zutaten (für vier Personen)

- 500 g getrocknete gelbe Bohnen
- 700 g getrockneter oder geräucherter durchwachsener Speck
- 3 Mettwürstchen
- 750 ml Wasser
- 500 g Kartoffeln
- Salz, Pfeffer

Zubereitung

Die Bohnen vom Band streifen (die Bohnen werden traditionell zur Haltbarmachung von den Fäden befreit und mit einer Stopfnadel aufgefädelt. Die Bohnenketten, die „ostfriesische Girlande," trocknete man auf dem Dachboden oder über der Herdstelle), gründlich waschen und mit einer Schere in mundgerechte Stücke schneiden. In eine Schüssel geben, mit Wasser bedecken und über Nacht quellen lassen. Am nächsten Tag das Einweichwasser abgießen. 750 ml Wasser mit Bohnen und Speck zum Kochen bringen und ca. eineinhalb Stunden langsam garen. In der Zwischenzeit die Kartoffeln schälen, waschen, würfeln, mit den Mettwürsten zu den Bohnen geben und weitere 30 bis 40 Minuten kochen. Dann den Speck und die Würste herausnehmen und warm stellen. Kartoffeln und Bohnen gut durchstampfen, mit Salz und Pfeffer abschmecken und mit dem Fleisch servieren. Aufgewärmt schmecken die *Dröge Bohntjes* wie die meisten Eintöpfe besonders gut.

Grünkohl – die „Ostfriesenpalme"

Zutaten (für zwei Personen)

- 1,25 kg frischer Grünkohl, alternativ 1 große Dose Grünkohl, 600 g TK-Grünkohl
- 500 ml doppelt konzentrierte Fleisch- oder Gemüsebrühe
- 3 große fein gewürfelte Zwiebeln

- 25 g Gänse- oder Zwiebelschmalz
- ggf. zartschmelzende Haferflocken
- 2 (geräucherte) Mettenden oder Kohlwürste
- 2 Pinkelwürste (ggf. geräuchert)
- 2 Kasseler Koteletts
- 100 g geräucherter Speck
- 2 El mittelscharfer Senf
- Öl
- 8 mittelgroße Kartoffeln
- Salz, Pfeffer

Zubereitung

Die Pelle von der Pinkelwurst abziehen und die Wurst sowie den Speck fein würfeln. Die ebenfalls fein gewürfelten Zwiebeln in Öl und Schmalz anschwitzen. Darauf den Grünkohl geben, einen Teil der Brühe zufügen und bei mittlerer Hitze zum Kochen bringen. Die klein geschnittene Wurst und den Speck mit dazugeben und köcheln lassen. Den Grünkohl immer wieder mit Brühe leicht angießen und einkochen lassen, mit Salz, Pfeffer und Senf abschmecken. Mit leicht geöffnetem Deckel an einem kühlen Ort bis zum nächsten Tag durchziehen lassen. Danach den Kohl bei niedriger Hitze erwärmen und die Kasseler Koteletts braten oder zusammen mit den angepieksten Mettenden erwärmen lassen. Sollte der Kohl zu viel Wasser ziehen, Haferflocken zugeben und unterrühren, um die Flüssigkeit zu binden, bis die gewünschte Konsistenz erreicht ist. Zum Schluss nochmals mit ordentlich Senf, Salz, Pfeffer und Zwiebelschmalz abschmecken. Mit Salz- oder Bratkartoffeln servieren.

Quelle für Panntje-Fiss und Dröge Bohntjes: Smakelk Eeten – Traditionelle Borkumer Küche, herausgegeben vom *Kookklöttje* des Heimatvereins Borkum e.V., www.heimatverein-borkum.de. Abdruck der Rezepte mit freundlicher Genehmigung des Heimatvereins Borkum.

Grünkohl mit Kohlwurst

b_330 mna

gern scherzhaft als „Friesenpalme". Wer das Gericht noch nicht kennt und in den Wintermonaten an der Küste weilt, sollte diese Speise unbedingt einmal probieren. **Gemüse** wird in der Küstenküche oft zu einem **kräftigen Eintopf** verarbeitet oder aber gekocht mit (Milch-)Soße und Fleischbeilage serviert. Als Beilage gibt es in der Regel Kartoffeln. Nudeln und Reis haben in Norddeutschland keine Tradition. **Kartoffeln** werden in vielen Variationen angeboten, ob als Suppe, mit Birnen oder Äpfeln, als Brei oder als Bratkartoffeln. Und **Kartoffelpuffer** werden häufig mit Krabben und Meerrettichcreme oder Lachs verfeinert.

Milchgerichte

Milchgerichte gibt es natürlich auch. Auf den Speisekarten der Milchbuden am Strand und vieler Restaurants auf Borkum steht häufig Milchreis. Es ist ein preiswertes und leckeres Gericht, das traditionell mit Zucker und Zimt oder auch mit roter Grütze gegessen wird. Das Gleiche gilt für Pfannkuchen, die süß oder deftig angeboten werden.

Kuchen und Torten

Was wären Tee oder Kaffee ohne ein Stück Kuchen? Gerade **Torten** und leckere **Obstkuchen** sind in der Inselküche ein absolutes Muss. Einer besonderen Beliebtheit erfreut sich die gehaltvolle **Ostfriesentorte.** Dazu wird Biskuitteig schichtweise mit Schlagsahne und in Branntwein eingelegten Rosinen gefüllt, die oberste Schicht besteht aus Sahne. Auch Apfeltorte und Käsekuchen haben in den meisten Cafés einen festen Platz in der Auslage.

Weltmeister im Teetrinken

Die **Hitliste der Getränke** wird im Norden und somit auch auf Borkum eindeutig vom **Schwarztee** angeführt. Daraus hat sich eine **eigenständige Teekultur** entwickelt. Die Ostfriesen sind Weltmeister im Teetrinken (→ Exkurse S. 290, 301). Es gehört in jedem Haushalt zum guten Ton, seinen Gästen eine frisch aufgebrühte Tasse Tee anzubieten, auch abends noch. Der kleine Teelöffel, der neben der Tasse liegt, dient lediglich dazu, um in die leere Tasse gestellt zu werden und damit anzuzeigen, dass man genug Tee hatte. Ansonsten schenkt der Ostfriese dem Besuch immer weiter ein. **Die Regel sind drei Tassen,** denn „dree is Oostfresenrecht". Traditionell wird an der Küste **Bier** getrunken und zwar ein gepflegtes Pils. Dazu gibt es einen klaren **Schnaps,** gern auch als **Köm** (Aquavit) gereicht.

Die Sprache: Könen ji Börkumer Platt prooten?

Einflüsse

„Sprache ist Heimat", stellte der Philosoph und Sprachwissenschaftler *Wilhelm von Humboldt* schon im 19. Jahrhundert fest. Die erste Sprache, die wir hören und zu sprechen lernen, festigt die persönlichen Wurzeln, die Beziehung zu anderen und die eigene Identität. Die Einwohner der Region an der niedersächsischen Küste sprechen **Niederdeutsch,** umgangssprachlich auch als **Plattdeutsch** oder ostfriesisch **Plattdütsk** bezeichnet. Es gibt eine Vielzahl unterschiedlicher Dialekte, die manchmal sogar von Ort zu Ort wechseln, sodass Sprachkundige schon an der Wortwahl erkennen, wo oder von wem jemand seine Sprache gelernt hat. Das Niederdeutsche hat sich aus dem **Altsächsischen** entwickelt, das zu den westgermanischen Sprachen zählt. In Niedersachsen, hauptsächlich in Ostfriesland und im Elbe-Weser-Dreieck, sowie in Schleswig-Holstein in Dithmarschen lebt die größte Sprecherzahl. In Deutschland gibt es etwa vier bis fünf Millionen Menschen, die Plattdeutsch sprechen, das sind gut **sechs Prozent der Bevölkerung.** Aber es leben auch viele Niederdeutsch – *Nedersaksisch* – sprechende Menschen im niederländischen Westfriesland sowie in anderen Gebieten in und außerhalb Deutschlands, z. B. in Dänemark, Brasilien, den USA und Kanada, also überall da, wo sich Menschen aus Norddeutschland einst niedergelassen haben. Die Sprache ähnelt dem **Englischen** und dem **Friesischen,** was an der gemeinsamen Herkunft liegt. Sie ist eine Sprachform, die in den „niederen", also den nördlichen Regionen Deutschlands beheimatet ist. Da die germanische Bevölkerung Großbritanniens ursprünglich aus dem heutigen Norddeutschland stammt, haben die **angelsächsischen Dialekte** und das **Altenglische** starke Übereinstimmungen mit dem **Niederdeutschen** bzw. **Altsächsischen.** Das Englische hat also seinen westgermanischen Grundcharakter nie verloren, und Basisworte wie Kind, Butter, Kindergarten, Schadenfreude oder Angst sind eins zu eins übertragen worden. Aber auch in Ländern wie den Niederlanden, Dänemark, Island, Schweden und Norwegen gibt es viele Ähnlichkeiten bei Worten wie Wasser, Pfanne, Salz, Milch oder Kopf. *Vater* beispielsweise heißt auf Niederdeutsch *Vadder,* Englisch *father,* Niederländisch *vader,* Friesisch *Faader,* Schwedisch und Norwegisch *far.*

„Wenn Di mal de Woorden fehlen" – kleiner ostfriesischer Sprachführer

„Sprache ist Heimat", sagte schon vor über 150 Jahren der Sprachforscher *Wilhelm von Humboldt.* So ist es nicht verwunderlich, dass sich die Einheimischen in Norddeutschlands Bundesländern auf **Niederdeutsch** unterhalten, wie der als Plattdeutsch bezeichnete Dialekt korrekt benannt wird. Die Aussprache in den verschiedenen Regionen weicht zwar voneinander ab, aber man versteht sich untereinander – sogar mit den in den Ostniederlanden lebenden **Nedersaksisch** sprechenden Menschen. Hier ein Auszug aus dem Wörterbuch für Niederdeutsch und küstenbezogene Bezeichnungen.

A

achtern – hinten
– „Ik bün achter d' Diek." – „Ich bin hinter dem Deich."
anners – anders
– „Anners noch wat?" – „Sonst noch etwas?"
ankieken – ansehen, besichtigen

B

Ballje – Badewanne, Bottich
betahlen – zahlen, bezahlen
– „Dat is 'n bietje to düür!" – „Das ist ein bisschen zu teuer!"
Billen – Hintern/Gesäßbacken
– „Kinner, de wat willen, kriegen wat vör de Billen." – „Kinder, die was wollen, kriegen was auf den Hintern."
Blanker Hans – poetisch für Nordsee/bildhafte Bezeichnung für tobende Nordsee bei Sturmfluten
blieven – bleiben
Boßel – Boßelkugel
Büdel – Beutel, Geldbeutel
Buhn – Steindamm zur Uferbefestigung

D

Dag – Tag
Dalben, Duckdalben – Pfahl, Pfahlgruppe zum Festmachen der Schiffe
Deern – Mädchen, Magd, Tochter
Diek – Deich
– „Well nich will dieken, de mutt wieken." (ostfriesisches Sprichwort) – „Wer nicht will deichen, der muss weichen." – Wer sich nicht am Deichbau beteiligen will, muss sein Land verlassen.
Dingsdag – Dienstag
Dönnerdag – Donnerstag
Dörp – Dorf
Dwarsloper – Strandkrabbe, „Querläufer"

E

een – einer, eine, jemand, irgendeiner, man
– „Is daar een?" – „Ist da jemand?"
Etenstied – Essenszeit
ehrgüstern – vorgestern

F

Füür – Feuer, auch leuchtendes Seezeichen, z. B. Leuchtfeuer, Quermarkenfeuer
Fisk – Fisch
Fredag – Freitag
Frees – Friese
Freesland – Friesland
„Holl di **fuchtig!**" – Abschiedsgruß (unter Menschen, die sich vertraut sind)

G

Gatt – (tiefe) Strömungsrinne im Watt, z. B. zwischen den Ostfriesischen Inseln
Geest – an die Marsch angrenzendes gehobenes Land eiszeitlicher Herkunft
Geldbüdel – Geldbeutel
gliek – gleich, sofort
Gröönkohl – Grünkohl
Groden – aus der See gewonnenes flaches Marschland (auch *Polder* oder *Koog*)
güüst – trocken, unfruchtbar

H

Heck – Achterschiff, Weidegatter
heten – heißen
– „Wo heetst du?" – „Wie heißt du?"

Heller – Deichvorland
Hör – Anredeform für Sie/Ihnen
– „Wo geiht Hör dat?" – „Wie geht es Ihnen?"
Huus – Haus

I

Ies – Eis
insett Bohnen – Schnippelbohnen (ostfriesisches Gericht)

J

Jack – Jacke
ja – ja
juchtern – herumtoben

K

Karnmelksbreei – Buttermilchbrei (ostfriesische Milchspeise)
kieken – gucken, sehen, schauen
Kieker – Fernglas
Kiekut – Aussichtspunkt
Kimm – Horizont
Kinner – Kinder
Klipp – Felsenklippe bzw. steile Abbruchkante der Geestküste
Klock – Uhr
klönen – sich gemütlich unterhalten
Klöönsnack – Unterhaltung
Klootscheten – Klootschießen (neben Boßeln der zweite ostfriesische Nationalsport)
Kluntje – Kandiszucker
Koffje – Kaffee
Kümo – Abkürzung für „Küstenmotorschiff"
Kuur – Schnaps

L

Land unner – Überschwemmung
– „Nu is Land unner." – „Jetzt ist das Land überschwemmt."
leev – lieb
– „Ik hebb di leev." – „Ich liebe Dich."
lüttjet – klein

M

Maandag – Montag
maken – machen
– „Maken wi al!" – „Wird schon erledigt!"
Marsch – Schwemmland, durch Landgewinnung entstanden
Middag – Mittag
Middeweek – Mittwoch
Moder – Mutter
Moin – ostfriesischer Gruß zu jeder Tageszeit, entspricht etwa „Hallo"
– „Moin mitnanner." – „Guten Tag zusammen."

N

nee – nein
nüms – niemand

O

Och Heer! – Ach herrje!
Olldag – Alltag
Oostfreesland – Ostfriesland

P

Plaat – Sandbank
Potteten – Eintopf
Pricke – besenartiges Seezeichen im Watt, markiert die Fahrrinne
Priel – Wasserrinne im Watt

Q

quaad – böse, gemein
Quall – Qualle

R

Reet – trockenes Schilfgras zum Dachdecken
Rieg – Reihe
– „Du büst an de Rieg." – „Du bist an der Reihe."
Rötelmoors – Plaudertasche
Ruder – Steuerrad eines Schiffs

S

sabbeln – quasseln
Sand – Sandbank, flache Sandinsel

Saterdag – Samstag, Sonnabend
Schart – Durchlass im Deich, durch den ein Verkehrsweg führt
Snack – Gespräch, Unterhaltung
snacken – reden
Siel – verschließbarer Gewässerdurchlass in einem Deich
Slaapstuuv – Schlafzimmer
Sliek – Schlick, Schlamm des Meeres
Smacht – Hunger
Sömmer – Sommer
Stöövke – Stövchen, Teewärmer
Stuuv – Wohnzimmer
Stuut – Weißbrot
Sönndag – Sonntag
Sünn – Sonne

T

Teenöös – Teeliebhaber, „Teenase"
Tied – Zeit
– „Ach du leve Tied!" – „Ach du liebe Zeit!"
Tünn – Tonne
twee – zwei

U

unnergahn – untergehen
upstahn – aufstehen

V

Vader – Vater
van – von
Vörjahr – Frühjahr
Vörmiddag – Vormittag

W

waar – wo
– „Waar willen Se denn hen?" – „Wo wollen Sie denn hin?"
Wadd – Watt
Weer – Wetter
Week – Woche
Wien – Wein
Wulkje – Wölkchen, Sahnewolke (auch „Wölkchen" der Sahne im Tee, → „Teezeremonie")
Wuddel – Wurzel

Eine eigene Sprache?

Das Niederdeutsche weicht erheblich vom Hochdeutschen ab. Wenn man zuhört, assoziiert man sofort eine Mischung aus **Englisch, Hochdeutsch und Niederländisch.** Mit etwas Übung lässt sich aber ganz gut verstehen, was die Leute sagen. Die Sprache hat einen **eigenständigen Wortschatz** und auch eine **eigene Grammatik.** Erst in der Mitte des 19. Jahrhunderts fand Niederdeutsch auch in der Literatur Verwendung, zum Beispiel in einigen Dialogen aus Thomas Manns Roman „Buddenbrooks". Ob es sich beim Niederdeutsch um eine eigene Sprache oder um einen Dialekt handelt, ist wissenschaftlich umstritten, aber die Unterschiede zum Hochdeutschen sprechen überwiegend dafür, dass **Plattdeutsch keine Mundart,** sondern eine **eigene Sprache ist.** In den Niederlanden und in Deutschland ist es durch die **Sprachencharta des Europarats** offiziell anerkannt und geschützt und es gilt in Norddeutschland auch als Amtssprache. 75 Prozent der Einwohner im Sprachgebiet haben passive Sprachkenntnisse.

Entwicklung der niederdeutschen Sprache

Einst war Niederdeutsch nur eine gesprochene Sprache. Das änderte sich aber. In der Zeit zwischen 1200 und 1600 entwickelte es sich zu einer bedeutenden **Schriftsprache.** Sie wurde neben Latein in Urkunden und Gesetzen verwendet, es gab Ende des 15. Jahrhunderts mit der Kölner und der Lübecker Bibel sogar **niederdeutsche Fassungen der Heiligen Schrift.** Im 16. Jahrhundert nahm die Bedeutung als Schriftsprache jedoch nach und nach ab. Als regionale Sprache wurde Niederdeutsch mündlich aber lange weiterverwendet, während es in der Schrift vom Hochdeutschen Stück für Stück verdrängt wurde und sowohl Funktion als auch Prestige verlor – erst Mitte des 19. Jahrhunderts wurde Niederdeutsch erneut verschriftlicht.

Die Sprache auf Borkum

Ursprünglich sprach man auf Borkum **Mittelniederdeutsch** und während der Zeit der Hanse das sogenannte **Hanseplatt,** das sich stark im Börkumer Platt niederschlug. Mitte des 16. Jahrhunderts kamen viele Calvinisten als Glaubensflüchtlinge aus den niederländischen Provinzen nach Emden. Die Borkumer, Emder und die Bewohner entlang der Ems wurden **reformierte Christen** und sprachen ebenfalls Plattdeutsch. Ihrer Ansicht nach hatte Luther die Bibel nicht korrekt ins Hochdeutsche übersetzt. Als Reformierte predigten, beteten und sangen sie deshalb **Niederländisch** und führten auch die Kirchenbücher, die während dieser Zeit einen amtlichen Charakter hatten, in dieser Sprache. Ostfriesland kam 1744 zu **Preußen** und das führte **Hochdeutsch als Amtssprache** ein. Nach Börkumer Platt und Niederländisch hatten die Borkumer nun noch eine dritte Sprache zu lernen, wenngleich sie diese in erster Linie nur auf einem festländischen Amt benötigten. Das alltagssprachliche niederländische Eigenleben der reformierten Borkumer passte den Festländern aber nicht, denn das Fürstenhaus Aurich gehörte zu den Lutheranern und man sprach dort Hochdeutsch. Per Dekret wurde 1828 die deutsche Sprache „eingeführt".

Gegenwehr

Es kam zu **Protesten** und viel Widerspruch, Hochdeutsch konnte sich bei den Borkumern nicht durchsetzen. 1850 wurde immer noch niederländisch geschrieben, wie man auch an einem alten Reisebericht aus Italien sehen kann, den ein Borkumer für seine Mutter schrieb und der mit „Eerwaarde Muuder" (Ehrenwerte Mutter) beginnt. Noch 1860 baten die Borkumer Pastoren darum, weiterhin auf Niederländisch predigen zu dürfen, besonders während der Wintermonate, weil die Gemeindemitglieder dringlichst darum gebeten hätten. In den Familien wurde nach

Vertellsel in plattdütse Börkumer Maudersprake

De gaude Tunge van de Skipper

Sin Name is vandage vergeten. Heej kwamm ut Nörddiek un was Kaptein up ein lüttje Kümo. De Lü hebben vertellt, dat disse Kaptein ein heil besünder Keerl was. Heej wuss alltied genou op Water, waar sien Skipp was. Heej gung elke Avend – uk bi mall Weer – um acht Ühr in de Koje, man he harr Order geven, dat de Bestmann hum alle Stünde dat Loot brengen sull. För Landrötten: Dat is ein Liene mit ein Stück Blei dran un hiermit kann man de Deipde meeten.

As de Matrose mit dat Lood bi sein Koje kwamm, slickte heej an dat Underende un see genou, waar seej nu mit dat Skip wassen. Un dat was alltied so akkeraat as ein Karkenreeken. De junge Keerl bi hum an Boord kwamm d'r neit achter, hau sin Kaptein dat maakt hett. Dat kann ja wall neit angahn, dat de olde Kaptein mit de Tunge preuven kann, waar de Position van't Skip was.

Un dann hett sück de Matrose wat utdocht. Heej hett dat Underende van dat Lood döör ein Tuffelkiste trucken. Achteran smeet heej de Baul in't Water, truck hum weer hoog un gung na de Kaptein:, „hau wiet bin wi van Nörddiek off?"

De Baas slickde mit sien Tunge an dat natte Lood. Miteins jumpde heej umhoog, leip in Hund-jedrafft an Deck und reip sien Lü tau: „Junges! Nörddiek is undergahn un liggt heil und all in't Water! Wi fahren jüst over Jan Poppingas Tune!"

wie vor viel Holländisch gesprochen. Eine **letzte Schonfrist bis 1862** wurde noch gewährt, dann war Schluss. **Hochdeutsch sollte mit aller Macht durchgesetzt werden.** Es entwickelte sich daraufhin ein Inseldialekt mit besonderen Eigentümlichkeiten, der sich vom am Festland gesprochenen Niederdeutsch im Detail auch heute noch spürbar unterscheidet.

Sprachliche Eigenständigkeit bewahrt

„Die Sprache auf Borkum ist diejenige des westlichen Teils des Festlands von Ostfriesland, sie zeichnet sich aber von den meisten anderen plattdeutschen Mundarten durch besonderen Wohlklang aus", so schrieb schon im März 1897 der Hauptlehrer *B. Huismann* in seinem Buch über „Die Nordseeinsel Borkum einst und jetzt". Die Sprache hat viel Ähnlichkeit mit dem **Groninger**

Eine Geschichte auf Börkumer Platt

Des Schiffers gute Zunge

Sein Name ist heute vergessen. Er kam aus Norddeich und war Kapitän auf einem kleinen Küstenmotorschiff. Die Leute erzählten, dass dieser Kapitän ein ganz besonderer Kerl war. Er wusste auf dem Wasser immer ganz genau, wo sein Schiff war. Er ging jeden Abend – auch bei schlechtem Wetter – um acht Uhr in die Koje und gab die Anweisung, dass sein Bestmann (ein erfahrener Matrose) ihm jede Stunde das Lot bringen sollte. Für Landratten: Das ist eine Leine mit einem Stück Blei und hiermit kann man die Meerestiefe messen.

Wenn der Matrose mit dem Lot zu seiner Koje kam, leckte er am Unterende und sagte genau, wo sie mit dem Schiff waren. Und das war immer so präzise wie eine Kirchenrechnung. Der junge Mann, der bei ihm an Bord war, kam nicht dahinter, wie sein Kapitän das machte. Das konnte ja nicht angehen, dass der alte Kapitän mit der Zunge feststellen konnte, wo die Position des Schiffes war.

Und da hatte der Matrose eine Idee. Er zog das Unterende von dem Lot durch eine leere Kartoffelkiste. Danach warf er den ganzen Kram ins Wasser, zog die Leine wieder hoch, ging zum Kapitän, präsentierte ihm das Lot und fragte: „Kapitän, wie weit sind wir von Norddeich entfernt?"

Der Chef leckte mit der Zunge an dem nassen Lot. Plötzlich sprang er hoch, lief (im Hundetrab) eilig an Deck und rief seinen Leuten zu: „Jungs! Norddeich ist untergegangen und alles liegt im Wasser! Wir fahren gerade über den Garten von Jan Poppinga!"

Platt, das im gleichnamigen Gebiet in den Niederlanden gesprochen wird.

Die Verdängung des Niederdeutschen

Niederdeutsch war die Sprache der **„kleinen Leute"**, wer etwas auf sich hielt, sprach Hochdeutsch und die Verbreitung des Niederdeutschen wurde besonders im Zuge der Industrialisierung und Verstädterung immer geringer. Seit Mitte des 20. Jahrhunderts war es dann auch in den küstennahen Schulen Pflicht, **Hochdeutsch** zu lernen. Als die **Zeitungen** ebenfalls auf Hochdeutsch schrieben, wurde dieses zur neuen Gemeinschaftssprache und verdrängte das Niederdeutsche auch aus den meisten Familien. Hinzu kam, dass im und nach dem Zweiten Weltkrieg viele Zuwanderer aus anderen Sprachgebieten nach Norddeutschland übersiedelten, sodass Plattdütsk als gebräuchliche Sprache der Einheimischen spätestens seit den 1960er-Jahren massiv erodierte.

Börkumer Platt

Das Börkumer Platt wird heute nicht mehr wie früher von den meisten Borkumern gesprochen. Es gab Zeiten, in denen es verpönt war, in Mundart zu kommunizieren und heute gibt es viele Zuwanderer vom Festland, die Hochdeutsch oder andere regionale Dialekte verwenden oder ihre Wurzeln im Ausland haben. In den 1980er-Jahren stellte der Borkumer Altbürgermeister *Hermann van Dyken* fest: *„Wenn man vandage achter de Klaasohm anlöppt, waat de'r meer Lüthers Proot as unse moije Börkumer Platt"*. Das bedeutet so viel wie: *„Wenn man hinter Klaasohm herläuft, hört man mehr Hochdeutsch als unser schönes Börkumer Platt"* (→ Exkurs „Von Borkumern für Borkumer – der Brauch ‚Klaasohm'", S. 282: Es handelt sich um einen wichtigen Feiertag der Borkumer am 5. Dezember). Die älteren Einheimischen verständigen sich jedoch nach wie vor im Börkumer Platt und **auch die Jungen** tragen wieder viel zum **Erhalt der Heimatsprache** bei.

Dass sich die alten Regionalsprachen wie auch das Börkumer Platt heute wieder **größerer Beliebtheit** erfreuen, ist erstaunlicherweise einem Amerikaner zu verdanken. Der 1938 in Boston geborene und 2019 in Leer verstorbene Germanist *Marron Curtis Fort* spezialisierte sich auf die **Erforschung der saterfriesischen und niederdeutschen Sprache.** Er besaß die deutsche Staatsbürgerschaft und war lange Jahre bis zu seiner Pensionierung an der Universität Oldenburg tätig. Für seine Bemühungen um die friesische Sprache wurde er mit verschiedenen Medaillen ausgezeichnet und erhielt am 1. September 2015 dafür das **Bundesverdienstkreuz am Bande.**

Die Renaissance des Niederdeutschen

Heute wird an vielen Orten in Norddeutschland aktiv versucht, **das Niederdeutsche wiederzubeleben.** Es gibt eine Supermarktkette, die in Norddeutschland damit wirbt, zweisprachig zu sein und auch die Beschriftung der Regalreihen im örtlichen Laden wird ins Niederdeutsche übersetzt. Eine immer größer werdende Zahl von Autoren, beispielsweise *Jutta Oltmanns,* setzt sich ebenfalls für den aktiven Sprachgebrauch ein, es werden **mehr und mehr Bücher in Niederdeutsch** geschrieben, und es gibt inzwischen sogar im Internet einige Wörterbücher und hilfreiche Sprachlektionen für den Fall, dass einem einmal sprich-

Die Bienenköniginnen von Borkum

Sogenannte **Belegstellen für Bienen** dienen dazu, junge, unbegattete Bienenköniginnen derselben Rasse zur **Zucht von Honigbienen** durch Drohnen zu befruchten. Kurioserweise wird seit 50 Jahren die Bienenbelegstelle in der Borkumer Reedestraße durch den **Imkerverein Leverkusen** betreut, der die Idee hatte und die Borkumer Bienenbelegstelle ins Leben rief. Der Bienenbelegstellenleiter *Rudi Bauer* hat eine wichtige Aufgabe. Er muss die von Imkern eingeschickten und noch unbegatteten Bienenköniginnen für die Zucht von Bienen der Rasse *Carnica* einsetzen, damit erwünschte genetische Anlagen in das Erbgut gelangen. Die Belegstelle auf Borkum wird von vielen Carnica-Züchtern aus dem In- und Ausland beschickt. War die Begattung der Königinnen erfolgreich, wird die befruchtete Königin mitsamt ihren Arbeiterbienen in einem kleinen Paket wieder an den Imker zurückgeschickt. Natürlich gibt es ein offizielles Zertifikat, dass es sich um eine **echte „Inselkönigin"** handelt.

Doch warum werden die Bienenköniginnen überhaupt verschickt? Ein besserer Ort für eine **reinrassige Zucht** als eine Insel ist kaum vorstellbar. Die **isolierte Lage** sorgt dafür, dass keine anderen Honigbienen vom Festland dorthin fliegen. Es bieten sich also perfekte Rahmenbedingungen, um auszuschließen, dass die Bienenkönigin von einer zu einer anderen Bienenrasse gehörenden Drohne befruchtet wird.

Die Borkumer Bienenbelegstelle liegt am Rande der Greunen Stee. Die kleinen Völker mit nur wenigen hundert Bienen und einer Bienenkönigin kommen nach ihrer Ankunft auf der Insel in die sogenannten **Aufzuchtkästchen.** Die Bienenkönigin hat nun zwei bis drei Wochen Zeit, um ihre sogenannten **Hochzeits- oder Begattungsflüge** zu unternehmen. Die kurze Zeitspanne, in der das überhaupt möglich ist, liegt zwischen Ende April und Mitte Juni.

Um Zeit und Kraft zu sparen, sind in der Nähe der Aufzuchtkästen sogenannte **Vatervölker** unterbracht. Acht bis zehn Tage nach dem Schlüpfen sind die männlichen Bienen bereits geschlechtsreif und schwärmen aus. Die **reinrassigen Drohnen** sammeln sich an den Sammelplätzen in einer Höhe von rd. zehn Metern und warten darauf, dass sie ihren Samen an eine Bienenkönigin weitergeben dürfen. Das Leben der Drohnen ist nur von kurzer Dauer, denn ihr einziger Zweck ist es, ihren Samen weiterzugeben. Maximal fünfzehn Zuchtdrohnen kommen während des Inselaufenthalts einer Bienenkönigin zum Zug. Quasi noch während der Begattung stirbt die Drohne und fällt tot zu Boden. Die übrigen Drohnen, die ihre Samen nicht weitergeben konnten, leben vielleicht noch ein wenig länger. Aber sie werden in ihren Bienenstöcken nicht mehr aufgenommen und müssen in der Regel nach wenigen Tagen verhungern. Die Aufzucht der Bienen übernehmen die **Ammen.**

Der Bienenbelegstellenleiter kontrolliert regelmäßig die Brutwaben in den Aufzuchthäuschen, um zu sehen, ob die Königin in die Eiablage gegangen ist. Ist das der glückliche Fall, wird das **neue Bienenvolk** wieder zurück ans Festland geschickt.

wörtlich die Worte fehlen (→ Infokasten „Wörterbuch“, S. 308). Eine gebräuchliche oder **verbindliche Rechtschreibung** gibt es jedoch bis heute nicht, vielmehr benutzen Sprachwissenschaftler eine **phonetische Transkription,** die die Laute wiedergibt – wobei die Aussprache natürlich von Region zu Region unterschiedlich sein kann. Erstaunlicherweise haben sich viele Worte aus dem Niederdeutschen ins Hochdeutsche übertragen, vor allem in der Fachsprache der Seefahrt Begriffe wie Bug, Heck, Reling, Steven oder ein- und ausscheren. Zur deutschen Standardsprache zählen inzwischen aber auch ursprünglich aus dem Plattdeutschen stammende Worte wie Bernstein, Laken, Lappen, Mettwurst, Ufer, Hafen, verrotten oder binnen. Sogar der umgangssprachliche Trecker statt Traktor dürfte fast allen Deutschen bekannt sein. Und wenn es mal an etwas „hapert“, jemand „pinkeln“ muss oder sich „klamm“ fühlt, wird das Gesagte vermutlich verstanden werden, obwohl die Wörter plattdeutschen Ursprungs sind.

Jan Schneeberg, Sprachexperte des Börkumer Platt, hat freundlicherweise für dieses Buch eine Geschichte nebst Übersetzung zur Verfügung gestellt (→ Exkurs S. 312). Auch das nachfolgende Gedicht soll die **Gemeinsamkeiten und Unterschiede** zwischen Niederdeutsch und Hochdeutsch zeigen:

Teetied

Toeerst de Kluntje unnerndrin,
nu schenk de heete Tee man in.
Denn sall dat Knistern di beglücken,
wenn d'Kluntje fallt in Stücken.

En Lepel Rohm noch – is dat klaar,
kummt bold dat Wulkje wunnerbaar,
denn Sluck för Sluck de Tee proberen,
man ja nich mit de Lepel röhren!

Un is de Teestünn denn vörbi,
puust ut dat Lücht – dat raa ik di!

Teestunde

Zuerst das Kandisstück unten rein,
dann schenke den heißen Tee ein.
Dann soll Dich das Knistern beglücken,
wenn das Kandisstück fällt in Stücken.

Ein Löffel Rahm noch, das ist klar,
dann kommt bald das Wölkchen (hoch), wunderbar.
Dann Schluck für Schluck den Tee probieren,
und bloß nicht mit dem Löffel (um)rühren.

Und wenn die Teestunde ist vorbei,
puste bloß die Kerze (vom Stövchen) aus,
das rate ich Dir.

(Verfasser unbekannt)

Wer mehr zu den **sprachlichen Eigenheiten des Börkumer Platt** wissen möchte, kann auf der Internetseite www.alt-borkum.de oder im Hörbuch „Hier bin ik tau Huus“, CD mit Textbuch, erschienen 2016 im BurkanaVerlag, einige Beispiele hören und lesen, die *Jan Schneeberg* zusammengetragen hat. Weitere Details lassen sich nachlesen im Buch „Die Nordseeinsel Borkum einst und jetzt“ von *B. Huismann* aus dem Jahr 1897, neu herausgegeben 1979 als unveränderter Nachdruck im Verlag Schuster in Leer (→ Literaturhinweise im Anhang).

„Moin“

Zum Schluss noch eine Anmerkung zu einer sprachlichen Besonderheit, die – mit Ausnahme von Helgoland – für weite Teile Norddeutschlands gilt: Als Gast sollte man auf jeden Fall mindestens die **übliche Grußformel** „Moin“ kennen. Das Wort ist eine Verballhornung bzw. Verkürzung von „Guten Morgen“, im angrenzenden groningischen Sprachgebrauch in den Niederlanden ist es zu „moi“ statt wie sonst „mooi“ mutiert. Im Niederdeutschen bedeutet es „schön“ oder „gut“. Man benutzt das Grußwort Moin **von früh bis spät,** unabhängig von der Tageszeit, so wie die Bayern „Grüß Gott“ sagen, auch wenn sie aus der Kirche ausgetreten sind.

b_393 mna

7 Anhang

Strandkörbe und -zelte direkt an der Wasserkante

Literaturhinweise

Historisches

- *Huismann, B.:* **Die Nordseeinsel Borkum einst und jetzt,** Verlag M. Wilkens, Keer, 1897. Unveränderter Nachdruck von 1979 im Verlag Schuster, Leer. Historische Abhandlung über die Insel Borkum.
- *Neumann, Peter:* **Respekt – 150 Jahre Deutsche Gesellschaft zur Rettung Schiffbrüchiger,** Koehlers V. G., Hamburg, 2015. Viel Wissenswertes über und eine Hommage an die Seenotretter der DGzRS, die Flotte und ihre Geschichte.
- *Richter, Werner (Hrsg.):* **Borkum – die Urlaubskarte,** SI-Verlag, Berlin. Kleine nützliche Faltkarte mit detailliertem Stadt- und Inselplan.
- *Ulsamer, Gregor:* **Borkums Leuchtfeuer – Geschichte und Technik,** Eigenverlag, Borkum, 2010. Das Buch beschreibt detailliert die Geschichte und Technik der Leuchtfeuer Borkums inklusive Fotos und Zeichnungen.
- *Ulsamer, Gregor:* **Feuerschiff Borkumriff,** VDE Verlag 1997. Nur antiquarisch erhältlich ist dieses Buch mit einer lesenswerten Beschreibung der Entwicklung der Kommunikationstechnik.

Belletristik

- *Günay, Hatice/Steemann, Unetta:* **Frau Hatice,** BurkanaVerlag, Borkum Berlin, 2018. Das Buch handelt von der wahren Geschichte einer starken, kleinen Frau und einer gelungenen Integration auf der Insel.
- *Lott, Sylvia:* **Die Inselfrauen,** blanvalet Verlag, München 2016. Der unterhaltsame Roman spielt auf Borkum und handelt von einer Tante und ihrer Nichte, die gemeinsam Zeit auf der Insel verbringen, nachdem die Tante nach 40 Jahren erstmals wieder zurückgekehrt ist.
- *Schneider, Wolf E./Zogel, Jörg:* **Strandung vor Borkum – der Untergang der Teeswood,** BurkanaVerlag, Borkum Berlin, 2011. Das bis heute prägende Erlebnis dieses Schiffsuntergangs wird hier erzählt, ergänzt mit eindrucksvollen Illustrationen des Malers und Seenotretters Jörg Zogel.

Bildbände

- *Bloem, Holger/Stromann, Martin:* **Borkum – Nordseeinsel unter weitem Himmel,** Ostfriesland-Verlag, Norden, 2021. Der schöne Bildband mit den Fotos des renommierten Fotografen *Martin Stromann* entführt in die bezaubernde Landschaft der Nordseeinsel.

■ *Gemeinsames Wattenmeersekretariat (Hrsg.):* **Das Wattenmeer – Kulturlandschaft vor und hinter den Deichen,** Theiss Verlag, Stuttgart 2005. Ein faszinierender Bildband, der die ganze Vielfalt des Wattenmeers mit kultureller Vergangenheit und Gegenwart zeigt.

Bücher für Kinder

■ **Henrys Borkum** – Das Kinder-Ferienbuch zum Malen und Lesen, erhältlich in verschiedenen Geschäften auf Borkum und unter www.henrys-borkum.de. Ebenfalls gibt es auf der Internetseite zwei Bücher mit schönen Schwarz-Weiß-Fotografien der Insel aus den 1950er- und 1960er-Jahren, die von Henry Grabowski, dem früheren Vorstand der Borkumer Kleinbahn und der Reederei AG Ems stammen, der ein leidenschaftlicher Hobbyfotograf war.

■ *Ahlborn, Silke:* **Natur-Erlebnisbuch Nordsee (STRAND-Detektive),** Wachholtz-Verlag, Kiel, 2016. Kinder ab sieben Jahren gehen mit diesem Buch auf Entdeckertour, indem sie im Watt, Wasser und am Spülsaum, aber auch in den Dünen und Salzwiesen schnuppern, ausprobieren und experimentieren können.

■ *Haag, Holger:* **Was lebt an Strand und Küste?** Franckh Kosmos Verlag, Stuttgart, 2018. Ein unterhaltsamer Naturführer mit 85 Bildtafeln und Erklärungen über heimische Tiere und Pflanzen.

■ *Meeuw, Niklas/Schneeberg, Jan:* **Unse Sprake – unse Heimat – uns Börkumer Platt.** BurkanaVerlag, Borkum Berlin, 2019. Ein Wörterbuch für Kinder und Jugendliche, die das Börkumer Platt sprechen wollen. Spielerisch können sie neue Worte entdecken und an den Geschichten von Jan Schneeberg ihr neues Wissen erproben.

■ *Wilhelmsen, Ute/Wild, Susanne:* **Watt für Entdecker,** Wachholtz-Verlag, Kiel, 2011. Eine Entdeckungsreise durchs Watt für Kinder.

Plattdeutsch

■ *Akkermann, Albertus:* **Laat Jo neet unnerkriegen,** Eigenverlag 2020. Der singende Wattführer der Insel Borkum singt eigene, sehr persönliche Lieder, die er selbst mit dem Schifferklavier untermalt. Die CD ist in verschiedenen Geschäften auf Borkum erhältlich.

■ *Schneeberg, Jan:* **Hier bin ik tau Huus – Vertellsels in unse Plattdütse Börkumer Maudersprake,** BurkanaVerlag, Borkum Berlin, 2016. CD inklusive Textbuch als Hörbuch mit Geschichten auf Börkumer Platt, eingesprochen von einem echten Borkumer Insulaner.

Kochen

- *Kookklöttje des Heimatvereins der Insel Borkum e.V., Hrsg.:* **Smakelk Eeten – die traditionelle Borkumer Küche.** Veröffentlichung des Heimatvereins, zu beziehen im Inselmuseum Dykhus und beim Heimatverein. Unterhaltsames Kochbuch mit kleinen Geschichten über die historische Inselküche und Rezepten aus alten Familienkochbüchern.
- *Schneider, Wolf E./Brückner, Karl Friedrich/Wybrands, Klaus-D.:* **Die kochenden Seenotretter,** BurkanaVerlag, Borkum Berlin, 2017. Unterhaltsame Geschichten von zwei Rettungsmännern und deren Rezepte zur Versorgung der Crew.

Krimi

- *Aukes, Ocke:* **Haie auf Borkum,** emons-Verlag, Köln, 2022. Der Inselkrimi bietet vergnügliche und leichte Krimi-Kost. Die Autorin lebt auf Borkum und hat bereits eine ganze Reihe von unterhaltsamen Krimis geschrieben.
- *Wolff, Ele:* **Ebbe und Wut,** Klarant-Verlag, Bremen, 2020. Borkum-Krimi um die Ermittlerin *Janneke Hoogestraat,* die den gewaltsamen Tod des Hoteliers *Leonardo Solano* aufklären soll.

Natur

- *Gröhn, Carsten:* **Bernstein suchen und finden,** Wachholtz-Verlag, Kiel, 2015. Abbildungen und übersichtliche Erklärungen informieren kurz und knapp über Herkunft, Eigenschaften und Einschlüsse von Bernstein, mit denen sich unterwegs mit etwas Glück die schönsten Bernsteine finden lassen.
- *Haag, Holger:* **Welcher Vogel ist das? Strand und Küste,** Franckh Kosmos Verlag, Stuttgart, 2013. 78 der bekanntesten Vögel von Strand und Küste werden in diesem praktischen Naturführer im Portrait vorgestellt, die typischen Merkmale und die hervorragenden Fotos machen das Bestimmen sehr einfach.
- *Janke, Klaus/Kremer, Bruno P.:* **Düne, Strand und Wattenmeer – Tiere und Pflanzen unserer Küsten,** Franckh Kosmos Verlag, Stuttgart, 2018. Der Naturführer beantwortet die häufigsten Fragen zu 400 Arten, die an der Küste heimisch sind.
- *Meier, Dirk:* **Weltnaturerbe Wattenmeer – Kulturlandschaft ohne Grenzen,** Boyens Buchverlag, Heide, 2010. Die Küstenlandschaft steht immer mehr im Spannungsfeld zwischen Natur- und Küstenschutz, das Buch setzt sich mit diesem Thema auseinander.
- *Meier, Dirk:* **Naturgewalten im Weltnaturerbe Wattenmeer,** Boyens Buchverlag, 2012. Das Buch liefert einen profunden Einblick in die wechselvolle Geschichte der einzigartigen Landschaft Wattenmeer.

- *Rudolph, Frank:* **Strandsteine – Sammeln und Bestimmen,** Wachholtz-Verlag, Kiel, 16. Auflage 2016. Ideal für Steinesammler, denn mit diesem Buch lässt sich auch ohne Vorkenntnisse leicht nachvollziehen, welches Alter, Herkunft, Entstehung und Zusammensetzung die gemachten Strandfunde haben.
- *Thorenmeier, Claudia:* **Borkums Schätze der Natur – alles Wissenswerte über Borkums Flora und Fauna,** BurkanaVerlag, Borkum Berlin, 2016. In diesem Band sind mehrere Touren beschrieben, mit denen man die vielseitige Landschaft Borkums entdecken kann und dabei viel Wissenswertes erfährt.
- **Tierstimmen am Strand** aus der Reihe Kosmos-Naturführer, Kosmos-Verlag, Stuttgart, 2017. Kleiner Naturführer mit CD und Bestimmungshilfe für 40 Tiere, die Stimmen lassen sich aufs Handy übertragen und unterwegs anhören.
- *Wilhelmsen, Ute:* **Was lebt an Strand und Küste?** Franckh Kosmos Verlag, Stuttgart, 2016. Schöner, kleiner und handlicher Naturführer für Erwachsene, mit dem sich 142 der bekanntesten Tier- und Pflanzenarten leicht bestimmen lassen.

UNSER TIPP: Auf dem **Nationalparkschiff** und in den **Buchhandlungen** sind handliche, wasserdicht laminierte **Klapptafeln** erhältlich zu verschiedenen Themen wie Pflanzen, Vogelwelt, Zugvögel, Brutvögel, Funde im Watt und am Strand sowie Vogelfedern am Meer. Sie lassen sich gut transportieren, und man lernt auf seinen Streifzügen durch die Landschaft viel über die Natur.

Nützliche Apps

- **Beachexplorer:** www.beachexplorer.org. **App,** mit der man seine Strandfunde melden oder selbst nach Unbekanntem suchen kann.
- **Buienradar:** www.buienradar.nl. **Wetter-App** aus Holland mit sehr zuverlässigen Prognosen für Borkum.
- **Flora Incognita: App** der Technischen Universität Ilmenau, die beim Erkennen von Pflanzen sehr nützlich ist. Einfach Pflanze fotografieren und suchen lassen, die Infos kommen schnell und zuverlässig aufs Handy.
- **WeatherPro:** Eine sehr professionell gemachte **Bezahl-App,** die viele Details zum Wetter vermittelt.
- **Windfinder:** www.windfinder.com. **Wetter-App** mit Gezeiten, beliebt vor allem bei Seglern.
- **Zwitschern!:** Eine **App,** die zum Identifizieren von Vögeln hilfreich ist. Man kann ihren Gesang hören und Suchen.

b_350 mna

Sommerferien in Deutschland

Bundesland	2023	2024	2025
Baden-Württemberg	27.07.–09.09.	25.07.–07.09.	31.07.–13.09.
Bayern	31.07.–11.09.	29.07.–09.09.	04.08.–15.09.
Berlin	13.07.–25.08.	18.07.–30.08.	24.07.–06.09.
Brandenburg	13.07.–26.08.	18.07.–31.08.	24.07.–06.09.
Bremen	06.07.–16.08.	24.06.–02.08.	03.07.–13.08.
Hamburg	13.07.–23.08.	18.07.–28.08.	24.07.–03.09.
Hessen	24.07.–01.09.	15.07.–23.08.	07.07.–15.08.
Mecklenburg-Vorpommern	17.07.–26.08.	22.07.–31.08.	28.07.–06.09.
Niedersachsen	06.07.–16.08.	24.06.–2.08.	03.07.–13.08.
Nordrhein-Westfalen	22.06.–04.08.	08.07.–20.08.	14.07.–26.08.
Rheinland-Pfalz	24.07.–01.09.	15.07.–23.08.	07.07.–15.08.
Saarland	24.07.–01.09.	15.07.–23.08.	07.07.–15.08.
Sachsen	10.07.–18.08.	20.06.–02.08.	28.06.–08.08.
Sachsen-Anhalt	06.07.–16.08.	24.06.–03.08.	28.06.–08.08.
Schleswig-Holstein	17.07.–26.08.	22.07.–31.08.	28.07.–06.09.
Thüringen	10.07.–19.08.	20.06.–31.07.	28.06.–08.08.

... für den kleinen Urlaub zu Hause

www.rumeln-maritim.de

Borkum – Lüttje Geschichte der Insel

Jens Bald

Ob die Frühgeschichte der Insel, der Walfang, der Ausbau zur Seefestung, die Entwicklung zum Badeort, oder der Bau der Kleinbahn – alle wichtigen Themen der Geschichte Borkums sind kompakt und unterhaltsam zusammengestellt.

Neu!

Format A5, 208 Seiten, 160 Abbildungen
24,– €
ISBN 978 -3-00-070665-3

Havarien, Hoffnungen, Helfer – Schiffsunglücke in der Emsmündung und vor Borkum

Jens Bald

Von der Römerzeit bis in die Gegenwartschildert das Buch kompakt und spannend die Geschichte von Schiffsunglücken in der Emsmündung und des Seenotrettungswesens auf Borkum.

2. überarbeitete und ergänzte Auflage
Format A5, 160 Seiten, 90 Abbildungen, z. T. in Farbe
15,– €
ISBN 978-3-00-061431-6

Feuerschiff Borkumriff

Gregor Ulsamer

Die Geschichte des Seezeichen- und Nachrichtenwesens an der Küste von 1875 bis zur Gegenwart dargestellt an den Feuerschiffen auf der Position Borkumriff.

Format A5, 246 Seiten, 220 Abbildungen, davon 30 in Farbe
21,80 €
ISBN 978-3-00-056887-9

Borkum – Festung im Meer

Volker Apfeld

Das Buch schildert die fast 100jährige Geschichte des Marinestandortes Borkum und zeigt wie sehr die Insel durch das Militär geprägt wurde.

Format A5, 160 Seiten, 140 Fotos, davon 30 in Farbe
19,90 €
ISBN 978-3-00-05871-1

Wenn Sie die Bücher in der Borkumer Bücherstube oder bei M. Niemeyer Cigarren kaufen, unterstützen Sie zudem den Borkumer Einzelhandel.

Register

A

B

C

D

E

T

U

V

W

Y

Z

Fotonachweis

- Nicole Funck (nf), S. 27, 124, 169, 186
- Heimatverein der Insel Borkum e.V. (HvB), S. 160, 161, 227, 231, 234, 237, 269
- Jörg Zogel (jz), S. 63, 64, 116, 147, 174, 200, 201, 257, 261
- Wirtschaftsbetriebe Nordseeheilbad Borkum GmbH (NBG), S. 29, 99 (ab), 100 (mk), 135
- NASA, S. 239
- Wikimedia commons, (commons.wikimedia.org; WC), S. 219, 221, 225, 277
- Lüttje Toornkieker (LT), S. 28
- Wikimedia commons, Edgar Hanfstaengl (WCeh), S. 229
- Dieter Wörrlein (dw), S. 194, 196
- Sammlung Michael Narten (smn), S. 220
- Borkum Aktuell, Andreas Behr (BAab), S. 274, 279
- Gräflich zu Inn- und Knyphausen'sches Rentamt (GIKR), S. 287
- Kinka Tadsen (kt), S. 335
- alle weiteren Fotos: Michael Narten (mna)

Danke

Ohne die Unterstützung vieler Helferinnen und Helfer kann kein guter Reiseführer entstehen. Deshalb möchten wir an dieser Stelle allen ganz herzlich danken, denn so konnten wir gemeinsam ein Buch machen, das hoffentlich vielen Lesern gefällt.

Jan Schneeberg und *Klaas Bakker* vom Archiv des Heimatvereins Borkum e.V.; dem hilfsbereiten Team vom Inselmuseum Dykhus; *Maria* und *Ihno Oetjen* vom Nordsee-Aquarium Borkum; dem Team vom Nationalparkschiff Borkumriff; *Pia Hosemann* und *Daniela Kastrau* von der Borkum-Touristik mit Dank für viele Zahlen, *Corina Habben* von der AG Ems; *Werner Tapper* und *Hidde Staghouwer* vom Watertoorn Börkum e.V.; *Wolf Schneider* vom Burkana Verlag; *Jörg Zogel* von der Deutschen Gesellschaft zur Rettung Schiffbrüchiger (DGzRS) für ungewöhnliche und schnelle Hilfe sowie jede Menge detaillierter Informationen; *Tobias Schulze* und *Rüdiger Neeland* von der Trachtentanzgruppe Borkum; *Kirsten Thomsen* von der Polizei Borkum für ein spontanes Interview zur Sicherheit auf der Insel; *Nina Sleeboom* und *Holger Hoven; Jutta Oltmanns* und *Roland Dubberke; Achim Uhlenhut* sowie Tierfotograf *Dieter Wörrlein.*

Wenn Sie, liebe Leserinnen und Leser, nach Gebrauch dieses Reiseführers Wünsche und Anregungen für die nächste Auflage haben, freuen wir uns auf Ihr konstruktives Feedback.

Die Autoren

f_227kt

Nicole Funck, geboren 1963 in Köln, studierte an der Ludwig-Maximilians-Universität in München und ist Expertin für Kommunikation und Marketing mit langjähriger Führungserfahrung in Unternehmen, vorwiegend aus dem technischen Umfeld. Sie lebt und arbeitet heute im Großraum Hannover. Mit dem Schreiben vertraut, veröffentlichte sie viele Beiträge und war an zahlreichen Buchveröffentlichungen beteiligt. Ihr Reiseführer über die Mongolei, erschienen 2015 (ebenfalls Reise-Know-How Verlag), wurde mit dem ITB BuchAward ausgezeichnet. Zudem veröffentlichte sie hier die gemeinsam mit Michael Narten verfassten Reiseführer über die Nordseeinseln Amrum, Föhr, Helgoland, Juist und Spiekeroog sowie über Ostfriesland und die Nordseeküste Niedersachsens.

f_228kt

Michael Narten, geboren 1964 in Hannover, arbeitete viele Jahre als Art Director in Hannover und Hamburg. Heute ist er als Grafiker, Fotograf und Buchautor in Hannover tätig. In den vergangenen zehn Jahren war er an der Veröffentlichung von zahlreichen Büchern beteiligt. Als Autor verfasste er mehrere Titel über die Stadtgeschichte Hannovers, ein weiterer Schwerpunkt seiner Arbeit ist die Aufarbeitung von Firmengeschichten in Buchform. Zwei Bildbände über die Ostfriesischen Inseln und Ostfriesland sind im Hinstorff-Verlag erschienen, zusammen mit Nicole Funck verfasste er acht Reiseführer für den Reise Know-How Verlag.

Schreiben Sie uns!

Wir hoffen, dass Ihnen dieser Reiseführer gefällt und er Ihnen ein guter Begleiter auf einer außergewöhnlichen und spannenden Reise ist.

Weil ein Reiseführer von Erfahrungen lebt, sind wir an Ihren Erlebnissen interessiert: Haben Sie in unserem Buch ein Restaurant entdeckt, das es nicht mehr gibt, eine Sehenswürdigkeit, die wir noch nicht aufgeführt haben, oder eine falsche Adresse? Dann schreiben Sie uns! **Wir nehmen jeden Hinweis und jede Kritik ernst und arbeiten kontinuierlich daran, die Bücher aktuell zu halten und immer weiter zu verbessern.** Jede Mail wird gelesen und beantwortet. Auch wenn wir nicht jeden Wunsch erfüllen können, machen wir uns immer Gedanken über Ihre Anmerkungen.

Schreiben Sie uns:
per Mail an info@reise-know-how.de oder an
Reise Know-How Verlag Peter Rump GmbH, Postfach 140666, 33626 Bielefeld

Wenn sich Ihre Infos direkt auf das Buch beziehen, würde uns die Angabe der Seitenzahl und der Auflagenzahl bzw. des Erscheinungsjahres Ihrer Ausgabe die Arbeit sehr erleichtern. Besonders hilfreiche Beiträge und Ergänzungen zu den Büchern belohnen wir mit einem Sprachführer Ihrer Wahl aus der über 240 Bände umfassenden „Kauderwelsch"-Reihe.

Herzlichen Dank und gute Reisen
Ihr Reise Know-How Verlag